本书受国家社会科学基金青年项目“人口老龄化高峰期养老保险基金缺口应对研究(12CRK010)”、辽宁省高等学校杰出青年学者成长计划(WJQ2014003)、辽宁大学理论经济学科（辽宁省高等学校一流特色学科）的资助。

企业职工
养老保险基金
收支平衡研究

金　刚／著

SSAP 社会科学文献出版社
SOCIAL SCIENCES ACADEMIC PRESS (CHINA)

前　言

企业职工养老保险制度是中国社会养老保险制度体系中极为重要的组成部分，2014 年参保人数超过 3 亿人，企业职工养老保险基金收支总规模超过 4 万亿元，其运行效果对中国社会养老保险整体绩效具有决定性的影响。从 20 世纪 90 年代至今，企业职工养老保险制度确立了统账结合的基本模式，覆盖范围不断扩大，养老保险基金收入与给付规模均实现大幅增长，这在中国经济体制改革与发展的过程中发挥了重要的作用。但是，我们也必须要看到，企业职工养老保险制度本身还不尽完善，例如，社会统筹层次较低、覆盖率有待提高、实际缴费率偏低等。同时，企业职工养老保险制度发展的客观环境也在发生着变化，例如，人口老龄化程度不断加深、经济增长速度有所放缓、就业结构与类型有所转变等。制度发展环境的变化和制度本身存在的一些问题对企业职工养老保险制度未来的发展提出了挑战，其中，养老保险基金收支平衡问题最为突出和迫切。

养老保险制度发展过程中可能遭遇的各种问题和困难，最终都表现为基金收支的失衡，只要养老保险制度能够实现基金收支的平衡，解决发展中的问题与困难就能具有更坚实的保障，确保养老保险制度有足够的支付能力是决定养老保险制度实现可持续健康发展的根本性问题。随着人口老龄化程度的加深，企业职工养老保险制度赡养率（以下简称“制度赡养率”）将明显提高，将给现收现付制模式下的统筹养老金支出带来巨大的压力，加之企业职工养老保险制度未决转轨成本的逐步显现以及实际缴费率、覆盖率、个人账户基金投资回报率等制度参数情况不甚理想等各种其他原因，企业职工养老保险基金支付压力已经开始显现，并且，随着人口老龄化高峰期的到来，基金收支可能出现较大的缺口，威胁企业职工养老保险制度的可持续性。

在人口老龄化高峰期到来之前，定期预测基金未来收支情况，对于企业职工养老保险制度的发展具有重要的基础性意义，这也是日本、美国等发达国家社会养老保险制度的通行做法。以基金收支情况为基础，通过各种制度参数的调整甚至制度模式的改革来确保养老保险基金平衡，是实现企业职工养老保险制度持续有效运行的重要保障。从中国的实际情况来看，对缴费率、覆盖率、替代率等各种制度参数的调整，实施延迟退休政策以及名义账户制转轨可能成为企业职工养老保险制度近期和中期改革的目标。在这种情况下，对各类制度参数发展现状、趋势，基金收支影响效应的分析，以及对延迟退休政策和名义账户制的模拟分析，对于企业职工养老保险制度的完善、改革与发展具有重要的现实意义，有助于我们深入了解企业职工养老保险制度的运行规律、发展趋势和各种改革措施可能具有的实际效果。基于上述分析，本书主要进行了以下四个方面的研究。

一是对中国 2015～2050 年人口数据进行预测。本书以全国第六次人口普查数据为基础，使用 People 软件，采用生命表技术，运用年龄移算方法，在对生育模式、出生性别比、死亡水平、人口迁移等参数进行假设的基础上，对全国分城乡、分性别、分年龄人口进行预测。预测结果显示，按照目前退休年龄，达到退休年龄人数与工作年龄人数之比将逐步上升，制度赡养率将从 2015 年的 34% 提高至 2050 年的 93%，这意味着未来仅有大约 1.1 个工作人口负担 1 个退休人口的养老金。在企业职工养老保险制度替代率和缴费率等参数不发生变化的条件下，制度赡养率的提高可能会使现收现付制企业职工养老保险基金支付压力大幅增加，企业职工养老保险基金有可能面临着入不敷出的情况。

二是对覆盖率、实际缴费率、平均替代率进行分析和估计。覆盖率、实际缴费率和平均替代率是企业职工养老保险基金收支平衡的主要影响因素，从现实情况来看，这三个指标未来都存在一定的变化空间。第一，覆盖率的变化假设。全覆盖应保尽保是企业职工养老保险的发展目标，中国目前城镇就业人口占劳动人口的比例在85%左右，包括企业就业人员、个体工商户、灵活就业人员和机关事业单位工作人员。一方面，在就业率不变的条件下，假设城乡居民养老保险的覆盖率为15%，其主要覆盖非城镇就业人口；企业职工养老保险和机关事业单位工作人员养老保险覆盖率之和为85%。另一方面，根据近期财政供养人员数据和城镇人口数，假设机关事业单位工作人员占城镇20岁及以上人口的比例为10%并保持不变。在前述条件下，企业职工养老保险的目标覆盖率为75%。2012年，企业职工养老保险在缴费适龄人口中的覆盖率约为53.13%，在退休年龄人口中的覆盖率约为57.75%，我们将2015年作为测算基期，并假设其在工作人口和退休人口中的覆盖率均为60%。在此基础上，我们对企业职工养老保险的覆盖率做了两组假设。第一组假设：工作人口的覆盖率在2015年直接提高至75%的目标水平并一直保持至2050年，由于退休人口的覆盖率只能通过每年新达到退休年龄人口的覆盖率的提高而提高，我们逐年计算了各年新退休人口和退休人口的实际覆盖率。第二组假设：工作人口的覆盖率从2015年开始匀速提高至2050年的75%，我们也同时计算了在此情况下各年退休人口的实际覆盖率。第二，实际缴费率的变化假设。近年来，企业职工养老保险的实际缴费率仅在14%左右，远低于20%~28%的正常水平，并且有下降的趋势。目前，实际缴费率偏低主要是由中断缴费人员的存在及缴费工资较低引起的，随着中断缴费人员的减少及缴费工资管理力度的加大，未来实际缴费率的趋势应该是逐步提高至相对合理水平。我们对缴费率做了两组假设。第一组假设：假设实际缴费率匀速提高至2050年的15%，即假设实际缴费率与目前相比没有大的变化。第二组假设：假设实际缴费率匀速提高至2050年25%的合理水平，即假设没有中断缴费人员，基本上全部工资均被纳入缴费工资。因为我们测算的主要是现收现付统筹养老金的收支平衡，所以，我们进一步通过“实际缴费系数”分离出统筹养老金缴费率。第三，平均替代率的假设。目前，企业职工养老保险的实际平均替代率在45%左右，与企业职工养老保险社会化改革初期70%以上的平均替代率水平相比，出现了明显的下降。我国企业职工养老保险将平均替代率设计为缴费35年实现的平均替代率为59.2%，因此，我们对企业职工养老保险未来实际平均替代率做了两组假设。第一组假设：假设企业职工养老保险的平均替代率匀速提高至2050年的50%，即假设企业职工养老保险的平均替代率在目前水平基础上小幅提高。第二组假设：假设企业职工养老保险的平均替代率匀速提高至2050年的60%，即假设企业职工养老保险的平均替代率在目前水平上有15个百分点左右的涨幅。结合对企业职工养老保险的总平均替代率的两组假设及社会统筹养老金实际替代率的变化规律，我们进一步对社会统筹基金支出实现的平均替代率做出两组假设。第一组假设：在企业职工养老保险的平均替代率匀速提高至2050年的50%条件下，假设社会统筹基金2050年实现的平均替代率为30%或20%。第二组假设：在企业职工养老保险的平均替代率匀速提高至2050年的60%条件下，假设社会统筹基金2050年实现的平均替代率为35%或30%。在同一总平均替代率水平下，我们对社会统筹基金的平均替代率水平都做了高、低两种假设，原因是个人账户基金所能实现的平均替代率水平将由个人账户积累额决定。按照目前缴费35年平均替代率为59.2%的设计推算，社会统筹基金与个人账户基金将要实现的平均替代率之比大致为35∶25①。由于《基本养老保险基金投资管理办法》已经出台，这会显著提高个人账户基金的投资收益水平，所以，个人账户基金的收益率有可能提高。

三是按照现行退休年龄对2015～2050年企业职工养老保险社会统筹基金收支情况进行预测。按照实际缴费率、覆盖率和平均替代率的假设，我们可以得到八类不同的可能组合，分别是“高缴费率—高覆盖率—35%目标替代率”、“高缴费率—高覆盖率—30%目标替代率”、“高缴费率—低覆盖率—35%目标替代率”、“高缴费率—低覆盖率—30%目标替代率”、“低缴费率—高覆盖率—30%目标替代率”、“低缴费率—高覆盖率—25%目标替代率”、“低缴费率—低覆盖率—30%目标替代率”和“低缴费率—低覆盖率—25%目标替代率”。按照上述八类不同假设条件组合，我们分别测算

① 按照现行规定，缴费35年可获得35%的平均替代率，其余24.2%的平均替代率由个人账户实现。

了各年的缴费人数、退休人数、缴费收入、基金支出额和基金结余或缺口等指标。测算结果显示，各种假设条件下均存在不同规模的企业职工养老保险基金缺口。在前述八种假设条件下，2015～2050年企业职工养老保险基金缺口现值之和的最大值和最小值分别为2015年，－1175804亿元、－497848亿元；2020年，－932119亿元、－389740亿元；2025年，－975547亿元、－414202亿元；2030年，－762555亿元、－335457亿元；2035年，－1319207亿元、－536688亿元；2040年，－1063754亿元、－441258亿元；2045年，－1124285亿元、－470617亿元；2050年，－901038亿元、－387221亿元。首先，覆盖率的提高对企业职工养老保险基金缺口的影响有别于传统观念，快速提高覆盖率并不一定会降低总的基金缺口规模，覆盖率对基金收支的影响效应要同时取决于实际缴费率与平均替代率的水平比较。我们认为，覆盖率的提高对企业职工养老保险基金缺口的影响，不能简单地被理解为覆盖率的提高一定有助于降低基金缺口规模。其原因是，覆盖率的提高最初一定是通过工作人口覆盖率的提高实现的，初始阶段工作人口覆盖率的提高确实会具有增加基金收入、降低基金缺口规模的效果，但工作人口覆盖率的提高会逐步造成退休人口覆盖率的相应提高；随着时间的推进，这可能会造成基金支出规模快速上升，并进一步扩大基金缺口规模。同时，覆盖率的提高对企业职工养老保险基金缺口的影响，还要取决于实际缴费率与平均替代率水平的比较，如果实际缴费率水平较高而平均替代率水平较低，那么覆盖率的提高可能具有降低养老基金缺口的效应；反之，如果实际缴费率水平较低而平均替代率水平较高，那么覆盖率的提高反而可能会提高基金缺口的规模。这意味着，如果将降低企业职工养老保险基金缺口作为政策目标，那么在覆盖率提高的同时，我们必须要有恰当的实际缴费率和平均替代率水平作为保证，否则，可能在覆盖率提高的条件下，企业职工养老保险基金缺口会增大。其次，在其他条件不变时，实际缴费率的提高会降低基金缺口的规模，而实际平均替代率的提高则会增大基金缺口的规模。这个结论符合直觉上的逻辑判断，实际缴费率的提高会提高基金收入水平，而实际平均替代率的提高会增加基金的支出规模，因此，在其他条件不变时，实际缴费率与基金缺口成反比，而平均替代率与基金缺口成正比。需要指出的是，企业职工养老保险给付水平的调整是通过社会统筹基金完成的，为了确保一定的替代率，社会统筹基金的给付实际上要同时取决于个人账户功能的发挥，即个人账户积累额的提高，会在一定程度上降低社会统筹基金的支付压力；同时，按照目前的待遇确定办法，社会统筹基金实际缴费率与平均替代率之间存在关联，实际缴费率的提高将直接造成社会统筹基金平均替代率水平的提高。因此，实际缴费率与平均替代率水平的调整，将是不同因素交互作用的过程，我们必须要充分考虑个人账户功能的发挥以及实际缴费率与平均替代率的联动机制。最后，工资增长率和利率水平也对社会统筹基金缺口造成影响。工资增长率对基金结余或缺口的规模具有正向效应，工资增长率不具有影响基金结余或缺口的作用，但在相同条件下，工资水平越高，企业职工养老保险基金结余或缺口的绝对规模越大。利率水平作为折现因子的决定因素，主要影响各年企业职工养老保险基金缺口的现值，较高的利率水平意味着企业职工养老保险基金的增值能力较强，因此，当前储存较少规模的资金即可弥补未来各年的基金缺口，反之，则需要较大规模的现期基金储备额。需要指出的是，本书测算的结果仅是企业职工养老保险基金征缴收入与给付的差额，尚未包含财政补助等其他收入。

四是延迟退休、名义账户制、财政补助等措施对企业职工养老保险基金收支影响效应的研究。第一，延迟退休政策效果的分析。在对延迟退休政策实施的合理起始点和目标退休年龄进行分析的基础上，我们设计了较快和较慢两种方案，按照不同的方案分别计算了退休人口数和工作人口数，并按照现行退休年龄测算时使用的八种假设条件，对两种方案下共十六种可能的企业职工养老保险社会统筹基金结余或缺口情况进行逐年测算。测算结果显示，两种延迟退休方案都可以在一定程度上缓解企业职工养老保险基金的收支压力。由于方案一的调整速度较快，其对于企业职工养老保险基金收支的影响效应更为显著。但是，两种延迟退休方案都无法完全消除各年可能出现的基金缺口，即使在延迟退休方案下，人口老龄化高峰期的企业职工养老保险基金仍然可能出现当年的收支缺口。第二，名义账户制转轨的效果分析。由于“艾伦条件”得以满足、“隐性名义账户”已经存在、企业职工养老保险基金支出压力较大等情况，名义账户制转轨具有一定的价值，我们按照统账结合制转向完全名义账户制的假设，对现行退休年龄和两种延迟退休方案下的名义账户制企业职工养老保险基金收支情况进行了逐年测算。测算结果显示，即使是在“全账户＋延迟退休方案一”的假设下，各年的企业职工养老保险基金缺口也无法完全消除，名义账户制也不具有从根本上消除未来企业职工养老保险基金缺口的能力。第三，对财政补助效果的分析。从2009年以来，财政补助占当年企业职工养老保险基金收入的比例为13.2%～14.9%，占当年征缴收入的比例约为20%，财政补助绝对规模从2009年的1538亿元提高至2014年的3309亿元。在各年财政补助规模占当年征缴收入比例为20%的假设条件下，按照现行退休年龄和两种延迟退休方案，我们进一步测算了各年企业职工养老保险基金的收支情况。从测算结果来看，尽管财政补助可以在一定程度上缓解企业职工养老保险基金的支付压力，特别是在延迟退休方案一的条件下，部分年份基金结余明显。但是，目前的财政补助力度依然无法完全解决各年的基金缺口问题。同时，因为财政补助并不是常态的企业职工养老基金收入，所以未来其还存在着一定的不确定性。另外，我们还对全国社会保障基金和国有资产充实企业职工养老保险基金进行了分析。

从研究结果来看，2015～2050年企业职工养老保险将面临较大的基金支出压力，即使是在实施延迟退休政策、名义账户制转轨和考虑财政补助的条件下，基金缺口也无法完全消除。通过提高实际缴费率、逐步提高覆盖率、审慎控制平均替代率等制度参数调整，有步骤地推行延迟退休政策、实施名义账户制转轨等制度改革、尽快实现企业职工养老保险基金全国统筹、发展壮大全国社会保障基金、利用国有资产充实企业职工养老保险基金、建立企业职工养老保险基金预测与预警机制等配套制度，可以在一定程度上降低人口老龄化高峰期的企业职工养老保险基金缺口规模，以保障企业职工养老保险制度的健康稳定持续运行。

企业职工养老保险制度涉及个人、企业、政府等多方主体，受到经济增长、社会发展、财政能力等不同因素的影响。企业职工养老保险基金收支的影响因素较多且复杂，同时企业职工养老保险制度目前仍在不断地调整与完善之中，其未来还存在一定的不确定性，因此，本书进行的仅是一个探索性的研究，还存在着许多不足。本人真诚地希望与同行交流，也希望通过本书的研究成果为中国社会养老保险制度的完善、社会保障制度的发展以及中国经济社会的进步贡献一份绵薄之力。

目　录

第一章　绪论

第一节　研究背景和选题意义

一　研究背景

（一）人口老龄化程度不断加深引起制度赡养率有所提高且地区不平衡

人口老龄化主要有两种含义。第一种含义是指某一国家或地区中老年人口的比重不断上升的过程，第二种含义是指某一国家或地区中的老年人口比重超过某一标准的状态。按照第二种含义，目前有两个公认的人口老龄化标准。第一个标准是1956年联合国《人口老龄化及其社会经济后果》提出的，该标准的具体内容是：当一个国家或地区65岁及以上人口数量占总人口数量的比例超过7%时，意味着这个国家或地区进入老龄化；第二个标准是1982年维也纳老龄问题世界大会提出的，该标准的具体内容是：当一个国家或地区60岁及以上人口数量占总人口数量的比例超过10%时，意味着这个国家或地区进入老龄化。从中国的实际情况来看，根据第五次人口普查数据，2000年中国65岁及以上人口比重达到7%，已进入人口老龄化社会。中国的人口老龄化程度还在不断加深。按照年度人口抽样调查推算数据来看，65岁及以上人口比重一直在不断提高。1995年，65岁及以上人口比重为6.20%，2014年，提高至10.06%，见图1-1。

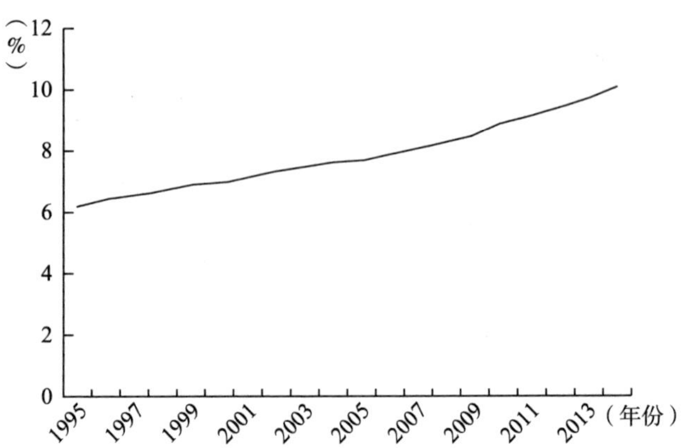

图 1－1　1995～2014 年中国 65 岁及以上人口比重变化

人口老龄化程度的加深，进一步引起了企业职工养老保险制度赡养率的提高。1995 年，制度赡养率为 25.65%，1997 年，在企业职工养老保险社会化改革之初，制度赡养率约为 29.21%，2014 年，制度赡养率提高至 33.49%。制度赡养率变化见图 1－2。从图 1－2 来看，制度赡养率目前保持在相对高位波动，比 20 世纪 90 年代末期有明显提高，随着人口老龄化程度的不断加深，制度赡养率可能进一步提高。

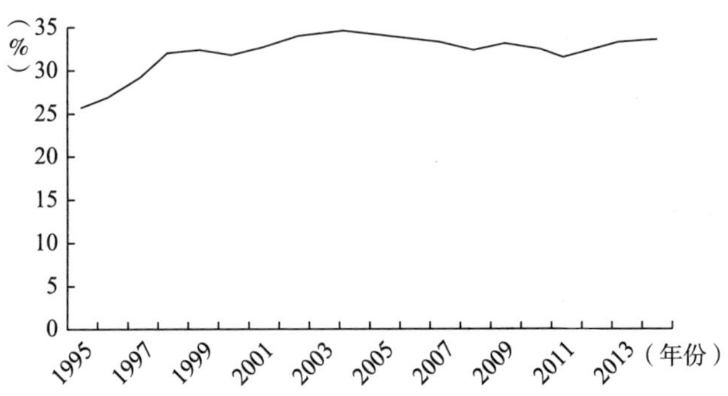

图 1－2　1995～2014 年企业职工养老保险制度赡养率变化

同时，基于人口迁移等原因，不同地区之间的制度赡养率并不平衡。2014 年广东省制度赡养率最低，仅为 10.26%，而黑龙江省制度赡养率最高，达到 70.92%。地区之间制度赡养率的不同，在一定程度上说明各地区企业职工养老保险基金收支状况存在较大差别，见表 1－1。

表 1-1　2014 年不同地区制度赡养率对比

单位：%

地　区	制度赡养率	地　区	制度赡养率
北京市	20	湖北省	50
天津市	47	湖南省	47
河北省	40	广东省	10
山西省	41	广西壮族自治区	48
内蒙古自治区	58	海南省	34
辽宁省	51	重庆市	56
吉林省	63	四川省	56
黑龙江省	71	贵州省	32
上海市	43	云南省	43
江苏省	30	西藏自治区	36
浙江省	22	陕西省	39
安徽省	39	甘肃省	54
福建省	18	青海省	44
江西省	40	宁夏回族自治区	41
山东省	26	新疆维吾尔自治区	37
河南省	32	新疆生产建设兵团	63

资料来源：根据《中国社会保险发展年度报告 2014》中数据整理计算。

除了对制度赡养率的影响之外，人口老龄化还有可能引起另一后果，即中等收入陷阱。人口老龄化是人口红利高峰期过后的结果，人口红利是中国经济高速增长的主要原因之一，人口老龄化程度的不断加深，可能会影响中国经济保持高速增长的能力，成为中国跨越中等收入陷阱的阻碍。无论企业职工养老保险制度采取何种具体模式，其本质都是工作人口创造的 GDP 中的一部分用于供养老年人口的生活，快速经济增长可以保证 GDP 规模的不断增长，也就确保了企业职工养老保险制度可以成为在不同代人口之间收入再分配的桥梁。在经济快速增长的条件下，即使企业职工养老保险基金存在缺口，政府也有能力通过财政转移、国有企业分红等方式予以弥补，反之，如果经济增长放缓，那么全社会解决企业职工养老保险基金缺口的能力可能受到影响。

（二）企业职工养老保险制度转轨成本未得到一次性解决

经济转轨是指经济体制的转轨，即从一种经济体制转变到另一种经济体制，其实质是资源配置方式和经济运行方式的转变。包括中国在内的部分国家从计划经济体制向市场经济体制的变革引发了对经济转轨问题的广泛研究。社会保障制度的建立与完善是经济转轨的目标之一，也是经济转轨的必要条件。斯蒂格利茨（Stiglitz，J. E.，2001）指出，经济转轨国家变革过程的前提是以新的福利契约替代旧的福利机制，最终把过去政府与全体社会公民事实上存在的社会契约“转化”掉。社会养老保险制度是社会保障制度的核心内容，其本身制度模式和运行方式的变革是经济转轨所引发的整体制度变迁中的重要组成部分之一。

经济转轨国家的转轨实践形成了两条截然不同的转轨路径。一条路径是以俄罗斯、波兰①、捷克等国家为代表的激进式转轨路径，“华盛顿共识”是这种转轨模式的指导思想，其特征是迅速、全面、大规模地建立一套西方式的经济体系。按照这种思路进行经济转轨的俄罗斯等国家并没有取得显著的成效。“后华盛顿共识”是对“华盛顿共识”的一种调整与矫正，进一步指出经济转轨必须要采用更加广泛的工具以实现更加宽泛的目标，包括注重生活标准的提高、均衡发展、民主发展等。另一条路径是以中国为代表的渐进式转轨路径，“北京共识”是西方学者对中国发展模式的总结。“北京共识”的核心是经济转轨国家要按照自己的国情，走适合自己的道路，例如，在保持独立的同时实现增长、自由贸易等要通过极其审慎的途径来达成、强调创新和实验等。

激进式转轨和渐进式转轨呈现各自不同的特点。激进式转轨追求在尽量短的时间内同时实现稳定宏观经济、私有化和经济自由化，其中，稳定宏观经济是必要条件，私有化是基础，经济自由化是核心。而渐进式转轨显示出政府较强的驾驭力，更加注重经济转轨的过程性和阶段性，强调经济转轨采用先易后难、先增量后存量等方法逐步深入。一般认为，到 20 世纪 90 年代中后期，中国经济转轨前期已经完成，从 20 世纪 90 年代末开始，

① 波兰的经济转轨从 1993 年起被认为由激进式转为渐进式。

中国进入了经济转轨的中后期，各项改革持续深入，此时积累的一些矛盾和问题也开始暴露出来，企业职工养老保险制度的转轨成本问题便是其中之一。与国有企业改革相适应，中国企业职工养老保险制度经历了从企业保障向统账结合制社会的转轨，企业职工养老保险制度的转轨成本也没有采取一步到位的方式解决，而是采取了在转轨开始之后逐步解决的方式。

企业职工养老保险制度的转轨成本是指从企业保障转轨至统账结合制社会保险需要的资金规模。企业职工养老保险社会化改革是企业保障向社会化管理的转轨，在企业保障阶段企业职工养老保险基金支出表现为企业成本，而没有进行实质性缴费。因此，企业保障向社会化管理转轨，实质上是重新建立一个全新的企业职工养老保险制度。企业保障时期实行低工资制度，在职职工实质上积累了获取养老金的权利，在老年期可以获得企业提供的养老金。因此，企业职工养老保险制度由企业保障向社会化管理有效转轨的标志是：企业保障时期参加工作的职工应该和制度转轨之后参加工作的新职工一样，只需要按照新制度规定在制度转轨之后进行缴费就可以获得足额的养老金，而不必再为制度转轨之前的费用进行任何支付，因为老职工已经在企业保障时期通过低工资的形式积累了自己从参加工作到制度转轨时的养老金领取权利，获得了国家对其发放养老金的权利。如果社会化管理阶段完全采取现收现付形式，那么老职工养老金权利积累应该表现为他们在企业职工养老保险制度转轨之后按期缴费就可以获得养老金；如果社会化管理阶段企业职工养老保险制度中含有个人账户形式，那么老职工养老金权利积累就应该表现为，在制度转轨时间点，老职工具有从参加工作起至制度转轨时间点的按照新制度规定应该积累的个人账户，这使老职工可以在新制度下获得足额的养老金。

张宇燕、何帆（1996）将计划经济体制时期中国追求的目标概括为：内部稳定和赶超发达国家[①]。为了实现内部稳定，最主要的是保持充分就业，结果是压低并限制工资水平。在此情况下，国家同个人之间存在着契

① 张宇燕、何帆：《国有企业的性质（上）》，《管理世界》1996年第5期，第128～135页；《国有企业的性质（下）》，《管理世界》1996年第6期，第137～144页。

约：国家在实现高积累的同时给予工人福利待遇以补偿低工资对个人消费的影响，并提高个人应对风险的能力。为了实现赶超发达国家，政府制定优先发展重工业的战略，并借助计划与行政命令配置资源，以保证资源向重工业部门集中，其中包括对工人工资的扣除。国家行为衍生出计划经济下的国有企业，国有企业被确定为提供国家福利制度的载体。国家同国有企业之间事实上存在着一个隐含的长期契约：企业保证社会成员的就业权利，为他们提供必要的福利制度，国家统一对企业配置资源，并对企业盈亏负责。这样，国家、企业、个人之间以两个契约联系在一起，即国家与个人之间的契约联系、国家与企业之间的契约联系。计划经济时期国家、企业、个人之间的契约联系见表 1－2。

表 1－2　计划经济时期国家、企业、个人之间的契约联系

契约联系	主要内容
国家与个人之间的契约联系	个人接受低工资支持国家发展战略，国家在实现高积累的同时给予工人福利待遇以补偿低工资对个人消费的影响，并提高个人应对风险的能力。国家通过这个契约使工人的部分收入转化为经济发展所必需的资本，这促进了国有资产规模的增长和相关产业的发展，个人通过这个契约获得了国家福利提供的承诺，包括养老、医疗、教育、住房等
国家与企业之间的契约联系	国家统一对企业配置资源，并对企业盈亏负责；企业保证职工的就业和相关福利。通过这个契约，国家可以通过配置资源实施发展战略，企业由此成为“社区单位”

这两个契约使我国实现了内部稳定和赶超发达国家的目标。随着经济体制的转轨，这两个契约随之解除。国家同企业之间契约的解除是通过国有企业改革实现的，现代企业制度的建立使得国有企业成为自主经营、自负盈亏的法人实体，不再承担福利提供的功能。国家与社会成员之间企业保障契约的解除是通过利用社会保险替代企业保障进行的。在经济体制转轨之后，社会成员的养老保障采取社会保险的形式，即用市场化的契约替代原契约。社会成员获得养老保障要以年轻期的缴费即养老金积累为条件。而在原契约下，为获得养老保障，社会成员以低工资为代价支持国家战略，这使养老金积累转化为部分国有资产。在社会养老保险契约替代原契约时，原契约覆盖的社会成员的养老金积累就应该转化为社会养老保险

契约所要求的形式，以实现原养老保障契约向社会养老保险契约的完全转化。

上述分析意味着，在企业职工养老保险制度确定了统账结合制模式时，企业职工养老保险制度对在制度转轨之前即已参加工作的“老人”和“中人”负债，这种负债表现为企业职工养老保险制度转轨后的制度本应为每个“老人”和“中人”建立个人账户，个人账户中应该存储着每个“老人”和“中人”按照新制度模式在该时间点的积累额，其中，为“老人”和“中人”建立个人账户的资金需求即企业职工养老保险制度转轨成本。中国没有采取一次性解决企业职工养老保险制度转轨成本的方式，而是选择了以“老人老办法”和“过渡性养老金”的方式对“老人”和“中人”的养老金权益逐期偿还，在这种情况下，企业职工养老保险制度转轨成本即转化为隐性债务。对于隐性债务的偿还，增加了企业职工养老保险基金每期支出的规模，加之企业职工养老保险赡养率的不断提高等原因，基金支出压力开始增大，并进一步引发了“空账”等问题。

（三）企业职工养老保险基金支出压力逐步开始显现

企业职工社会养老保险基金支出面临着人口老龄化带来的制度赡养率提高和制度转轨成本逐期偿还等压力，尽管近年来财政对企业职工养老保险基金的补助额不断提高，但企业职工养老保险基金支出压力已经开始显现。

第一，基金累计结余增长趋势不明显，并且各地区差距较大。近年来，从统计数字来看，企业职工养老保险基金累计结余在逐年增加，2009～2014年，其分别为11774亿元、14547亿元、18608亿元、22968亿元、27192亿元和30626亿元。尽管企业职工养老保险基金累计结余在不断增长，但是累计结余与当年支出之比并未明显提高。2009～2014年全国企业职工养老保险基金累计结余与当年支出之比分别为1.49、1.55、1.63、1.64、1.62和1.54，在部分地区个人账户做实试点及“中人”和“新人”缴费年限逐年增加的背景下，企业职工养老保险基金累计结余的增长趋势并不理想。同时，各地区的差距较大，以2014年为例，企业职工养老保险基金累计结余与当年支出之比最低的地区是黑龙江省，该指标仅为0.29，最高的地区是广东省，该指标达到4.14，这说明各地区企业职工养老保险基金收支状况不平衡程度较高，部分地区的情况已经接近企业职工养老保险基金总体收不抵支的情况，而部分地区企业职工养老保险基金累计结余较多，见表1－3。

表1－3 2014年各地区企业职工养老保险基金累计结余情况

单位：亿元

地区	当年收入	当年支出	累计结余	累计结余与当年支出之比	地区	当年收入	当年支出	累计结余	累计结余与当年支出之比
北京市	1331	842	2161	2.57	湖北省	925	891	799	0.90
天津市	518	472	363	0.77	湖南省	701	625	819	1.31
河北省	762	771	700	0.91	广东省	1971	1239	5128	4.14
山西省	581	481	1169	2.43	广西壮族自治区	414	412	448	1.09
内蒙古自治区	479	465	456	0.98	海南省	115	115	103	0.90
辽宁省	1432	1372	1289	0.94	重庆市	673	569	652	1.15
吉林省	519	517	424	0.82	四川省	1473	1221	1927	1.58
黑龙江省	834	939	270	0.29	贵州省	257	206	397	1.93
上海市	1540	1346	1262	0.94	云南省	344	275	558	2.03
江苏省	1742	1407	2793	1.99	西藏自治区	23	15	40	2.67
浙江省	1501	1111	2632	2.37	陕西省	545	516	420	0.81
安徽省	638	500	880	1.76	甘肃省	297	258	359	1.39
福建省	363	293	426	1.45	青海省	93	91	84	0.92
江西省	480	437	410	0.94	宁夏回族自治区	117	118	165	1.40
山东省	1283	1171	1933	1.65	新疆维吾尔自治区	341	254	659	2.59
河南省	838	752	860	1.14	新疆生产建设兵团	174	167	42	0.25

资料来源：根据《中国社会保险发展年度报告2014》中数据整理计算。

第二，各年的当年基金结余开始小于个人账户理论积累额。目前企业职工养老保险的总缴费率为28%，个体工商户和灵活就业人员的总缴费率为20%，其中，个人账户的比例为8%。基于此，我们可以利用每年基金征缴收入，即不包含财政补助、利息收入等其他收入的单独缴费收入，来大致判断企业职工养老保险基金的积累情况。如果基金是收大于支的，那么当年的基金结余应该不小于当年征缴收入中个人账户基金缴费收入。企业职工养老保险缴费中的8/28应为个人账户基金缴费，个体工商户和灵活就业人员缴费中的8/20应为个人账户基金缴费，由于没有确定的企业职工、个体工商户及灵活就业人员的比例数，从保守来看，在当年企业职工养老保险征缴收入中，至少应该有8/28为个人账户基金缴费，如果企业职工养老保险基金收大于支，那么当年的基金结余应该大于当年征缴收入中的8/28，即没有发生新的空账。我们对2009～2014年基金当年结余与保守估计的当年个人账户基金缴费额进行了对比，见表1－4。从表1－4中的数据来看，2009～2012年基金当年结余基本略大于保守估计的当年个人账户基金缴费额（2010年除外），这说明在财政补助等其他收入的补充下，企业职工养老保险基金可能实现了收大于支，但是2013年和2014年企业职工养老保险基金当年结余明显小于保守估计的当年个人账户基金缴费额，并且相比2013年，2014年的差额大幅增加，这意味着，即使在有财政补助等其他收入对企业职工养老保险基金进行补充的情况下，也要依靠部分本应该进行积累的个人账户基金才能满足当年企业职工养老保险基金的支出需求，企业职工养老保险基金支出压力已经开始显现。

表1－4　2009～2014年基金当年结余与保守估计的当年个人账户基金缴费额的比较

单位：元

年份	基金当年总收入	基金当年总支出	基金当年结余	基金征缴收入	保守估计的当年个人账户缴费额	基金当年结余与保守估计当年的个人账户缴费额的差额
2009	10421	7887	2534	8596	2456	78
2010	12218	9410	2808	10067	2876	－68
2011	15485	11426	4059	12750	3643	416
2012	18363	14009	4354	15086	4310	44
2013	20849	16741	4108	17050	4871	－763
2014	23305	19847	3458	18720	5349	－1891

资料来源：数据《中国社会保险发展年度报告2014》中数据整理计算。

二 选题意义

（一）明确人口老龄化趋势及其对企业职工养老保险制度运行的影响

人口结构是企业职工养老保险制度运行的最重要的制度参数之一，人口结构的变化将直接影响企业职工养老保险制度的运行效果。在其他条件相同时，人口老龄化程度的加深会造成制度赡养率水平的提高，进而增加企业职工养老保险基金支出的压力；反之，人口老龄化程度的下降会降低制度赡养率的水平并进而减轻企业职工养老保险基金的支出压力。因此，对未来人口结构变化进行科学准确的预测，是分析企业职工养老保险制度未来发展状况及其基金收支状况的基础。

本书以第六次人口普查资料为基础，利用 People 软件，在一定参数设定下，对 2015～2050 年全国总人口、城镇人口、农村人口、分性别人口、分年龄人口等进行了具体预测，在具体参数的设定上，充分考虑了城乡迁移、二胎政策放开、预期寿命延长等客观环境变化的影响，预测结果具有一定的科学性。以具体的人口预测数据为基础，我们具体测算了制度赡养率的未来变化趋势，这可以在一定程度上明确未来人口老龄化的发展情况、人口结构变化对企业职工养老保险制度运行及其基金收支的影响。

（二）测定企业职工养老保险基金收支情况

在人口预测的基础上，我们又对覆盖率、替代率、缴费率、工资变化、实际利率等制度参数进行了具体分析和设定，以此为基础，分析了不同“缴费率—替代率—覆盖率”可能组合条件下的企业职工养老保险基金收支情况，对 2015～2050 年企业职工养老保险基金的收支情况进行了精算分析。

通过对未来企业职工养老保险基金收支情况的预测，我们可以在一定程度上掌握未来企业职工养老保险制度的发展趋势和面临的压力，这有利于针对未来可能发生的情况，提前调整政策、制定措施，以有效应对人口老龄化高峰期企业职工养老保险基金的缺口问题，确保企业职工养老保险制度的有效运行。

（三）模拟延迟退休和名义账户制等改革模式对企业职工养老保险基金收支的影响

在人口红利高峰期过后，劳动力比重的变化趋势及劳动力绝对数量的变化趋势都将发生逆转，劳动力比重的下降及劳动力绝对数量的下降将成为未来发展的常态。同时，中国退休年龄特别是女性工人的退休年龄偏低，不适应人口预期寿命延长、教育年限提高等趋势。在这种情况下，延迟退休将成为新的政策选择，目前，延迟退休政策的实施已经基本确定，但具体的延迟退休方案还没有完成。

与此同时，部分地区做实个人账户的试点遇到了困难，以辽宁省为代表的部分地区在较大的企业职工养老保险基金支出压力下，已经逐步放弃完全做实个人账户的做法，多次提及做实个人账户向名义账户制转轨。名义账户制可以明确已有空账的性质，并利用个人账户基金缓解企业职工养老保险基金的支付压力，同时，在相对较快的经济增速下，“艾伦条件”可以得到满足，名义账户制将比完全积累制更具效率。因此，名义账户制很可能成为未来企业职工养老保险制度的改革方向。

目前，对于延迟退休及名义账户制改革的基金收支效应进行定量测算的研究较少，无法为企业职工养老保险制度改革提供必要的理论和实证支撑。本书在一定的参数设定和假设条件下，设计了延迟退休和名义账户制的改革方案，并对不同方案进行模拟，以分析预测不同方案下企业职工养老保险基金收支情况，从而为延迟退休和名义账户制改革提供一定的参考。

第二节 理论综述及研究现状述评

一 相关理论综述

（一）新古典经济增长模型

1. 索洛经济增长模型——资本黄金律与经济动态效率

1956 年，索洛（Solow）提出了索洛经济增长模型，将总量生产函数应用于经济增长的研究，奠定了现代经济增长理论的框架，基本上成为所有增长问题研究的出发点①。索洛经济增长模型是典型的外生经济增长模型，该模型将储蓄率和技术进步率设定为外生变量，其生产函数为：

$$Y(t) = F[K(t), A(t)L(t)] \tag{1-1}$$

其中，$Y(t)$ 为生产函数，$K(t)$ 为资本，$A(t)L(t)$ 为有效劳动〔$A(t)$ 为知识，$L(t)$ 为劳动〕。因为生产函数规模报酬不变，所以：

$$F[K(t)/A(t)L(t),1] = \frac{1}{A(t)L(t)}F[K(t),A(t)L(t)] \tag{1-2}$$

我们定义 $k = K(t)/A(t)L(t)$，$y = Y(t)/A(t)L(t)$，$f(k) = F[k,1]$，生产函数可写为：$y = f(k)$。假定资本边际产品递减，那么 $f(0) = 0$，$f'(k) > 0$，$f''(k) < 0$，并且生产函数满足稻田条件。在生产函数为柯布－道格拉斯生产函数时，$f(k) = k^{\alpha}$。

我们定义时间为连续变量，资本、劳动和知识的初始水平既定，劳动和知识以不变速度增长，那么：

$$\dot{L(t)} = nL(t) \tag{1-3}$$

$$\dot{A(t)} = gA(t) \tag{1-4}$$

其中，$L(t)$ 为 t 时刻的劳动力数量，$A(t)$ 为 t 时刻的“知识”或“劳动有效性”，n 为人口增长率，g 为技术进步率。

由于产量分为消费和投资，其中，用于投资的比例即储蓄率外生被假定为 s，折旧率为 δ，并假定 $n + g + \delta > 0$。这样：

$$\dot{k} = sY(t) - \delta K(t) \tag{1-5}$$

那么，k 的动态方程为：

$$\dot{k(t)} = sf(k(t)) - (n + g + \delta)k(t) \text{②} \tag{1-6}$$

即每单位有效劳动的平均资本变动率是两项之差，$sf(k(t))$ 为每单位有

① 〔美〕戴维·罗默：《高级宏观经济学》，苏剑、罗涛译，商务印书馆，2003，第10页。

② 推导过程见〔美〕戴维·罗默《高级宏观经济学》，苏剑、罗涛译，商务印书馆，2003，第19页。

效劳动的实际投资，$(n+g+\delta)k(t)$ 为持平投资。如果每单位有效劳动的实际投资大于持平投资，那么 k 上升；反之，k 下降，如图 1－3 所示。

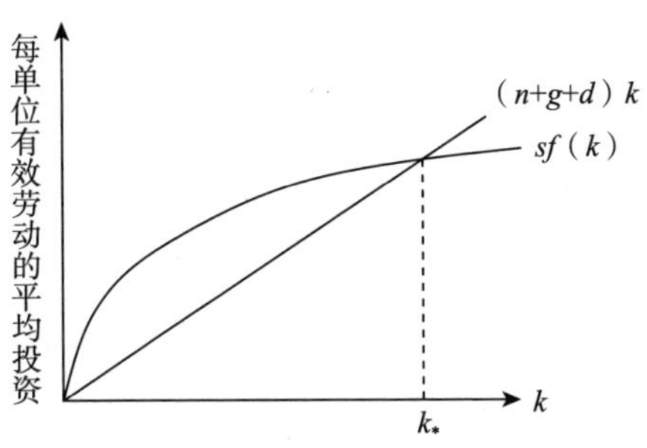

图 1－3　实际投资与持平投资

注：转自〔美〕戴维·罗默《高级宏观经济学》，苏剑、罗涛译，商务印书馆，2003，第 20 页。

在图 1－3 中，k_* 为每单位有效劳动的实际投资与持平投资相等时的资本存量，即 $\dot{k}(t)=0$ 时的资本存量。索洛经济增长模型的基本结论之一是 k_*，其是自动收敛的，即无论初始 k 值是多少，k 都向 k_* 收敛，如图 1－4 所示。

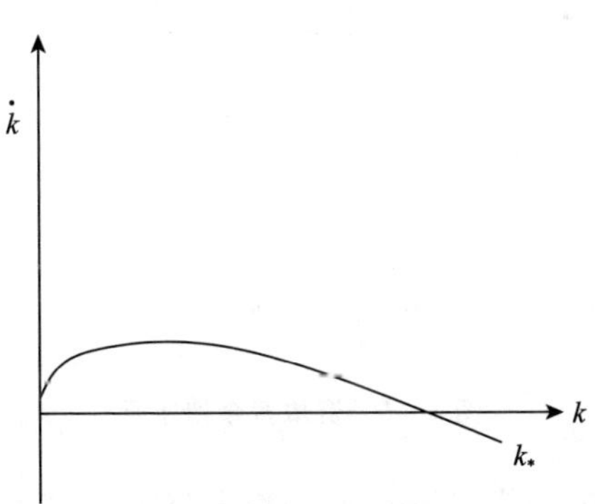

图 1－4　$\dot{k}$ 变化趋势

在图 1－4 中，如果 $k>k_*$，那么 $\dot{k}<0$，k 下降；如果 $k<k_*$，那么 $\dot{k}>0$，k 增加；在 $k=k_*$ 处，$\dot{k}=0$，k 稳定。因此，k_* 是自动收敛的。当 $k=k_*$ 时，储蓄为 $sf(k_*)$，经济均衡时有：

$$\dot{k}(t) = sf(k(t)) - (n + g + \delta)k(t) = 0 \tag{1-7}$$

$$sf(k_*) = (n + g + \delta)k_* \tag{1-8}$$

由于消费 = 产出 - 储蓄，$f(k_*)$ 为产出，假设 c_* 为消费，那么：

$$c_* = f(k_*) - sf(k_*) = f(k_*) - (n + g + \delta)k_* \tag{1-9}$$

资本黄金律最早由 E. 费尔普斯（Phelps，E.，1961）根据索洛经济增长模型提出①。

根据公式 1 - 9，有：

$$\partial c_*/\partial s = [f'(k_*) - (n + g + \delta)]\partial k_*/\partial s \tag{1-10}$$

因为 $f'(k_*) < 0$，$\partial k_*/\partial s > 0$，所以，在 $f'(k_*) = (n + g + \delta)$ 时，c_* 达到最大值，$f'(k_*) = (n + g + \delta)$ 的稳态资本存量水平称为资本黄金律水平，如图 1 - 5 所示。

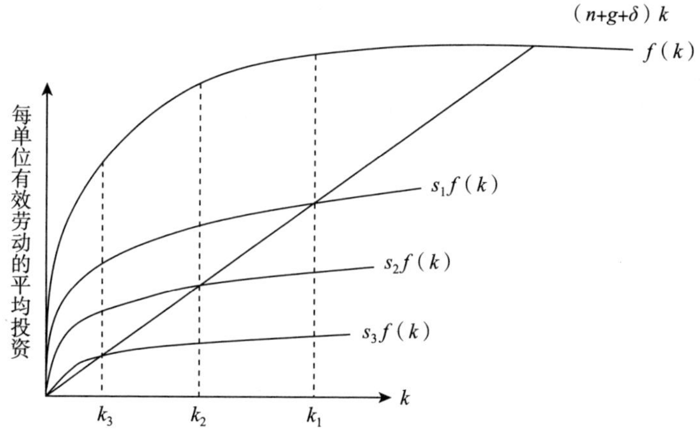

图 1 - 5　资本黄金律水平

在图 1 - 5 中，在储蓄率为 s_1 时，稳态资本存量为 k_1，在储蓄率为 s_2 时，稳态资本存量为 k_2，在储蓄率为 s_3 时，稳态资本存量为 k_3。在 k_2 处，$f'(k_*) = (n + g + \delta)$，消费最大，$k_2$ 为资本黄金律水平，k_1 和 k_3 分别大于和

① Phelps, E., "The Golden Rule of Accumulation: A Fable for Growthmen," *American Economic Review*, No. 51, 1961, pp. 638 - 642.

小于资本黄金律水平。因为索洛经济增长模型中储蓄率是外生的，所以每个既定的储蓄率水平都会自动收敛于与储蓄率相对应的一个稳态资本存量水平，而这个资本存量水平可能大于、小于或等于资本黄金律水平。

索洛经济增长模型中三个主要变量——储蓄率、人口增长率和技术进步率都被假定为外生的。而这三个主要变量显然是由人们的经济行为所决定的，它们的外生性假定既会使模型丧失一定的理论价值，又会制约模型的现实解释力，因此，如何将它们内生化就成为索洛经济增长模型之后增长模型的方向①。

2. 拉姆齐－卡斯－库普曼斯模型——修正的资本黄金律

拉姆齐在 1928 年发表的《储蓄的数学理论》中研究了一个国家储蓄多少是最优的，把宏观分析建立在微观基础之上，运用变分法，第一次从动态最优化角度探讨“时际福利”最大化问题，其研究方法已经成为宏观经济动态分析中广泛运用的基本方法。1965 年，卡斯和库普曼斯分别沿用拉姆齐的研究方法，采用指数贴现的处理方法，吸收现代最优控制理论的研究成果，重新表述了最优经济增长过程中的储蓄率的决定问题，从而形成了拉姆齐－卡斯－库普曼斯模型，也简称为拉姆齐模型。

该模型的基本内容为：有大量相同的厂商，生产函数形式及性质与索洛经济增长模型相同，要素市场完全竞争，技术进步率外生，厂商为家庭拥有，不考虑折旧。在每一时间点上，厂商雇用劳动和资本存量，按边际产品付酬，获得零利润。因此：

$$r(t) = f'(k(t)) \tag{1-11}$$

$$w(t) = f(k(t)) - k(t)f'(k(t)) \tag{1-12}$$

每一工人的收入为 $A(t)w(t)$，其中，$w(t)$ 为每一单位有效劳动的工资。有大量相同的长生不老家庭，每一个家庭的规模以速率 n 增长，每一个成员在每一个时间点提供 1 个单位有效劳动，并将所有资本租给厂商，最初每个家庭资本存量为 $K(0)/H$，H 为家庭数。每个家庭在每一个时间点将其

① 杨斌：《三种类型的内生经济增长模型》，《教学与研究》2004 年第 5 期，第 60～65 页。

收入（工资与资本利得）用于消费和储蓄，最大化其一生效用。

家庭效用函数为：

$$U = \int_{t=o}^{\infty} e^{-\rho t} u(C(t)) \frac{L(t)}{H} dt \tag{1-13}$$

$C(t)$ 为每一个家庭成员 t 时的消费，u 为即期效用函数，$L(t)$ 为总人口数，ρ 为贴现率。其中，即期效用函数为相对风险规避系数不变的效用函数：

$$u(C(t)) = \frac{C(t)^{1-\theta}}{1-\theta}, \theta > 0, \rho - n - (1-\theta) > 0 \tag{1-14}$$

每一个家庭最大化其一生效用，将 r 和 w 路径看作既定的，r 为利率，w 即 $w(t)$，预算约束为一生消费现值不能超过其初始财富和一生劳动收入，那么：

$$\int_{t=0}^{\infty} e^{-R(t)} C(t) \frac{L(t)}{H} dt \leqslant \frac{K(0)}{H} + \int_{t=0}^{\infty} e^{-R(t)} A(t) w(t) \frac{L(t)}{H} dt \tag{1-15}$$

其中，$R(t) = \int_{\tau=0}^{t} r(\tau) d\tau$，即在［0，$t$］上连续计算复利的结果。用有效劳动数量将模型正规化①，得到：

$$\int_{t=0}^{\infty} e^{-R(t)} c(t) e^{(n+g)t} dt \leqslant k(0) + \int_{t=0}^{\infty} e^{-R(t)} w(t) e^{(n+g)t} dt \text{ ②} \tag{1-16}$$

$$U = B \int_{t=0}^{\infty} e^{-\beta t} \frac{c(t)^{1-\theta}}{1-\theta} dt, B = A(0)^{1-\theta} \frac{L(0)}{H}, \beta = \rho - n - (1-\theta) g \tag{1-17}$$

为实现效用最大化，家庭选择的目标为：

$$\max U \quad s.t. \ (1.16) \tag{1-18}$$

其中，$s.t.$ 为“约束条件”，利用变分法，得：

$$\frac{\dot{c}(t)}{c(t)} = \frac{r(t) - n - g - \beta}{\theta} = \frac{r(t) - \rho - \theta g}{\theta} \tag{1-19}$$

① 具体过程参见〔美〕戴维·罗默《高级宏观经济学》，苏剑、罗涛译，商务印书馆，2003，第57～58页。

② $A(t) = A(0)e^{nt}$，$L(t) = L(0)e^{gt}$。

对于任意 k 的初始值，都存在唯一的 c 的初始值与之相对应，满足家庭跨期最优化、资本存量动态变化、家庭预算约束和 k 不能为负值的假设。将 c 的初始值表示为 k 的函数，可得“鞍点路径”，对于 k 的任意初始值，c 的初始值必等于鞍点路径上的值，并向 $\dot{c} = 0$ 的资本存量水平收敛，如图 1－6 所示，经济收敛于 E 点。

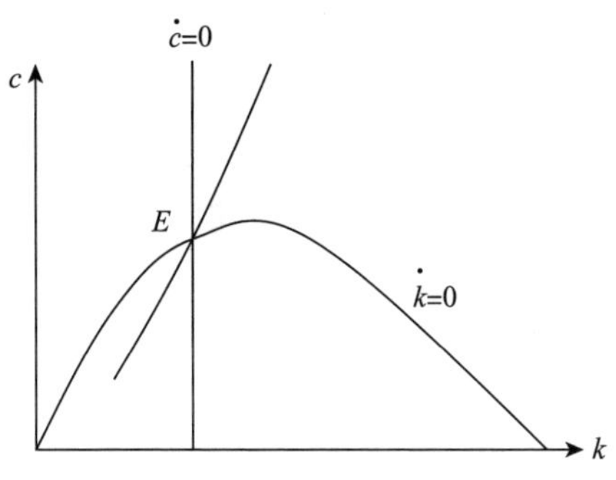

图 1－6 鞍点路径

在拉姆齐模型中，平衡增长路径上的资本存量不可能高于资本黄金律水平，而是收敛在低于资本黄金律水平。即经济收敛在使 $f'(k_*) = \rho$ 的资本存量上（假设 $g=0$），而当资本黄金律水平时有 $f'(k_G) = n$，因为 $\rho > n$，所以 $k_* < k_G$，其中 k_G 为资本黄金律水平的资本存量。但是，因为家庭更偏重于现期消费，并且储蓄率是家庭行为选择的结果，所以在 k_* 处短期消费的减少与长期消费提高之间的替代恰好相等，再提高 k_* 就会降低总福利，因此 k_* 是经济收敛的最优值，被称为修正的资本黄金律水平。

需要注意的是，与没有微观基础的索洛经济增长模型相比，在有微观基础的拉姆齐－卡斯－库普曼斯模型中，经济均会自动收敛到长期的最优增长路径上去，也即该模型所实现的均衡是一个瓦尔拉斯一般均衡。如果这样，那么经济不会出现动态无效。而之所以得出这一结论是因为该模型对行为人做出了“长生不老”的强假设，即行为人要对未来的效用进行现期折算，因此，稳态资本存量在小于黄金律水平时达到效用最大化，不存在调整储蓄率提高效用的可能性。要从理论上探讨经济出现动态无效的可能性，必须放弃拉姆齐－卡斯－库普曼斯模型而求助于更现实的、把行为人的生命期引入模型的戴蒙德代际交叠模型。

3. 戴蒙德代际交叠模型——经济动态无效率

戴蒙德代际交叠模型最先由萨缪尔森（Samuelson，P. A.，1958）提出并经戴蒙德（Diamond，P.，1965）扩展而成。标准戴蒙德代际交叠模型做如下假定：人口不断新老更替，新人不断出生，老人不断死亡；时间 t 为离散变量，$t = 0,1,2,\cdots$；每个人只生存两期，L_t 个人于第 t 期出生，人口增长率为 n，$L_t = (1+n)L_{t-1}$；在第 t 期有 L_t 个人出生于生命的第 1 期，$L_{t-1} = L_t/(1+n)$ 个人出生于生命的第 2 期，每个人第 1 期提供 1 个单位劳动收入，用于当期消费和储蓄，第 2 期仅消费上期储蓄和利息；C_{1t} 和 C_{2t+1} 分别表示第 t 期出生的人在第 1 期和第 2 期的消费。效用函数 U_t：

$$U_t = \frac{C_{1t}^{1-\theta}}{1-\theta} + \frac{1}{1+\rho}\frac{C_{2t+1}^{1-\theta}}{1-\theta}, \theta > 0, \rho > -1 \tag{1-20}$$

其中 ρ 为贴现率；生产函数形式及性质与索洛经济模型中生产函数相同，不考虑折旧；初始资本为 K_0，由当期老年人平均拥有。戴蒙德代际交叠模型经济平衡如图 1－7 所示。

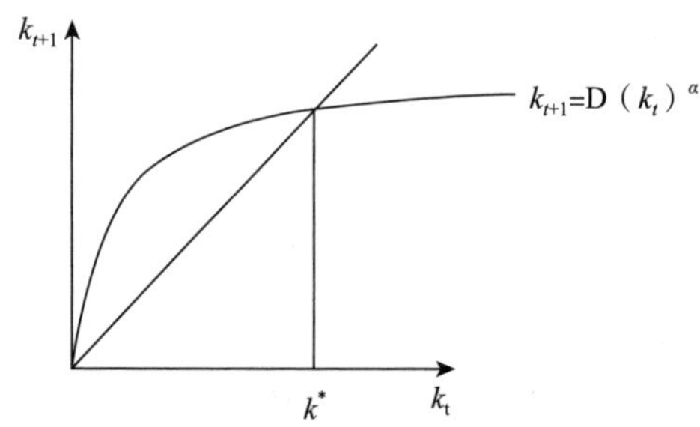

图 1－7　戴蒙德代际交叠模型经济均衡

在 $\theta = 1$ 时，经济有唯一收敛的均衡水平：

$$k^* = \frac{1}{(1+n)(1+g)}\frac{1}{2+\rho}(1-\alpha)(k^*)^{\alpha} = D(k^*)^{\alpha} \tag{1-21}$$

那么：

$$k^* = [\frac{1}{1+n}\frac{1}{2+\rho}(1-\alpha)]^{1/(1-\alpha)} \tag{1-22}$$

$$f'(k^*) = \frac{\alpha}{1-\alpha}(1+n)(2+\rho) \quad (1-23)$$

在 α 足够小时，$f'(k^*)$ 小于 n，即平衡增长路径上的资本存量水平大于资本黄金律水平，而此时是帕累托无效率，存在着福利改进的可能性，这种状态被称为经济动态无效。经济动态无效出现的原因是：戴蒙德代际交叠模型假设中每个人只生存两期。因此，每个人若要在第 2 期消费，那么其在第 1 期必须进行储蓄，这样储蓄才能获得市场利率。如果经济均衡时利率小于人口增长率，那么政府可以通过在年轻人和老年人之间进行资源配置，资源配置使个人可以不通过储蓄获得人口增长率水平的收益率，即“人口红利”。尽管戴蒙德代际交叠模型是建立在自由竞争假设之上的，但因为同时假设个人有限生命期，而行为人无论利率高低都必须为自己在第 2 期的消费做储蓄，所以，这可能出现经济动态无效，表现为利率小于人口增长率。在经济动态无效时，可以通过调整储蓄率降低稳态资本存量水平，进而提高私人的消费水平，增进社会福利。

（二）生命周期理论

Modigliani，F.，和 Brumberg，R.（1954）首先提出了生命周期理论，该理论打破了绝对收入理论建立以来过度关注短期中当期消费与当期收入关系的研究视角，转而重新回归到消费者行为的基础理论。生命周期理论最具颠覆性的观点是，某一时间段内的消费率仅是消费者一生计划安排的一个方面而已，消费者不断积累的收入仅是形成一生消费计划的一个基础因素。生命周期理论建立在消费者选择理论基础之上，并假设消费者效用由当期和未来各期消费共同决定，消费者各期可利用的预算约束是现期收入、未来收入折现值以及现期净财富的总和，消费者将在此预算约束下通过各期消费的安排实现一生效用最大化，一生效用最大化的当期消费将是其可利用的预算约束、资本回报率以及取决于年龄的参数的函数。

1. 个体储蓄率

在价格水平不变、没有遗产动机、消费者各期消费占各期可利用资源的比例相等且仅由效用函数和利率决定而与总资源数量无关、零利率的基本假设下，消费者第 t 期的当期消费和储蓄分别为 c_t 和 s_t：

$$c_t = c(y_t, y^e, a_t, t) = \frac{1}{L_t}y_t + \frac{(N-t)}{L_t}y^e + \frac{1}{L_t}a_t \tag{1-24}$$

$$s_t = y_t - c_t = \frac{L-t}{L_t}y_t - \frac{(N-t)}{L_t}y^e - \frac{1}{L_t}a_t \tag{1-25}$$

其中，y_t 为当期收入，y^e 为预期的收入期平均收入，a_t 为第 t 期净资产，N 为工作期年数，M 为退休期年数，$L = M + N$ 为一生寿命，$L_t = L - t + 1$ 为第 t 期的剩余寿命。为了更清楚地反映并检验生命周期理论的结论，Modigliani, F.，Brumberg，R.（1954）在静态假设下（Stationary Household）分析了收入、资产和年龄的均衡关系及消费和收入的关系。静态假设是指一个人在其工作期开始时期望其工作期间会有恒定的收入，而在其工作期间任意时间点上，该人会发现其最初的期望与实际收入一致，或者说其过去的收入和现在的收入都与其最初的期望一致，而其关于未来的期望也与其最初的期望一致。在静态假设下（$y_1^e = y_1, a_1 = 0$），个人在第 1 期做出的消费计划 $\bar{c}_\tau^1$ 为：

$$\bar{c}_\tau^1 = \frac{N}{L}y_1, \tau = 1,2,3,\cdots,L \tag{1-26}$$

其储蓄计划 $\bar{s}_\tau^1$ 为：

$$\bar{s}_\tau^1 = \begin{cases} \frac{M}{L}y_1, \tau = 1,2,\cdots,N \\ -\frac{N}{L}y_1, \tau = N+1, N+2,\cdots,L \end{cases} \tag{1-27}$$

其资产积累计划 $\bar{a}_\tau^1$ 为：

$$\bar{a}_\tau^1 = \begin{cases} \frac{(t-1)M}{L}y_1, \tau = 1,2,\cdots,N \\ \frac{N(L+1-t)}{L}y_1, \tau = N+1, N+2,\cdots,L \end{cases} \tag{1-28}$$

我们进一步放宽静态假设，当个人当期收入可能与期望不符即有波动时，当期储蓄方程 s_t 可以改写为：

$$\begin{aligned} s_t &= \frac{M}{L}y^e + \frac{(L-t)}{L_t}(y_t - y^e) - \frac{1}{L_t}[a_t - a(y^e, t)] \\ &= \frac{M}{L}y + \frac{N(L-t)-M}{LL_t}(y_t - y^e) - \frac{1}{L_t}[a_t - a(y^e, t)] \end{aligned} \tag{1-29}$$

当期消费 c_t 为：

$$
\begin{aligned}
c_t = c(y_t, y^e, a, t) &= \frac{N}{L} y^e + \frac{1}{L_t}(y_t - y^e) + \frac{1}{L_t}[a_t - a(y^e, t)] \\
&= \frac{N}{L}\left\{ y^e + \frac{L}{NL_t}(y_t - y^e) + \frac{L}{NL_t}[a_t - a(y^e, t)] \right\} \\
&= \frac{N}{L} p(y_t, y^e, t, a_t) \qquad (1-30)
\end{aligned}
$$

如果将 $\bar{x}(y)$ 定义为平均收入为 y 的一类群体，那么他们的储蓄理论的目标之一就是建立 $\bar{c}(y)$ 与 y 的关系式。从公式 1－30 来看，在静态假设下，因为 $y = y^e$，$a_t = a(y^e, t)$，所以，$\bar{p}(y) = y$，此时 $\bar{c}(y) = y \cdot (N/L)$。但是，当收入在短期中发生波动时，情况将发生变化。假设一类群体的收入受到短期波动影响，其平均收入仍然为 $\bar{y}$，并且等于该群体上期对未来收入的预期 $\bar{y}^e_{-1}$。在该群体中，部分个体的实际收入会高于 $\bar{y}^e_{-1}$，部分个体的实际收入会低于 $\bar{y}^e_{-1}$。

设 $E = (y^e - y^e_{-1})/(y - y^e_{-1})$，即 $y^e = (1 - E)y^e_{-1} + E_y$；一般情况是 $0 \leqslant E \leqslant 1$，这可以说明公式 1－30 中 $p(y_t, y^e, t, a_t)$ 的第一项，而第二项相对简单，消费会变动 y 与 y^e 之差的 $\frac{L}{NL_t}$ 比例，而这个比例将是比较小的。$p(y_t, y^e, t, a_t)$ 的第三项度量了当期资产与期望资产之间的不平衡。考虑正向收入冲击群体内部有相当一部分个人的未来收入预期会提高，从而高于之前的收入预期，因此，其实际当期资产将低于按照其现在的收入期望应该积累的资产规模；反之，负向收入群体的实际资产将高于其按照现在较低的收入期望应该积累的资产规模。上述分析说明，正向收入冲击群体的 $p(y_t, y^e, t, a_t)$ 的第三项将是负值，负向收入冲击群体的 $p(y_t, y^e, t, a_t)$ 的第三项将是正值。而 $\bar{c}(y)$ 与 y 之间的关系就是按照公式 1－30 将 $p(y_t, y^e, t, a_t)$ 的三项之和乘以$\frac{N}{L}$。上述分析首先说明，由于 $p(y_t, y^e, t, a_t)$ 的第三项的存在，收入中消费的比例将随着收入的上升而减小，边际消费倾向小于 1。同时上述分析意味着，因为 $p(y_t, y^e, t, a_t)$ 的第二项和第三项均与年龄有关，所以在其他条件不变的情况下，消费的收入弹性将受到年龄的影响。上述分析的结论与持久收入理论结果相似，因此，有的研究将持久收入理论与生命周期理论统称为持久收入－生命周期理论（PIH－LCH）。

2. 加总储蓄率

在个人效用函数在不同人之间及不同时间点上相同、个人没有遗赠动机的条件下，某一个年龄为 T 的个人的当期消费可以表示为：

$$c_t^T = \Omega_t^T y_t^T + \Omega_t^T (N - T) y_t^{eT} + \Omega_t^T a_{t-1}^T \quad (1-31)$$

其中，T 为年龄，y_t^{eT} 为年平均期望收入。进一步说，如果假设年龄相同的个体其 Ω_t^T 相同①，则年龄为 T 的所有人的总消费将为：

$$C_t^T = \Omega_t^T Y_t^T + \Omega_t^T (N - T) Y_t^{eT} + \Omega_t^T A_{t-1}^T \quad (1-32)$$

其中，C_t^T、Y_t^T、Y_t^{eT}、A_{t-1}^T 分别为该组别中所有人消费、收入、年均期望收入和净资产的总和。进一步对不同年龄组各项分别加总，可以得到：

$$C^T = \alpha_1' Y_T + \alpha_2' Y_t^e + a_3' A_{t-1} \quad (1-33)$$

其中，Y_T、Y_t^e、A_{t-1} 分别为公式 1－32 相应项的加总，α_1'、α_2'、α_3' 为公式 1－33 相应系数的加权平均数。假设 $Y_t^e = \beta' Y_T$，$\beta' \approx 1$，则有：

$$C_t = (\alpha_1' + \beta' \alpha_2') Y_T + \alpha_3' A_{t-1} = \alpha_1 + Y_t + \alpha_3 A_{t-1} \quad (1-34)$$

其可进一步表示为：

$$C = \alpha \cdot Y_l + \sigma \cdot W \quad (1-35)$$

其中，Y_l 为劳动收入，W 为当期资本。因为 $Y = Y_l + r \cdot W$，其中，r 为利率，所以：

$$S = Y - C = (1 - \alpha) Y - (\sigma - \alpha r) W \quad (1-36)$$

或者是：

$$s = (1 - \alpha) - (\sigma - \alpha r) w \quad (1-37)$$

其中，$s = S/Y$，$w = W/Y$。在经济均衡状态时，根据阿罗得－多玛生产

① 如果个人 Ω_t^T 不同，那么 Theil（1955）证明各项系数将是个人系数的加权平均数。

函数，$s = gw$，其中，g 为经济增长率，因此：

$$w = (1 - \alpha)/(g + \delta - \alpha r) \tag{1-38}$$

$$s = g(1 - \alpha)/(g + \delta - \alpha r) \tag{1-39}$$

公式 1－39 是经济增长率 g 的函数，$g = \rho + n$，其中，ρ 为劳动人口人均产出增长率，n 为劳动人口增长率，对公式 1－39 一阶泰勒级数展开可得：

$$s(g) \approx s(\bar{g}) + s'(\bar{g})(g - \bar{g}) = [s(\bar{g}) - \bar{g} \cdot s'(\bar{g})] + s'(\bar{g}) \cdot g \tag{1-40}$$

$$s \approx \alpha + \beta \cdot g = \alpha + \beta(\rho + n) \tag{1-41}$$

公式 1－41 意味着，在经济均衡状态时，储蓄率由经济增长率决定。但是，公式 1－41 是很难检验的，这是因为很难得到劳动人口增长率。为了解决实证检验上的困难并考虑非均衡经济中储蓄的影响因素，Modigliani，F.，Ando，A. K.（1957）构造了一个含有人口结构的模型。设 m、w 和 r 分别为个人的工作前、工作与退休年数，设 μ 和 ω 分别为 $\mu = m/w$，$\omega = r/w$。设 c_m、c_w、c_r 分别为工作之前时期、工作期间和退休期间个人的平均消费水平；设 $\chi_m = c_m/c_w$，$\chi = c_r/c_w$；设 e 为工作期平均收入，那么：

$$we = mc_m + wc_w + rc_r = c_w[m\chi_m + w + r\chi] \tag{1-42}$$

$$c_w = \frac{we}{m\chi_m + w + r\chi} = \frac{e}{\mu\chi_m + 1 + w\chi} \tag{1-43}$$

设 M、W 和 R 分别为工作之前期、工作期和退休期人数，在上述假设下，加总消费和储蓄可以表示为：

$$C = Mc_m + Wc_w + Rc_r = c_w(M\chi_m + W + R\chi) \tag{1-44}$$

$$Y = We \tag{1-45}$$

因此：

$$\frac{C}{Y} = \frac{c_w}{e}(\frac{M}{W}\chi_m + 1 + \frac{R}{W}\chi) \tag{1-46}$$

可得：

$$\frac{S}{Y} = 1 - \frac{C}{Y} = \frac{\mu\chi_m + \omega\chi}{\mu\chi_m + 1 + \omega\chi} - \frac{\chi_m}{\mu\chi_m + 1 + \omega\chi}\frac{M}{W} - \frac{\chi}{\mu\chi_m + 1 + \omega\chi}\frac{R}{W} \tag{1-47}$$

公式 1-47 说明，在经济均衡状态时，$\frac{M}{W}$和$\frac{R}{W}$都将是人口增长率的函数，因此，储蓄率也是人口增长率的函数。但在经济非均衡状态下，因为人口增长率与抚养比之间不再具有稳定的关系，所以，在总储蓄率方程中经济增长率应由抚养比变量替代。

（三）艾伦条件以及养老保险制度模式选择

现收现付制和完全积累制是养老保险制度的两个基本模式，关于在两种模式之间如何选择，艾伦条件（Aaron Condition）可以是一个重要的参考。萨缪尔森（Samuelson，P. A.，1958）提出了现收现付制养老保险制度生物回报率的概念，即人口增长率与工资增长率之和。艾伦（Aaron，H. J.，1966）在生物回报率基础上进一步提出艾伦条件，其基本观点是，只有当人口增长率与工资增长率之和大于市场实际利率的条件时，现收现付制养老保险制度才是可行的，即当生物回报率大于实际市场利率时，现收现付制养老保险制度才会优于完全积累制养老保险制度。艾伦条件的基本观点可以表述如下：考虑两期模型，假设实际利率为 r，人口增长率为 n，工资增长率为 σ，工作期工资为 w_t，缴费率为 δ。那么工作人口在工作期的缴费 c 可以表示为：

$$c = \delta \cdot w_t \tag{1-48}$$

在完全积累制养老保险制度模式下，该工作人口在老年期可以得到的养老金给付 b_1 可以表示为：

$$b_1 = c \cdot (1 + r) = \delta \cdot w_t \cdot (1 + r) \tag{1-49}$$

在现收现付制养老保险制度模式下，该工作人口在老年期可以得到的养老金给付 b_2 由当期工作人口缴费决定，可以表示为：

$$b_2 = (L_{t+1}/L_t) \cdot w_{t+1} \cdot \delta = (1 + n) \cdot (1 + \sigma) \cdot w_t \cdot \delta \tag{1-50}$$

其中，L_{t+1} 和 L_t 分别为第 t 期和第 $t+1$ 期的工作人口。在 $(1+n) \cdot (1+\sigma) > (1+r)$ 的条件下，$b_2 > b_1$，现收现付制优于完全积累制，该条件也被称为艾伦条件。因为 $(1+n) \cdot (1+\sigma) \approx 1 + n + \sigma + n \cdot \sigma$，在 n 和 σ 较小

的情况下，$n \cdot \sigma \approx 0$，所以：

$$(1+n) \cdot (1+\sigma) \approx 1+n+\sigma \quad (1-51)$$

在 $n+\sigma>r$，即人口增长率与工资增长率之和大于实际利率时，艾伦条件得以满足，实行现收现付制养老保险制度会比完全积累制养老保险制度更有效率。

二 现有研究成果述评

（一）关于养老保险基金收支平衡的研究

第一，对企业职工养老保险制度社会化改革转轨成本的估计。从企业职工养老保险制度社会化改革之初，对于转轨成本的估计开始大量出现，例如，世界银行《老年保障：中国的养老金体制改革》编写组（1998）的估计结果为19176亿元，王晓军（2000）的测算结果为26118亿元，房海燕（1997）的估计结果为35082亿元①。这些研究所采用的测算方法及其采样范围有所不同，因此测算结果也存在一定的差异。

第二，对养老保险制度的精算评价。例如，王晓军（2002）对养老保险基金长期精算估计方法进行了深入研究，计算了每年的养老金收入与支出，认为按照城镇口径模拟的养老金计划，在原缴费率和替代率条件下，2042年左右基金积累将为负值；万春（2009）对中国混合制养老金制度的基金动态平衡进行了研究，研究发现，在现行退休年龄条件下，在不同假设条件下，2005~2060年，其均无法保证养老保险基金的年度平衡和累计平衡，从社会统筹基金来看，未来年份的赤字较为严重，最大赤字将达到10600亿元。

第三，以养老保险基金平衡为基础研究养老保险制度的改革与优化。例如，袁志刚（2004）提出养老保险基金缴费比例的上升、替代率的下降等手段可以维持今后一段时间内养老保险制度的均衡运行；封进（2004）提出我国养老保险制度仍应采取现收现付制，其可持续运行最终取决于劳

---

① 王利军：《养老保险基金缺口的成因及对策分析》，《当代经济管理》2005年第5期。

动生产率和产出水平的增长；程永宏（2005）在人口预测的基础上，分析了人口老龄化对现收现付制的影响，认为人口老龄化不会引起现收现付制的支付危机。

（二）关于延迟退休的研究

第一，对于延迟退休是否应该实施的研究。例如，韩克庆（2014）提出，通过延迟退休政策，我们可以进一步发现改革开放以来在社会结构层面不同社会群体利益诉求的多元变化及民众福利权的吁求日渐明显；刘玮（2005）、符齐华（2004）、汪健强（2007）等学者从不同角度提出应该实施延迟退休政策；同时，也有部分学者提出对延迟退休政策的反对观点，例如，周辉（2011）提出，对于我国人口预期寿命做出最大贡献的是初生婴儿死亡率的大幅度下降，虽然预期寿命在增加，但是能够健康生活的年数没有相应增加，因此，延迟退休政策实施的时机并未成熟；唐钧（2011）认为，新增加的一定比例的工作岗位是老年人口退休后的空缺岗位，因此，延迟退休政策会造成巨大的就业压力。总体来看，支持延迟退休的观点占据明显的主导地位。

第二，对于延迟退休影响养老保险基金收支的研究。例如，邓大松、王增文（2008）提出延迟退休有助于应对人口老龄化危机，缓解养老金支付压力；熊必俊（2004）认为从2006年起开始适当提高退休年龄，可以保证养老保险基金的收支平衡，减轻养老保障的压力；徐晓雯、张新宽（2011）提出，延迟退休可以应对我国人口老龄化问题，提高部门竞争力，缓解养老金的支付压力；柳清瑞、苗红军（2004）认为企业在改善养老保险基金收支平衡的基础上，根据情况降低企业的缴费率，可以减轻企业的负担，提高企业的竞争力；袁磊（2014）通过模拟分析提出，在不同的假设条件下，延迟退休可以推迟养老保险基金缺口来临的时间，并缓解养老保险基金缺口规模，但并不能解决养老保险基金缺口问题。

第三，对于延迟退休其他效应的研究。例如，董存田（2010）认为延迟女性退休年龄可以节约教育成本，提高人力资源使用效率，避免二次就业带来的一人双岗现象，减轻社会养老压力；文太林、吴中宇（2008）从优化我国劳动力供给的角度，建议应从提高退休政策的灵活性，扩大养老保险的覆盖面，促进养老保险的流动性等方面完善养老保险制度；李海明（2013）详细阐释退休自愿及其限制的理论与实践，既具有塑造劳动合同法法理、维护劳动者权益的作用，又具有开发知识的功效；朱洪兴（2012）通过对延迟退休的就业效应进行分析，用1991~2010年的时间序列数据做协整分析，并运用卢卡斯的期望理论得出延长退休年龄三年一岁的政策将不会对就业产生过多的影响的结论。

（三）关于名义账户制的研究

第一，关于名义账户制起源及其国际经验。例如，郑秉文（2003）提出，瑞典、拉脱维亚、意大利、波兰、蒙古和吉尔吉斯斯坦这欧亚六国的社会养老保险从1995年以来成功地实现了从现收现付制向名义账户制的转型，名义账户制是现收现付制和完全积累制、确定给付型和确定缴费型相结合的一种混合型制度，是一种制度创新，该制度模式较好地解决了制度转型成本的问题，可以被认为是私人保险市场中法国“积分制”和美国“现金余额制”的某种延伸，而Kotlikoff等人在1981年关于BKS模型的设计可以被认为是其理论的一种实验；牛黎帆（2009）分析了瑞典名义账户制的内容与特征，并总结了瑞典经验对中国的启示；郑秉文（2003）从规范和实证两个方面分析了名义账户制对欧盟国家的适用性问题，逐一介绍和研究了欧盟委员会推荐的向名义账户制过渡的三个方案，探讨了欧盟国家引入名义账户制之后的发展前途。

第二，关于名义账户制对中国的适用性及改革方案设计。John B. Williamson（2011）等提出，在人口老龄化形势下，东亚国家的老年人口赡养率迅速攀升，改革公共养老金制度是这些国家的一个难题，通过比较中国、韩国和新加坡的公共养老制度，探讨名义账户制在这三个国家的应用前景，提出中国适用名义账户制的可行性最强，新加坡的可行性较低，而韩国介于二者之间；郑秉文（2015）提出，中国养老保险制度正处于参数调整、结构改革、子制度建立三项任务叠加和交织的巨大压力中，企业职工养老保险制度的主要问题为财务可持续性问题，“完善个人账户制度”和“坚持精算平衡原则”为提高财务可持续性指明了改革方向，在向名义账户制转型的同时，中国应扩大个人账户规模，以完善激励机制，真正实现多缴多得，在给定的“小账户”、“大账户”和“全账户”三个情景方案中，账户比例越大，其可持续性就越好，因此，名义账户制转型与扩大个人账户比例应同时成为改革的主要内容；郑伟、袁新钊（2010）从基金积累度、缴费收益模式、精算相关度三个维度区分了现收现付制、个账积累制、总账积累制和名义账户制四种养老保险模式，并从财务稳定性、对劳动力市场的影响、转轨成本、对资本市场发展的影响、监管成本等方面对这四种养老保险模式的优势和劣势进行了比较研究，分析了名义账户制在中国养老保险改革中的可能贡献，并从技术和监管的角度讨论了名义账户制面临的挑战。当然，也有观点认为名义账户制并不适用于中国，例如，申曙光、孟醒（2014）针对名义账户制与部分积累制的作用与优势、劣势进行对比分析，并在此基础上，结合我国现阶段及未来的实际国情，明确指出我国社会养老保险制度模式的改革方向应是在现行部分积累制的基础上进行参数优化与改革，而不是完全效仿欧洲国家采取名义账户制。

（四）对现有研究成果的简单评价

1. 目前，对养老保险基金收支的研究成果较多，但主要偏于理论研究，定量测算相对较少，特别是在人口结构、预期寿命以及养老保险制度本身不断发展变化的条件下，基于新的人口条件和制度参数变化的养老保险基金的收支预测尚不多见。

2. 现有针对延迟退休和名义账户制等养老保险制度改革的理论的研究成果较为丰富，对于养老保险制度改革方式、方案、可行性以及效应的探讨较多，尽管存在一定的争论，但这些研究对养老保险制度改革的大方向基本达成共识，在现有研究基础上，针对不同改革方案的模拟分析可以为养老保险制度改革提供必要的实证参考。

第三节　研究的主要内容及研究的路线与思维框架

一　研究的主要内容

本书的主要研究内容是企业职工养老保险基金收支平衡问题，其主要包括三个方面的内容。

一是企业职工养老保险制度参数的可能变化趋势。主要包括两个部分。第一个部分是2015~2050年企业职工养老保险制度内人口结构的变化，主要分析在人口老龄化、城乡人口迁移、可能实施的延迟退休政策等条件下，制度赡养率的变化趋势及其对企业职工养老保险制度运行和基金收支的可能的影响和效应；第二个部分是制度覆盖率、实际缴费率、平均替代率的变化，主要通过分析上述指标的现状、变化特征和未来趋势，来对参数进行合理假设，以作为养老基金收支测算的基础。

二是不同条件下企业职工养老保险基金的收支预测。其主要包括三个部分。第一个部分是现行退休年龄条件下的基金收支预测，本书分析了在不同制度参数可能的组合条件下，按照现行退休年龄对2015~2050年基金收支进行了逐年的测算；第二个部分是在延迟退休政策下对基金收支进行预测，在设计的不同延迟退休方案条件下，按照不同的延迟退休方案测算2015~2050年企业职工养老保险基金的收支情况；第三个部分是在名义账户制条件下对基金收支情况进行测算，在全名义账户的假设下，分别按照现行退休年龄和延迟退休年龄分析企业职工养老保险基金在2015~2050年的收支情况。

三是解决企业职工养老保险基金缺口的措施。其主要包括财政补助、全国社会保障基金、建立国有股权型社会保障等，分析了不同措施的可能效应及具体的实施方式。

二 研究的路线与思维框架

本书主要研究企业职工养老保险制度在2015~2050年的基金收支情况。本书主要分为以下七个部分。第一部分分析企业职工养老保险制度转轨及现行制度模式，主要对企业职工养老保险制度由企业保障向统账结合制社会保险的转变历程及现行企业职工养老保险制度中对于实际缴费率、给付水平、覆盖人群等关键制度参数进行分析；第二部分是对企业职工养老保险基金收支的影响因素进行分析，主要研究企业职工养老保险基金收支平衡的四个影响因素，即平均替代率、实际缴费率、制度赡养率和覆盖率对企业职工养老保险基金的影响，目的是掌握企业职工养老保险制度的实际运行情况，并为企业职工养老保险基金收支预测的假设条件的确定提供基础；第三部分是对现行制度模式下企业职工养老保险基金收支的预测，主要设定基金收支状况所需要的假设条件，包括覆盖率、实际缴费率、平均替代率、工资增长率、实际利率等参数未来的变化，并在不同假设条件下预测 2015 ~2050 年企业职工养老保险基金结余或缺口的规模，同时对测算结果进行评价；第四部分是对延迟退休方案下企业职工养老保险基金收支的预测，主要分析中国退休年龄的现状和问题，设计合理的延迟退休方案，并在一定假设条件下对不同延迟退休方案的企业职工养老保险基金收支情况进行预测；第五部分是对名义账户制下企业职工养老保险基金收支的预测，主要包括名义账户制的含义及起源、中国实施名义账户制改革的动因和意义以及名义账户制下企业职工养老保险基金的收支预测；第六部分是其他资金来源对企业职工养老保险基金收支的影响效应，主要分析了财政补助、全国社会保障基金以及利用国有资产充实企业职工养老保险基金可能带来的效应及可行的方式；第七部分是总结研究结论并提出相关政策建议。研究的路线与思维框架见图 1 – 8。

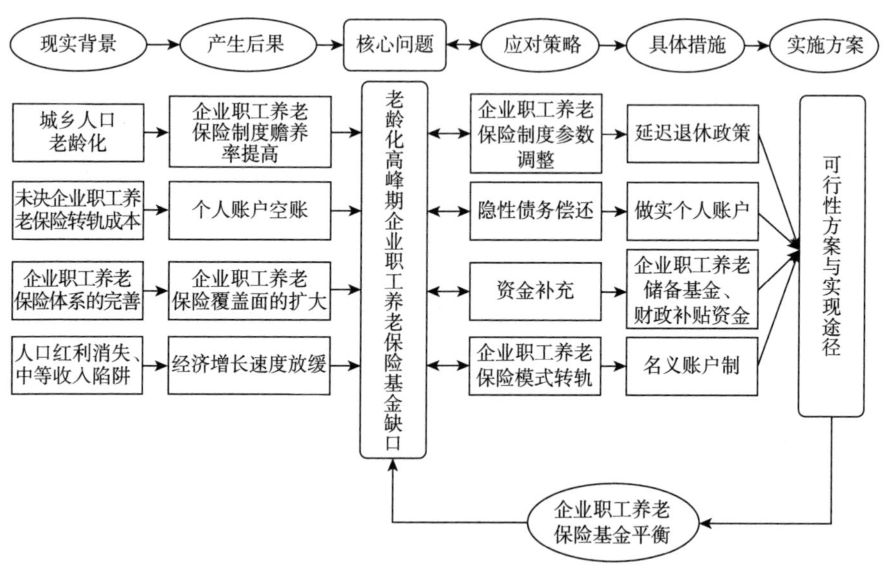

图 1 – 8　研究的路线与思维框架

第四节　研究范围界定、研究方法及可能的创新之处

一　研究范围界定

目前，中国社会养老保险制度主要由城镇职工养老保险制度和城乡居民养老保险制度组成，其中，城镇职工养老保险制度又可以分为企业职工养老保险制度和机关事业单位工作人员养老保险制度。本书将研究范围界定为企业职工养老保险工作人员制度，即不将城乡居民养老保险制度与机关事业单位工作人员养老保险制度置于研究范围之中。其原因有二，第一，城乡居民养老保险的基础养老金更多地表现为普惠型养老金，资金来源于中央和地方财政，其替代率水平尚未明确，因此，其无法被准确预测；第二，机关事业单位工作人员养老保险制度缺少基础数据，并且，机关事业单位工作人员可能会随着经济体制改革的深入发生变化。基于上述两个原因，本书仅对企业职工养老保险制度进行研究。

本书主要是对不同条件下企业职工养老保险基金的收支进行预测，这些条件主要包括现行退休年龄、延迟退休条件以及名义账户制条件，研究更偏重于实证角度，即主要关注不同条件下企业职工养老保险基金的收支情况，本书尽管也涉及对不同方案的评价，但不对各项改革是否可行、是否必要等做过多的规范研究。

二　研究方法

1. 本书运用人口统计和人口预测相关技术，利用第六次全国人口普查数据，在对相关参数进行假定的基础上，预测2015～2050年中国分城乡、分性别、分年龄人口结构，以分析人口结构的变化，将其作为企业职工养老保险基金收支研究的基础。

2. 本书运用精算分析方法，以人口数据为基础，在对企业职工养老保险制度参数进行合理设定的基础上，定量测算2015～2050年企业职工养老

保险基金的收支情况，同时，模拟延迟退休、名义账户制等政策措施对企业职工养老保险基金可能产生的影响。

3. 企业职工运用敏感性分析方法来确定企业职工养老保险基金缺口的应对策略：对企业职工养老保险基金缺口规模进行敏感性分析，确定企业职工养老保险基金缺口的影响因素、影响机制和影响效应，并根据敏感性分析结果，有针对性地确定企业职工养老保险基金缺口的应对策略。

4. 本书运用德尔菲法、文献研究法和国际比较方法，搜集国外人口老龄化条件下企业职工养老保险制度的改革及应对措施的相关文献，关注发达国家近年来企业职工养老保险制度出现的新动向，结合国内前期的相关研究成果，我们将它们作为本书的研究基础。

三　可能的创新之处

1. 本书考虑二胎政策放开、预期寿命延长、城乡人口迁移等各种因素，对2015～2050年中国分城乡、分性别、分年龄人口结构进行预测，为企业职工养老保险基金收支情况预测提供了科学的人口基础。

2. 本书对实际缴费率、平均替代率、覆盖率进行分析、判断和设定，考虑制度参数在动态化过程中的企业职工养老保险基金的收支情况，相较于已有研究中相对主观设定参数值可能更具现实意义的情况，特别是在分析了工作人口覆盖率提高对退休人口覆盖率的影响时，本书提高了参数变化影响企业职工养老保险基金收支研究的准确性。

3. 本书模拟了延迟退休政策和名义账户制条件下企业职工养老保险基金的收支情况，设定了不同的改革方案，并充分考虑企业职工养老保险制度参数对不同政策方案的影响效应，从而为企业职工养老保险制度改革提供了实证参考。

第二章 企业职工养老保险制度的改革历程及基金收支的影响因素分析

第一节 企业职工养老保险制度的改革历程

大多数经济体制转轨国家在经济体制转轨过程中都进行了社会养老保险制度的改革，但是，由于中国经济体制转轨前实行企业层次的社会养老保险制度及中国国有企业改革的渐进方式，中国社会养老保险制度改革具有区别于大多数经济体制转轨国家的特点，并产生了较为特殊的企业职工养老保险制度转轨成本。

一 中国企业职工养老保险制度变迁

新中国成立至今，中国企业职工养老保险制度经历了多次制度变迁，统账结合的企业职工养老保险制度正在逐步建立与完善。通过分析中国企业职工养老保险制度不同历史时期的特点，我们可以将其划分为以下四个阶段。

（一）企业保障阶段

从新中国成立到20世纪80年代中期，这一阶段企业职工养老保险制度变迁突出的特点是以企业为单位进行。1951年国家颁布了《中华人民共和国劳动保险条例》，1953年国家通过了《关于中华人民共和国劳动保险条例若干修改意见的决定》，1955年国务院颁布了《国家机关工作人员退休处理暂行办法》，1958 年国家统一了企事业和国家机关的企业职工养老保险制度，中国城镇劳动者统一的企业职工养老保险制度基本上在全国建立起来。这一阶段企业职工养老保险制度的基本规定是：企业按月交纳相当于企业职工工资总额的 3% 的保险费，其中 70% 存入企业工会用于支付养老金，30% 上缴全国总工会用于全国调剂。但是，在“文革”期间，根据《关于国营企业财务工作中几项制度的改革意见（草案）》，规定国有企业停止提取劳动保险金，企业退休费用等社会保险开支改在营业外支出列支，实报实销，职工养老金开始由企业提供。在“文革”结束后，职工养老金一直由企业承担。1978 年 5 月，根据《国务院关于安置老弱病残干部的暂行办法》和《国务院关于工人退休、退职的暂行办法》的规定，企业职工养老金水平为本人标准工资 60% ~75%，企业职工养老金从企业成本中列支，由企业支付给退休人员，退休人员管理工作也由企业承担。

在这一阶段，国有企业改革尚未开始，国有企业职工实行的是低工资、高积累、高保障的政策，企业职工的养老金在工资中予以事先扣除并被留在企业中，待退休后由企业支付，国家做财政兜底。尽管在这一阶段中企业职工不用进行养老保险缴费，但由于低工资政策，实际上企业职工对自己的养老金也付出了代价。这一阶段可以近似理解为“隐性基金制”，即企业职工实际上为自己积累了养老金，但这笔资金没有表现为显性的企业职工养老金积累，而是以隐性的方式留在企业中。

（二）现收现付阶段

从 20 世纪 80 年代中期至 90 年代中期，在这一阶段，企业职工养老保险制度基本实现了社会统筹。为了解决“利改税”导致不同企业竞争地位差异及非国有经济组织中企业职工养老保险权益缺失的问题，中国开始了企业职工养老保险社会化的探索，企业职工养老保险制度从“企业化”向“社会化”的制度变迁也在此时开始。到 1991 年，全国已有 2300 多个市县进行了养老金社会统筹，其占全国市县的 98%。同年，国务院颁布了《关于企业职工养老保险制度改革的决定》，在肯定社会统筹成果的同时，提出要实行国家、企业、个人三方共同负担企业职工养老保险费用。在这一阶段，社会统筹的企业职工养老保险制度基本建立。

（三）名义统账结合阶段

从20世纪90年代中期至2001年辽宁省开始企业职工养老保险制度改革试点，这一阶段属于统账结合模式的探索阶段。1993年党的十四届三中全会通过的《中共中央关于建立社会主义市场经济体制若干问题的决定》提出，“城镇职工养老和医疗保险金由单位和个人共同负担，养老保险制度实行社会统筹和个人账户相结合”；1995年国务院颁布的《关于深化企业职工养老保险制度改革的通知》明确提出了社会统筹和个人账户相结合的改革方向；1997年国务院颁布的《关于建立统一的企业职工基本养老保险制度的决定》提出要在全国范围实行统一的企业职工养老保险制度，并规定了该制度的基本内容。在这一阶段中，由于从现收现付制向统账结合制转轨的成本没有及时得到解决，“老人”和“中人”的个人账户无法建立和及时补充，全国各地出现了个人账户资金用于支付当期养老金的情况，即“空账”问题。这一阶段的企业职工养老保险制度虽然确定了统账结合的方向和目标，但因为转轨成本的问题，实际上企业职工养老保险制度仍然按照现收现付方式运行，个人账户只是名义上存在的，所以，我们可以将这一阶段的企业职工养老保险制度称为名义统账结合阶段。

（四）实际统账结合阶段

从2001年辽宁省开始企业职工养老保险制度改革试点至今，在这一阶段中，中央政府和地方政府开始尝试通过由政府注入资金来承担企业职工养老保险制度转轨的成本，以解决养老金当期支付不足的问题及前期形成的“空账”，进而实现现收现付制同个人账户养老金管理运营的完全分离。2000年，国务院下发了《关于印发完善城镇社会保障体系的试点方案的通知》，并于2001年在辽宁省正式启动试点工作；2004年，国务院在总结辽宁省试点经验的基础上将试点扩大到东北三省；2005年，劳动和社会保障部《关于扩大做实企业职工基本养老保险个人账户试点有关问题的通知》提出要扩大东北三省企业职工养老保险改革做实个人账户的试点范围，2005年末，国务院进一步确定试点范围，将试点扩大到上海市、天津市、山西省、山东省、河南省、湖北省、湖南省和新疆维吾尔自治区八个地区；2006年12月，国家财政部将中央政府总额50亿元的资金下拨至新增试点地区的社保基金专户。至此，中国统账结合的企业职工养老保险制度在全国城镇开始得到真正实现和推广，尽管国务院只是在部分地区进行做实个人账户的试点，并且对于“空账”问题解决的试点方案不一，但各地区对企业职工养老保险制度转轨成本的解决及提高企业职工养老保险制度的可持续发展能力已经达成共识。在这一阶段中，个人账户已经开始做实并且改革地区不断增加，因此，这一阶段的企业职工养老保险制度处于实际统账结合阶段。

在这四个阶段中，中国企业职工养老保险制度经历了两次比较大的制度变迁，一是发生在20世纪80年代中期国有企业改革背景下的“企业保障”向“社会统筹”的变迁，二是发生在20世纪90年代中期“现收现付制”向“统账结合制”的变迁。中国企业职工养老保险制度变迁直接导致了两个结果：一是企业职工养老保险制度转轨在原制度中止时产生的隐性债务及转轨成本，关于这笔隐性债务的规模，不同机构有不同的估计，最小的估计值是19176亿元（世界银行《老年保障：中国的养老金体制改革》编写组，1998），最大的估计值则高达76000亿元（国务院发展研究中心社会保障课题组，2000），中国人民大学王晓军的测算结果——最小估计值为25839万亿~44578万亿元；二是企业职工养老保险制度对解决经济体制转轨成本的滞后[①]造成了对当期企业职工养老保险基金的占用，即“空账”问题。

二　中国企业职工养老保险制度改革动因分析

（一）保障国有企业改革

经济体制转轨国家进行企业职工养老保险制度改革的目的一般是解决

---

① 因为国家在制度转轨时没有直接投入足够资金解决“老人”和“中人”的企业职工养老保险支出，所以地方政府在对“老人”和“中人”进行企业职工养老保险给付时动用了新企业职工养老保险制度形成的个人账户基金，进而造成了“空账”问题。随着辽宁省试点方案在全国部分地区的推广，国家投入资金做实这些地区的个人账户投入资金。实际上，国家完全可以在空账出现以前用这部分资金支付当期企业职工养老金以避免“空账”，因此，我们将“空账”问题的产生归结为国家对历史性债务解决的滞后。

财政收入下降和企业职工养老金支出上升之间的矛盾。激进式经济体制转轨使转轨国家出现了不同程度的经济衰退，这种衰退也被称为“转轨性衰退”。经济衰退造成国民生产总值下降进而造成国家财政收入的下降，与此同时，经济体制转轨时期劳动力市场调整造成许多工人提前退休，退休人口在经济体制转轨中的大幅增加是一个普遍现象。并且，经济体制转轨时期失业率增加使企业职工养老保险的赡养率进一步提高，降低了企业职工养老保险的支付能力。以东欧国家为例，经济企业职工转轨时期，东欧国家企业职工养老金支出占 GDP 的比例大约为 10%①。在此背景下，东欧国家主要采取了国家养老计划部分私有化和改革公共养老金体制并鼓励公民加入私人养老金两种模式进行企业职工养老保险制度的改革。

中国企业职工养老保险制度改革的目的与一般经济体制转轨国家不同。在中国企业职工养老保险社会化改革前期，中国的企业职工养老保险基金支出压力并不大，1990 年，中国企业职工养老保险基金支出占 GDP 的比例为 0.9%，1996 年，其仅为 1.5%，远远低于其他经济体制转轨国家的水平；1980 年，中国老年抚养比仅为 7.9%，2000 年，其为 10%，而东欧经济体制转轨国家在经济体制转轨时期老年抚养比在 30% 左右。这说明，企业职工养老保险基金支出压力并不是中国企业职工养老保险制度改革的最初原因。中国企业职工养老保险制度改革从企业保障向社会统筹转轨开始，目的是将企业职工养老保险从企业分离出去，一方面降低国有企业之间企业职工养老保险负担以使国有企业利改税、承包经营等一系列放权让利的改革政策真正发挥作用，另一方面建立社会统筹的企业职工养老保险制度为“增量改革”奠定社会保障制度基础。企业保障时期企业职工养老保险的突出特点是企业职工养老保险支出从企业成本中列支，这种以企业为单位的企业职工养老保险制度与国有企业改革的各项政策意图相悖，因为国有企业改革是从放权让利开始的，目的是通过利润分成、利改税、承包经

① 1991 年，经济体制转轨国家企业职工养老金支出占 GDP 比例：保加利亚为 9.1%，捷克为 7.5%，匈牙利为 10.5%，波兰为 14.2%，罗马尼亚为 7.5%，斯洛文尼亚为 9.3%。具体内容参见封进《人口转变、社会保障与经济发展》，上海人民出版社，2005，第 67 页。

营责任制等政策，调整国有企业同国家的经济利益关系，进而建立国有企业的激励机制。而企业职工养老保险支出是由企业退休人员的数量决定的，并在企业成本中列支，这相当于每个国有企业从改革开始就具有不同规模的不可自主选择的固定成本，不利于企业间公平竞争，会降低改革政策的激励作用；企业保障将企业职工的养老金直接同企业联系起来，不利于国有企业建立现代企业制度，也不利于国有企业的改组、改造、兼并、破产、下岗分流等措施的实施。中国国有企业改革要求社会统筹的企业职工养老保险制度与之相适应，这是中国企业职工养老保险制度改革的主要原因。

中国企业职工养老保险社会化改革几乎与国有企业改革同步进行。从1984年开始，中国在部分地区进行了社会统筹的试点；1991年国务院的《关于企业职工养老保险制度改革的决定》标志着企业职工养老保险社会化改革的全面开始。而20世纪80年代中期也是中国国有企业放权让利改革深入推进时期，1981年《关于实行工业生产经济责任制若干问题的意见》要求全面试行经济责任制，同年开始全面实行拨改贷，1983年开始实行“利改税”，1986年开始推行承包经营责任制，1994年《中共中央关于建立社会主义市场经济体制若干问题的决定》明确提出建立现代企业制度。改革的同步性印证了国有企业改革推动中国企业职工养老保险制度改革的结论。

（二）保障增量改革

增量改革是中国国有企业改革的特征之一。增量改革的意义不仅体现在对经济稳定和增长的贡献方面，还体现在提供新的就业岗位方面。在国有企业改革过程中，劳动力从国有部门向外转移是一个普遍现象，1992年大部分东欧国家的失业率都达到了两位数。企业的性质要求按照利润最大化原则确定各种生产要素（包括劳动力）的数量，国有企业也不例外。随着现代企业制度的建立，国有企业必然要减少多余劳动力，隐性失业开始显性化，其表现为国有企业职工的失业；并且，国有企业的重组、兼并、破产等也会造成国有企业职工的失业。表2-1为1991~2005年全国失业及非国有经济单位就业情况。

表 2－1　1991～2005 年全国失业及非国有经济单位就业情况

指标＼年份	1991	1992	1993	1994	1995	1996	1997	1998	1999	2000	2001	2002	2003	2004	2005
登记失业人数(万人)	352	364	420	476	520	553	570	571	575	595	681	770	800	827	839
非国有经济单位从业人数(万人)	4227	4386	4655	3958	3953	3896	3902	3528	3382	3382	3383	3634	3871	4138	4618

资料来源：各年中国统计年鉴。

斯蒂格利茨关于经济体制转轨过程中就业问题的观点比较具有代表性，他认为在国有企业改革过程中能否创造就业岗位是衡量改革“好坏”的标准，并建议国有企业在改革过程中必须同步创造新的工作岗位①。中国的国有企业改革通过增量改革的方式实现了部分劳动力在各种经济组织类型之间的转移，降低了改革成本，从这个意义上说，增量改革为国有企业改革创造了劳动力分离的途径，是国有企业改革的一项配套措施。非国有经济单位的发展，需要建立社会化的企业职工养老保险，增量改革对社会化的企业职工养老保险的需求也是中国企业职工养老保险社会化改革的原因之一，即建立社会化的企业职工养老保险制度为市场经济的建立提供了制度基础。

第二节　企业职工养老保险基金收支原理

一　企业职工养老保险制度的主要模式

按照不同的划分标准，企业职工养老保险可以分为不同的制度模式。按照企业职工养老保险基金收支特征，我们可以将企业职工养老保险主要划分为现收现付制（Pay－As－You－Go）和完全积累制（Funded System）两种模式。

① 毛增余：《斯蒂格利茨与转轨经济学》，中国经济出版社，2005，第 41 页。

（一）现收现付制

现收现付制企业职工养老保险制度模式，是指按照横向平衡原则，当期企业职工养老保险基金收入用于当期支出，不留或仅留少部分企业职工养老保险基金收入用于积累的企业职工养老保险制度模式。在这种模式下，工作人口按照一定的比例来支付当期退休人口的企业职工养老金。

现收现付制模式的优点较为明显。第一，可确保企业职工养老保险基金的及时发放。在现收现付制模式下，当期企业职工养老保险基金来自当期工作人口的缴费，可以保证企业职工养老保险基金有稳定来源并及时发放。第二，有利于防止由工资和物价等因素变化所造成的企业职工养老保险基金替代率的波动。现收现付制企业职工养老保险基金占当期工作人口工资的一定比例，与当期收入挂钩的做法可以有效应对工资提高或者物价上涨可能造成的企业职工养老保险基金替代率的下降。第三，有利于促进收入再分配。现收现付制模式比完全积累制模式更能体现不同代际和不同收入水平人口之间的收入再分配，有利于实现社会公平，增进社会福利。第四，管理成本较低。由于几乎没有保险基金需要进行投入运营与管理，现收现付制模式对管理水平的要求及其他管理费用也相对较低。

现收现付制模式也存在一些问题。第一，代际间的收入再分配矛盾相对突出。在现收现付制模式下，在职投保人与退休被保险人之间的权利与义务的不完全对等，可能引发在职职工和退休职工间的矛盾。第二，对人口结构变化比较敏感。制度赡养率的提高会加重投保人的负担，在人口老龄化程度加深的背景下，收支失衡将难以避免，从而出现企业职工养老保险制度财务危机。第三，不利于资本积累。现实现付制模式的企业职工养老保险制度可能对私人养老储蓄产生挤出效应，从而造成全社会资本存量的下降。

（二）完全积累制

完全积累制企业职工养老保险制度模式，是指按照生命期纵向平衡原则，要求劳动者在整个就业或投保期间，或者在一个相当长的计划期间内，采取储蓄方式积累自己的养老金的制度模式。在完全积累制下，我们在对未来时期社会保障支出需求进行预测的基础上，确定了一个适当的平均缴费率，劳动者在工作期间按照平均缴费率进行缴费以积累养老金，并在退休时按照一定的方法进行领取。

完全积累制模式具有以下几个优点。第一，有利于资本积累。完全积累制模式下企业职工养老保险基金缴费与储蓄性质相同，不会影响个人储蓄率，可以在一定程度上提高全社会的资本积累水平。第二，更具激励效应。在完全积累制条件下，个体退休期养老金收入与工作期缴费相联系，从而能够激励劳动者努力工作并进行缴费，也可以更有效地防范参保的道德风险。第三，更易被大众接受。与现收现付制模式相比，完全积累制更为简单易懂，也与市场经济的精神相一致，因而更易被理解。

但是，完全积累制也有一些缺点。第一，养老金水平受通货膨胀率和投资收益率的影响较大。在完全积累制条件下，较低的投资收益率和较高的通货膨胀率有可能造成养老金的降低，从而影响企业职工养老保险制度的保障水平。第二，管理成本较高。完全积累制要求不同的专业机构对企业职工养老保险缴费进行管理、投资和运营，这会提高企业职工养老保险制度本身的运行成本。第三，社会调剂和再分配功能较低。完全积累制只能实现个体生命周期内的收入再分配，而不具有在不同收入水平和代与代之间进行再分配的功能。

二　不同制度模式下企业职工养老保险基金收支原理

（一）现收现付制企业职工养老保险基金收支原理

现收现付制企业职工养老保险一般是确定给付型 + 确定缴费型（DB + DC）的结合，强调所有参保者当期企业职工养老保险基金的总体平衡，其基金收支原理相对简单明了。当期企业职工养老保险基金支出为按照预先确定的给付计算标准计算出的养老金总需求，当期养老金收入为按照预先确定的缴费标准所能收取的全部养老金总收入。

当期养老金支出可以表示为：

$$当期领取养老金人数 \times 人均养老金 = 当期领取养老金人数 \times 人均工资 \times 平均替代率 \tag{2-1}$$

其中，平均替代率为人均养老金占人均工资的比例。在现收现付制企业职工养老保险模式下，其一般是根据一个事先确定的替代率来确定养老金水平的。企业职工养老保险基金的替代率根据不同的方法有不同的定义，为了便于分析，我们使用平均替代率进行计算。

当期养老金收入可以表示为：

$$当期缴费人数 \times 人均缴费额 = 当期缴费人口 \times 人均工资 \times 平均缴费率 \quad (2-2)$$

其中，平均缴费率为人均缴费额占人均工资的比例。企业职工养老保险特别是现收现付制企业职工养老保险一般采取按照工资收入的一定比例进行缴费，但是，针对不同群体，缴费率可能具有差别，为了便于分析，此处我们使用平均缴费率来计算当期基金收入。

在现收现付制企业职工养老保险实现基金收支平衡时，企业职工养老保险基金平衡公式可表示为：

$$当期领取养老金人数 \times 平均替代率 = 当期缴费人口 \times 平均缴费率 \quad (2-3)$$

如果平均缴费率确定，那么实现企业职工养老保险基金收支平衡的现收现付制企业职工养老保险的平均替代率为：

$$平均替代率 = \frac{当期缴费人数}{当期领取养老金人数} \times 平均缴费率 \quad (2-4)$$

公式 2－4 显示，在缴费率确定的条件下，现收现付制企业职工养老保险能够实现的平均替代率由当期缴费人数与当期领取养老金人数的比值决定，比值越高，平均替代率越高，反之，比值越低，平均替代率越低。

如果平均替代率确定，那么实现企业职工养老保险基金收支平衡的现收现付制企业职工养老保险的平均缴费率为：

$$平均缴费率 = \frac{当期领取养老金人数}{当期缴费人数} \times 平均替代率 \quad (2-5)$$

公式 2－5 显示，在平均替代率确定的条件下，实现现收现付制企业职工养老保险基金平衡所需要的平均缴费率由当期领取养老金人数与当期缴费人数的比值所确定，比值越高，所需要的平均缴费率越高，反之，比值越低，所需要的平均缴费率越低。

（二）完全积累制企业职工养老保险基金收支原理

完全积累制企业职工养老保险一般是确定缴费型（DC）的，强调个体生命期内纵向精算平衡，其基金收支平衡计算原理与商业保险中确定年金类似。对于个体来说，企业职工养老保险基金收入为个体在工作期内按照一定缴费规定进行的养老金储蓄，养老金支出为个体退休后，按照一定计算方法领取的自身工作期积累的养老金储蓄。

参保者工作期养老保险所有缴费在退休初年的积累值为：

$$\sum_{i=1}^{n} w_i \cdot \beta \cdot (1 + r_1)^i \tag{2-6}$$

其中，w_i 为该参保者在第 i 年的工资，β 为缴费率，r_1 为工作期内企业职工养老保险基金的实际年收益率，n 为工作年数。

完全积累制企业职工养老保险基金一般按照确定型年金的形式发放，具体可以在确定发放年数的基础上按照均衡金额或者按照一定比例增长的原则计算每期的发放额。为便于分析，此处我们使用最简单的均衡金额方法，即每期发放养老金金额相同。

假设养老金发放年份确定为 m 年，退休期间的年利率为 r_2，每年发放的养老金为 C，退休年数为 j，那么参保者一生的企业职工养老保险基金收支平衡可表示为：

$$\sum_{j=0}^{m-1} C \cdot (1 + r_2)^{-j} = \sum_{i=1}^{n} w_i \cdot \beta \cdot (1 + r_1)^i \tag{2-7}$$

根据公式 2－7，在参保者一生的企业职工养老保险基金收支平衡时实现的养老金给付水平可表示为：

$$C = \frac{\sum_{i=1}^{n} w_i \cdot \beta \cdot (1 + r_1)^i}{\sum_{j=0}^{m-1} (1 + r_2)^{-j}} \tag{2-8}$$

公式 2－8 显示，在缴费率确定时，完全积累制企业职工养老保险能够实现的企业职工养老金水平主要由工作期企业职工养老保险基金的缴费积累值及退休期时长和利率水平决定，工作期企业职工养老保险基金的缴费积累值越高，退休期时长越短，退休期利率水平越高，其可实现的养老金水平也越高。

三 企业职工养老保险基金缺口的成因

（一）现收现付制企业职工养老保险基金缺口的成因

现收现付制企业职工养老保险可能出现当期基金缺口，其本质原因是现收现付制企业职工养老保险是确定缴费型与确定给付型的结合。应该说，纯粹的确定缴费型企业职工养老保险制度，或者纯粹的确定给付型企业职工养老保险制度，是不会出现现收现付制企业职工养老保险基金缺口的。因为，如果是纯粹的确定缴费型现收现付制企业职工养老保险，那么只需将按照制度规定的缴费率收取的企业职工养老保险基金全部发放给当期退休人口即可；如果是纯粹的确定给付型现收现付制企业职工养老保险，那么只需按照当期退休人口的企业职工养老保险基金需求及缴费人数和工资水平来确定基金收支平衡的缴费率即可。

现实中的现收现付制企业职工养老保险一般既要保证一定的平均替代率水平，又无法根据需求灵活调整缴费率水平，因此，在缴费人口与退休人口的比例发生变化时，可能出现基金缺口。从公式 2 - 5 来看，如果平均替代率与平均缴费率均固定不变，则当期领取养老金人数与当期缴费人数的比值直接决定等式的成立与否，如果该比值大于等式成立时的比值，那么意味着需要更高的缴费率才可以实现现收现付制企业职工养老保险基金的平衡，如果不能提高缴费率，那么就会出现当期基金收不抵支的情况，反之，如果该比值小于等式成立时的比值，那么会出现当期基金结余。

（二）完全积累制企业职工养老保险基金缺口的成因

完全积累制企业职工养老保险一般是确定缴费型的，从理论上说，确定缴费型企业职工养老保险制度因为不考虑能够实现的替代率是否满足需求，所以其是不会出现企业职工养老保险基金缺口的。但是，在现实条件下，因为公众对企业职工养老保险替代率会有一定的最低需求，而政府对于养老金的正常需求也具有兜底责任，所以，在较为严重的通货膨胀、金融危机等造成的企业职工养老保险基金积累值较小、社会平均工资增长较快、预期寿命大幅提高等各种情况下，完全积累制企业职工养老保险能够实现的养老金水平可能较低，为了满足养老金需求实现合理的平均替代率水平，完全积累制企业职工养老保险也可能需要额外的资金补充，尽管这并不是完全积累制企业职工养老保险自身出现的基金缺口，但其性质与现收现付制企业职工养老保险基金缺口类似，因此，我们也将其纳入企业职工养老保险基金缺口的分析范畴。

从公式 2－8 来看，如果需要保证一个最低的养老金给付水平，那么在投资收益率 r_1 较低造成积累值过低或者预期寿命延长造成退休期时长提高的情况下，完全积累制企业职工养老保险基金可能无法满足实际要求，需要额外资金的注入。

第三节　企业职工养老保险基金收支的影响因素现状分析

中国企业职工养老保险制度采取了现收现付制与完全积累制相结合的统账结合模式，经历了由企业保障向社会保障的制度转轨，人口结构、工资增长等制度参数的变化以及企业职工养老保险制度转轨成本分摊等因素，使中国企业职工养老保险基金可能出现收支缺口。

一　实际替代率

替代率是企业职工养老保险基金需求的决定性因素之一，在相同人口条件下，替代率越高，企业职工养老保险基金支出需求越大，企业职工养老保险基金的支付压力也相应增加。

（一）企业职工养老保险基金给付的相关规定

根据国发〔2005〕38 号文件《国务院关于完善企业职工基本养老保险制度的决定》，目前企业职工养老保险制度对现收现付制基础养老金计算的规定为：退休时的基础养老金月标准以当地上年度在岗职工月平均工资和本人指数化月平均缴费工资的平均值为基数，缴费每满 1 年发放 1%，达退休年龄但缴费年限不满 15 年的人员，不发基础养老金。其中，指数化月缴费工资的计算方式为：$F = c1 \div 12 \times [(a1/c1 + a2/c2 + \cdots an/cn) \div n]$，其中，$F$ 为参保者的指数化月平均缴费工资，$c1$ 为参保者退休前一年的社会平均工资，$a1$，$a2 \cdots an$ 为建立个人缴费制度到个人退休前一年的个人缴费工资，$c1$，$c2 \cdots cn$ 为建立个人缴费制度到个人退休前一年的社会平均工资。按照现行规定，现收现付制基础养老金替代率主要由缴费年限决定，在超过最低缴费年限 15 年的基础上，缴费年限越长，替代率水平越高。从基础养老金的计算基数来看，国发〔1997〕26 号文件的规定是“按照上年度职工月工资的 20%”，而现行规定则将之调整为以“当地上年度在岗职工月平均工资和本人指数化月平均缴费工资的平均值为基数”，这种方法的目的主要是照顾低收入群体，进一步发挥基础养老金的收入再分配功能。

个人账户养老金给付额的规定为：个人账户养老金月标准为个人账户储存额除以计发月数，计发月数根据职工退休时城镇人口平均预期寿命、本人退休年龄、利息等因素确定。按照目前的规定，60 岁退休人口的个人账户养老金给付月数为 139，50 岁退休人口的个人账户养老金给付月数为 195，55 岁退休人口的个人账户养老金给付月数为 170。现行的个人账户养老金计算方法比较简单，直接用退休前个人账户积累值除以计发月数即可。

因为企业职工养老保险经历了从企业保障向社会保障的转轨，个人账户建立时间较晚，“老人”与“中人”群体个人账户实际缴费年限低于工作时长，无法完全发挥个人账户企业职工养老保险制度的保障功能，所以对于“老人”和“中人”群体，除了发放基础养老金和个人账户养老金之外，还要发放过渡性养老金。国发〔2005〕38 号文件规定：国发〔1997〕26 号文件实施前参加工作，本规定实施后退休且缴费年限累计满 15 年的人员，在发放基础养老金和个人账户养老金的基础上，再发放过渡性养老金。各地对于过渡性养老金的计算方法不同，其目的是弥补视同缴费期间个人账户本应积累的养老金权益。以辽宁省为例，过渡性养老金计发时所使用的过渡系数为1.4%，即按照每个年度的视同缴费年所积累的养老金为退休时上年度在岗职工平均工资与个人指数化月平均缴费工资1.4%的标准计算的过渡性养老金。

（二）企业职工养老保险实现的平均替代率的变化与现状分析

企业职工养老保险给付的绝对水平转化为相对水平可以更加准确地反映企业职工养老保险的保障能力，在一定的经济社会中，企业职工养老保险给付替代率是衡量企业职工养老保险给付水平的更有说服力的指标。因此，我们在企业职工养老保险给付额的基础上，进一步分析其替代率水平。此处，我们依然使用平均替代率指标，即人均养老金占企业职工平均工资的比重。其中，人均养老金按照各年份企业职工养老保险基金支出除以离退休人数的方法计算。1996～2013年企业职工养老保险人均养老金及平均替代率见表2－2。

表2－2　1996～2013年企业职工养老保险人均养老金及平均替代率

指标＼年份	1996	1997	1998	1999	2000	2001	2002	2003	2004
企业职工平均工资（元）	6210	6470	7479	8346	9333	10834	12373	13969	15920
离退休人数（万人）	2358	2533	2727	2984	3170	3381	3608	3860	4103
企业职工养老保险基金支出（亿元）	1032	1251	1512	1925	2116	2321	2843	3122	3502
人均养老金（元）	4377	4939	5545	6451	6675	6865	7880	8088	8535
企业职工养老保险平均替代率（%）	70.48	76.34	74.14	77.29	71.52	63.37	63.69	57.90	53.61
项目＼年份	2005	2006	2007	2008	2009	2010	2011	2012	2013
企业职工平均工资（元）	18200	20856	24721	28898	32244	36539	41799	46769	51483
离退休人数（万人）	4368	4635	4954	5304	5807	6305	6826	7446	8041
企业职工养老保险基金支出（亿元）	4040	4897	5965	7390	8894	10555	12765	15562	18470
人均养老金（元）	9249	10565	12041	13933	15316	16741	18701	20900	22970
企业职工养老保险平均替代率（%）	50.82	50.66	48.71	48.21	47.50	45.82	44.74	44.69	44.62

注：人均养老金＝企业职工养老保险基金支出/离退休人数；企业职工养老保险平均替代率＝人均养老金/企业职工平均工资。

资料来源：《2014中国统计年鉴》。

总体来看，从1996年、1997年企业职工养老保险社会化改革开始，企业职工养老保险平均替代率呈下降趋势，从 1996 ~ 2000 年的 70% 以上下降至 2013 年的约 44.62%。表 2 - 2 中数据显示，1996 年以来，企业职工养老保险人均养老金不断提高，从 1996 年的 4377 元提高至 2013 年的 22970 元。在人均养老金提高的同时，企业职工养老保险平均替代率却显示出下降的趋势。在企业职工养老保险社会化改革之初，企业职工养老保险的平均替代率约为 70%，在 1999 年时，其达到最高值，为 77.29%，从 2001 年开始，其低于 70%，之后逐年下降，2013 年其约为 44.62%，如图 2 - 1 所示。

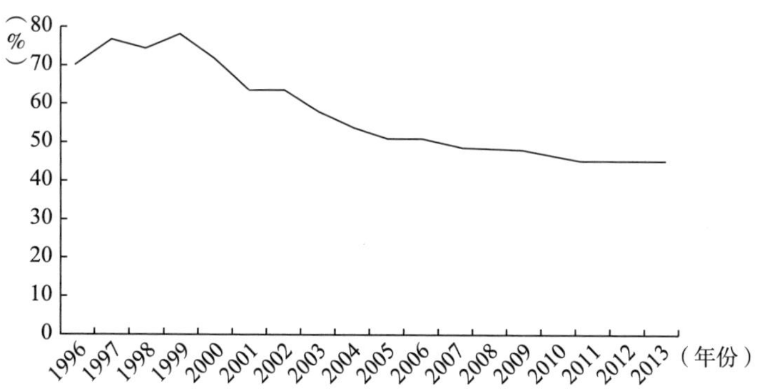

图 2 - 1　1996 ~ 2013 年企业职工养老保险平均替代率变化

二　实际缴费率

实际缴费率是养老保险基金收入的重要决定因素之一，实际缴费率的变化将对养老保险基金收支情况产生显著的影响效应。在一定的缴费规定条件下，实际缴费率的提高，可以增加养老保险基金的收入水平，反之，实际缴费率的下降，则会引起养老保险基金收入水平的下降。

（一）企业职工养老保险制度缴费的相关规定

国发〔1997〕26 号文件《国务院关于建立统一的企业职工基本养老保险制度的决定》基本确定了企业职工养老保险制度的缴费框架，其将缴费主体划分为企业与个人，缴费项目划分为社会统筹基金缴费与个人账户基金缴费。其中，社会统筹基金全部由企业负担，个人账户基金则由企业和个人共同负担。个人账户基金的缴费标准为个人缴费工资的 11%，个人缴费标准为1997年不低于本人缴费工资的4%，1998年起每两年提高1个百分点，最终达到本人缴费工资的8%，个人缴费全部计入个人账户；企业负责个人缴费工资的11%扣除个人缴费的部分，缴费比例目标逐步降低至3%；同时，企业负担全部社会统筹基金缴费，企业缴费（含个人账户缴费）一般不得超过企业工资总额的20%。国务院颁布的《关于建立统一的企业职工基本养老保险制度的决定》形成了企业职工养老保险制度缴费相关的基本方向，责任主体基本确定，缴费比例大致确定，缴费的性质基本区分。但是，其对于缴费比例的确定并不完全清楚，特别是企业缴费比例的规定存在一定选择空间，企业责任不清；同时，对于部分养老负担较重的地区来说，企业缴费比例突破了20%的上限，并要负担个人账户缴费，企业缴费负担较重，这在一定程度上影响了企业的经营与发展；并且，对于个体工商户和灵活就业人员参保缴费也没有具体规定，这不利于企业职工养老保险覆盖面的扩大。

在国务院颁布的《关于建立统一的企业职工基本养老保险制度的决定》基础上，国发〔2005〕38号文件《国务院关于完善企业职工基本养老保险制度的决定》进一步明确了企业职工养老保险制度的缴费内容，这也是企业职工养老保险制度缴费的现行规定，其对于缴费方面的调整主要体现在以下三个方面。第一，调整个人账户规模，缴费比例统一调整为本人缴费工资的8%；第二，减轻企业缴费负担，企业不再为个人账户进行缴费，个人账户缴费全部由个人负担；第三，明确了个体工商户和灵活就业人员的缴费比例，缴费基数为当地上年度在岗职工平均工资，缴费比例为20%，其中8%计入个人账户，退休后按企业职工基本养老金计发办法计发基本养老金。现行企业职工养老保险制度的缴费规定可以概括为，企业负担社会统筹基金缴费，缴费比例不超过工资总额的20%；企业职工负担个人账户缴费，缴费比例为本人缴费工资的8%；个体工商户和灵活就业人员以上年度在岗职工平均工资为基数，同时为基础养老金和个人账户进行缴费，基础养老金缴费比例为12%，个人账户缴费比例为8%。

（二）企业职工养老保险制度实际缴费率的变化与现状分析

目前统计年鉴中企业职工养老保险基金收入包含了财政补助等其他收入，无法准确地将各年企业职工养老保险基金收入分离出来。由于统计资料的缺乏，我们仅搜集到2003~2013年企业职工养老保险实际缴费的情况。从总体上看，实际平均缴费率有小幅下降的趋势，从2003年的16.07%下降至2013年的13.66%。2003~2013年企业职工养老保险基金实际平均缴费率见表2-3。

表2-3　2003~2013年企业职工养老保险基金实际平均缴费率

指标＼年份	2003	2004	2005	2006	2007	2008
企业职工平均工资（元）	13969	15920	18200	20856	24721	28898
企业职工参加养老保险人数（万人）	15506.7	16352.9	17487.9	18766.3	20136.9	21891.1
在职职工参加企业职工养老保险人数（万人）	11646.5	12250.3	13120.4	14130.9	15183.2	16587.5
企业职工养老保险基金收入（万元）	26149025	30988977	37568449	45995060	57515733	71432159
人均缴费（元）	2245.23	2529.65	2863.36	3254.93	3788.12	4306.38
实际平均缴费率（%）	16.07	15.89	15.73	15.61	15.32	14.90

指标＼年份	2009	2010	2011	2012	2013	
企业职工平均工资（元）	32244	36539	41799	46769	51483	
企业职工参加养老保险人数（万人）	23549.9	25707.3	28391.3	30426.8	32218.4	
在职职工参加企业职工养老保险人数（万人）	17743	19402.3	21565	22981.1	24177.3	
企业职工养老保险基金收入（万元）	85508836	100045338	127190839	150270000	170023819	
人均缴费（元）	4819.30	5156.36	5898.02	6538.85	7032.37	
实际平均缴费率（%）	14.95	14.11	14.11	13.98	13.66	

注：人均缴费=企业职工养老保险基金收入/在职职工参加企业职工养老保险人数，实际平均缴费率=人均缴费/企业职工平均工资。

资料来源：根据相关年份《中国统计年鉴》和《中国财政年鉴》整理而成。

表2-3中数据显示，2003年以来，企业职工养老保险实际平均缴费率为13.66%~16.07%，这个区间低于现行规定的约28%的水平，即使考虑到个体工商户和灵活就业人员缴费率为20%的情况，实际平均缴费率也明显偏低。并且，实际平均缴费率还有逐年下降的趋势，见图2-2。

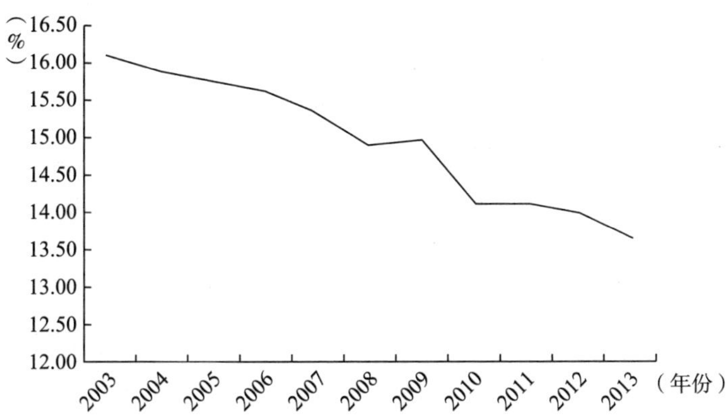

图 2－2　2003～2013 年企业职工养老保险实际平均缴费率变化

三　制度赡养率与覆盖率

制度赡养率是指领取养老金的人数与缴费人数的比率，在现收现付制企业职工养老保险中，制度赡养率越高，意味着每个缴费人口需要供养的退休人口越多，在相同条件下，企业职工养老保险基金支出的压力越大。同时，因为企业职工养老保险的覆盖率不是100%，所以，人口结构并不能完全替代制度赡养率，在这种情况下，企业职工养老保险的覆盖率可能也是企业职工养老保险基金收支平衡的重要影响因素之一，其对企业职工养老保险基金收支的影响主要体现在两个方面。一是如果企业职工养老保险基金收支是不平衡的，那么在其他条件不变时，覆盖率的提高会增大基金结余或缺口的规模；二是缴费人口与退休人口覆盖率之间的差异及变化率的差别，会影响基金收支状况，在其他条件不变时，缴费人口覆盖率提高速率与退休人口覆盖率提高速率之差，将与基金结余成正比，或者，与基金缺口成反比。

（一）实际制度赡养率

制度赡养率是企业职工养老保险研究中经常使用的一个概念，一般的计算方法是根据人口结构来测算老年人口占劳动力人口的比重。这种测算方法实际上要求企业职工养老保险的覆盖率为100%，或者要求覆盖人口的年龄结构与实际人口结构完全吻合。这些条件过于严苛，在现实中基本不可能实现，因此，我们有必要使用实际制度赡养率替代利用人口结构计算的制度赡养率，以准确反映企业职工养老保险覆盖的人口结构情况。我们使用各年退休人口数量占在职职工参加企业职工养老保险人数的比重作为实际制度赡养率。从1996年以来，实际制度赡养率总体呈现小幅提高的趋势。1996年，实际制度赡养率为26.92%，在1998年之后，实际制度赡养率一直在30%～34%波动，2013年，实际制度赡养率为33.26%，见表2－4。

表2－4　1996～2013年实际制度赡养率

单位：万人，%

指标＼年份	1996	1997	1998	1999	2000	2001	2002	2003	2004
在职职工参加企业职工养老保险人数	8758	8671	8476	9502	10448	10802	11129	11647	12250
离退休人数	2358	2533	2727	2984	3170	3381	3608	3860	4103
实际制度赡养率	26.92	29.21	32.17	31.40	30.34	31.30	32.42	33.14	33.49
指标＼年份	2005	2006	2007	2008	2009	2010	2011	2012	2013
在职职工参加企业职工养老保险人数	13120	14131	15183	16588	17743	19402	21565	22981	24177
离退休人数	4368	4635	4954	5304	5807	6305	6826	7446	8041
实际制度赡养率	33.29	32.80	32.63	31.97	32.73	32.50	31.65	32.40	33.26

注：实际制度赡养率＝离退休人数/在职职工参加企业职工养老保险人数。

资料来源：根据相应年份《中国统计年鉴》整理而成。

表2－4数据显示，与1996年、1997年相比，近年来，企业职工养老保险实际制度赡养率有所提高。但是，目前的实际制度赡养率并不高，即使按照2013年的33.26%来看，这也意味着大约3个缴费人口供养1个退休人口，如果现收现付制企业职工养老保险实际缴费率能够达到20%，那么仅基础养老金就可实现60%的替代率。然而，由于中断缴费、实际缴费率较低等，在目前的实际制度赡养率条件下，企业职工养老保险制度替代率偏低，如果人口老龄化等因素造成未来的制度赡养率有所提高，那么在其他条件不变时，其可能会进一步导致企业职工养老保险基金收支失衡。

（二）企业职工养老保险的实际覆盖率

从1997年企业职工养老保险社会化改革至今，企业职工养老保险覆盖的人口数量不断增加，从1997年的11203.9万人提高至2013年的32218.4

万人。在覆盖人口数量不断增加的同时，企业职工养老保险覆盖率也明显提高。我们使用3个指标衡量企业职工养老保险的实际覆盖率，分别是城镇参加企业职工养老保险人数占20岁及以上人口数的比重、在职职工参加企业职工养老保险人数占城镇就业人口数的比重和领取养老金的离退休人口数占达到退休年龄人口数的比重。

城镇参加企业职工养老保险人数占20岁及以上人口数的比重可以衡量企业职工养老保险的总覆盖率水平，因为中国还有机关事业单位工作人员养老保险和城乡居民养老保险，所以，这个指标不能完全体现企业职工养老保险的总覆盖率水平。但是，在就业结构不发生大的变化前提下，这个指标可以在一定程度上体现企业职工养老保险的总覆盖率水平。

领取养老金的离退休人口数占达到退休年龄人口数的比重，可以衡量企业职工养老保险在离退休人口中的覆盖率；在职职工参加企业职工养老保险人数占城镇就业人口数的比重，则可以衡量企业职工养老保险在工作人口中的覆盖率。如果二者存在差异，则实际制度赡养率与按照人口结构计算的赡养率不同，这对于企业职工养老保险基金收支会产生一定影响。具体来看，如果实际制度赡养率较大，那么这意味着企业职工养老保险制度中缴费人口的负担较高，对企业职工养老保险基金平衡带来更大压力，反之，如果实际制度赡养率较低，则有利于减轻企业职工养老保险基金的支付压力。

结合中国目前的退休年龄规定，我们按照男性退休年龄60岁，女性退休年龄50岁，并假定50～54岁女性中有11.6%为女干部，她们55岁退休①，以此来测算各年的工作人口数与退休人口数。其中，我们将工作起始年龄设定为20岁，原因是，我们测算的是缴费人口数，尽管劳动力工作起始年龄多设定为16岁，但基于就业性质，较小年龄的劳动力可能不具有缴费能力，因此，我们将工作起始年龄延至20岁。按照上述假定，我们测算了1997～2012年的20岁及以上人口数、劳动力人口数与达到退休年龄人口数，测算结果显示，从2010年第六次人口普查开始，退休人口数发生较大变化，这可能是由人口普查资料与之前的抽样调查资料之间的偏差引起的，

① 万春：《我国混合制养老金制度的基金动态平衡研究》，中国财政经济出版社，2009，第71页。

为了保持统计数据的一致性，我们选择 2010 ~ 2012 年的数据来进行分析。2010 ~ 2012 年企业职工养老保险实际覆盖率见表 2 - 5。

表 2 - 5　2010 ~ 2012 年企业职工养老保险实际覆盖率

单位：万人，%

指标＼年份	2010	2011	2012
劳动力人口数	40808. 10	42218. 00	43258. 10
达到退休年龄人口数	11384. 92	11982. 72	12892. 45
20 岁及以上人口数	52193. 01	54200. 72	56150. 56
城镇参加企业职工养老保险人数	25707. 30	28391. 30	30426. 80
在职职工参加企业职工养老保险人数	19402. 30	21565. 00	22981. 10
领取养老金的离退休人口数	6305. 00	6826. 20	7445. 70
城镇就业人口数	34687. 00	35914. 00	37102. 00
总覆盖率	49. 25	52. 38	54. 19
劳动力人口覆盖率	47. 55	51. 08	53. 13
退休人口覆盖率	55. 38	56. 97	57. 75
就业人口覆盖率	55. 94	60. 05	61. 94

资料来源：根据相关年份《中国人口与就业统计年鉴》中相关数据计算得出。

表 2 - 5 中数据显示，企业职工养老保险的覆盖率均有所上升，2012 年，总覆盖率为 54. 19%，劳动力人口覆盖率为 53. 13%，退休人口覆盖率为 57. 75%。同时，退休人口覆盖率高于劳动力人口覆盖率，这意味着实际制度赡养率高于按照人口结构计算的赡养率。如果按照就业人口计算，2012 年城镇就业人口中的 61. 94% 参加了企业职工养老保险。

第四节　企业职工养老保险基金收支影响因素的问题及成因

一　平均替代率存在的问题及其成因

（一）存在的问题

第一，平均替代率总体明显下降。近年来，尽管人均养老金数额在不断提高，但企业职工养老保险实际平均替代率出现了明显的下降趋势，从企业职工养老保险社会化改革之初的70%以上下降至2013年的44.62%。尽管企业职工养老保险制度不是完全追踪当期在职职工的平均工资，但是，作为覆盖全国人群最为广泛的一项社会养老保险制度，其平均替代率相对稳定是保证老年人生活和实现代际公平的基本要求，而实际平均替代率持续下降的趋势，不利于企业职工养老保险制度的总体稳定及社会保障功能的有效发挥。

第二，近期平均替代率水平偏低。平均替代率水平是退休人口人均养老金收入占同期工作人口人均工资的比重，可以在一定程度上反映退休人口的收入水平及生活质量。总体来看，在职职工工资收入中要扣除税收和社会保险缴费，并要负担子女的抚养费用，剩余可支配收入约为工资收入的50%~60%，这也是平均替代率的合理区间。贾洪波、温源（2005）等的研究也提出企业职工养老保险合理的替代率，即在50%左右，按照国际劳工组织1967年颁布的《老年、残疾和遗属津贴公约》（第128号；高标准），缴费30年的替代率不低于45%，而目前企业职工养老保险实际平均替代率仅为44.62%，并且有下降趋势，平均替代率水平偏低。

第三，养老金计发标准缺乏与当期指标的联动。目前，基础养老金和过渡性养老金都是按照退休前1年的社会平均工资与个人指数化月缴费工资的平均数来计算的，个人账户养老金则是按照个人账户存储额简单除以计发月数计算的，这种计算方式使得企业职工养老保险替代率无法长期保持稳定。如果将保持企业职工养老保险平均替代率控制在一个稳定的区间作为政策目标，那么企业职工养老保险制度就必须要建立养老金计发与同期社会平均工资的联动机制，比如建立养老金调整指数、个人账户养老金根据工资增长率进行年金式发放等，从而使人均养老金与同期人均工资保持一定程度的联动。

（二）问题的成因

首先，基础养老金缺乏科学化的调整机制。在近10年的时间中，企业职工养老保险连续提高了基础养老金水平，但是，在此背景下，企业职工养老保险平均替代率依然连年下降，主要原因之一是基础养老金调整标准与在职职工工资增长脱钩。同时，近年来中国经济增速较快，在职职工工资收入增长幅度较大，超出了基础养老金调整的幅度，这也在一定程度上导致企业职工养老保险平均替代率的下降。

其次，个人账户养老金投资收益率偏低。随着时间的推进，个人账户养老金占总养老金发放的比例将逐步提高，在其他条件不变时，个人账户养老金规模主要取决于缴费期间的投资收益率。长期以来，个人账户养老金未能实现在资本市场的有效运营，基金增值幅度有限，基本只能获得银行定期存款利率，这引起个人账户积累规模不足，降低了企业职工养老保险的平均替代率水平。

再次，企业职工养老保险基金收支存在一定压力。在企业职工养老保险制度转轨之初，其转轨成本没有一次性解决，而是选择了在之后各年逐步消化的方式，这相当于将改革成本分摊至从 1997 年直到“老人”和“中人”全部死亡的年份中。在这个时间段内，企业职工养老保险基金要在缺少实际个人账户养老金积累的条件下，按照视同缴费年限计算过渡性养老金弥补个人账户养老金的缺失，这在一定程度上提高了企业职工养老保险基金的支付压力，也使得企业职工养老保险基金调整空间受限。

最后，个人缴费年限较短、缴费工资较低。现实中，部分工作人口缴费年限较低，他们可能仅仅选择达到最低标准（15 年），因为目前基础养老金计发标准要根据缴费年限计算，个人账户养老金则直接取决于个人缴费年限，所以，缴费年限不足会直接降低企业职工养老保险平均替代率。同时，部分企业和工作人口选择了按照较低的缴费档次进行缴费，这种做法可以降低企业成本，增加个人当期消费，但是，这也同时引起基础养老金和个人账户养老金的减少，并使得企业职工养老保险平均替代率降低。

值得关注的是，尽管目前企业职工养老保险平均替代率在下降，并且实际平均替代率水平较低，但是，企业职工养老保险基金收支依然面临着一定的压力；尽管各年企业职工养老保险基金实现了收大于支，但是，这是在有财政补助及存在个人账户空账条件下实现的，如果做实个人账户并降低财政补助规模，那么企业职工养老保险基金自身的收支平衡情况可能会发生变化。在目前较低的企业职工养老保险平均替代率水平条件下，如果未来提高企业职工养老保险平均替代率水平，那么这可能会进一步对企业职工养老保险基金平衡提出挑战。

二　平均缴费率存在的问题及其成因

（一）存在的问题

第一，平均缴费率明显低于正常水平。按照现行的缴费标准，企业职工的缴费率在28%左右，个体工商户和灵活就业人员的缴费率在20%左右，因此，正常的企业职工平均缴费率应该为20%～28%，即使考虑到部分人员的收入可能高于社会平均工资3倍而按照社会平均工资3倍缴费，缴费率可能出现偏低的情况，也不应该将平均缴费率拉低至13.66%的低水平。较低的缴费率直接造成企业职工养老保险基金收入偏低，这是目前在制度赡养率并没有大幅提高的情况下，企业职工养老保险平均替代率水平偏低的最主要原因。严格执行缴费标准，保证企业职工养老保险基金足额收取，是有效发挥企业职工养老保险制度的社会保障功能的基本条件。

第二，平均缴费率总体呈现下降趋势。企业职工养老保险制度的平均缴费率出现了明显的下降趋势，特别是在国发〔2005〕38号文件统一了缴费办法之后，平均缴费率依然在下降，这与企业职工养老保险缴费规定基本稳定的背景不相符，在企业职工养老保险缴费规定相对稳定的情况下，平均缴费率理应保持相对稳定。平均缴费率的下降，也在一定程度上引起企业职工养老保险基金收入的不足，并提高了企业职工养老保险基金整体的支出压力。

（二）问题的成因

第一，目前参保人员中包含中断缴费人员。在目前的统计资料中，“在职职工参保人数”项下包含了中断缴费人员，这部分人员在当年并未缴费，但也被算作参保人员。据估计，近期中断缴费人员约为3000万人[①]。由于不能将中断缴费人员从现有统计资料中剥离，该群体的存在直接降低了可以计算的平均缴费率。参保者的主动选择和被动选择共同造成企业职工养

① 根据《中国社会保险发展年度报告2014》中相关数据计算。

老保险中断缴费现象的出现。一是目前企业职工养老保险基金计发是按照累计缴费年限而非连续缴费年限计算的，这导致部分参保人员在确保工作期能够达到累计15年缴费的最低年限之后缺乏连续缴费的积极性，同时，企业职工养老保险基金计算的复杂性和调整的不确定性等原因使部分参保人员对企业职工养老保险制度缺乏信任和信心，从而造成部分参保人员主动选择中断缴费；二是失业或转换工作、劳动力跨统筹地区流动、相对较高的缴费水平等原因，可能使部分参保人员在一定时间内无法或无经济能力继续进行企业职工养老保险缴费，他们只能被动选择中断缴费。中断缴费会造成一些负面的影响。首先，中断缴费会降低缴费人口数及社会统筹基金收入，这在一定程度上增加了社会统筹基金的支付压力；其次，中断缴费会降低参保人员的缴费年限，进而降低参保人员退休之后的养老金收入；最后，由于目前一些地区采取养老保险和医疗保险等其他险种同时缴费的做法，中断缴费意味着参保人员无法参与医疗保险，他们可能失去享受医疗保险待遇的资格。解决中断缴费问题需要采取多方面的措施。①养老保险制度设计要更加突出激励机制，同时加强养老金计发办法的宣传，吸引参保人员主动选择连续缴费；②提高养老保险制度统筹层次，简化养老保险缴费流程，加强劳动保障监察等部门养老保险参保缴费执法力度，以为解决中断缴费问题提供适当的基础制度环境；③对困难群体缴费予以适当优惠，针对不同类型企业设计适当的区别缴费办法，以提高个人和企业的缴费能力。

第二，选择较低缴费基数档次。尽管企业职工养老保险制度规定按照企业工资总额及个人缴费工资的一定比例进行缴费，但现实中各地出台了不同的实施细则，按照不同收入水平对企业职工养老保险缴费基数进行划分，缴费基数一般为社会平均工资的60%～300%，针对个体工商户和灵活就业人员，各地还设定了不同的缴费基数档次。在此条件下，企业有动机地选择较低缴费基数档次以降低经营成本，部分参保意愿较低的个人也愿意选择较低缴费基数档次，如果劳动保障监察工作不到位，那么这有可能发生实际缴费基数低于应缴费基数的情况，造成实际缴费率的下降。强化劳动保障监察管理，提高企业职工养老保险制度本身的吸引力和激励性是解决该问题的关键。

第三，部分收入企业职工未被纳入缴费工资。按照企业职工养老保险相关规定，企业工资总额和个人工资收入是企业职工养老保险缴费的基础。但在现实中，奖金等的收入未被纳入企业职工养老保险缴费基数之中，这既有会计制度等方面的原因，也有企业和个人未按规定申报的原因，制度执行监管不到位也是主要原因之一。按照部分收入进行缴费也直接造成企业职工养老保险实际缴费率的下降。实行阳光工资制、强化会计制度管理、加强社会保障审计监督等是解决此问题的关键。

三　实际制度赡养率和覆盖率存在的问题及其成因

（一）存在的问题

从实际制度赡养率来看，与企业职工养老保险制度转轨之初的水平相比，实际制度赡养率在总体上有小幅提高，近年来基本在33%左右波动。实际制度赡养率的提高意味着在企业职工养老保险制度覆盖人群中，平均每个缴费人口供养的退休人口数的提高，这在一定程度上增加了企业职工养老保险基金的支付压力。从覆盖率来看，尽管近年来覆盖率水平有所提高，但总体覆盖率仅在60%左右，覆盖率有待提高。同时，劳动力人口覆盖率低于退休人口覆盖率，两者相差约4个百分点。

无论劳动力人口覆盖率还是退休人口覆盖率，目前都未达到60%，较低的覆盖率水平意味着，如果处理得当，那么企业职工养老保险制度在应对人口老龄化带来的企业职工养老保险基金支付压力方面有着较大的潜力。其原因是企业职工养老保险覆盖面的扩大是针对工作人口进行的，已达到退休年龄而未参加企业职工养老保险制度的人群无法再被纳入企业职工养老保险覆盖范围之内，即退休人口覆盖率的提高只能依靠较高覆盖率的在职人口逐步退休来实现。而在职人口则可以被企业职工养老保险覆盖，如果企业职工养老保险覆盖面得到扩大，那么其在理论上可以将全部应覆盖人口纳入，从现实情况看，灵活就业人口覆盖率目前也仅在62%的水平，覆盖面的扩展空间广阔。如果能将灵活就业人口全部纳入企业职工养老保险覆盖范围之中，另外由于退休人口企业职工养老保险覆盖率只能逐步提高，那么企业职工养老保险实际制度赡养率将大幅下降，可以迅速并有效地解决企业职工养老保险基金支付压力的问题。

扩大企业职工养老保险覆盖面的效应将与其速度呈显著的正相关关系。目前退休人口企业职工养老保险覆盖率也在明显提高，这意味着新退休人口的覆盖率水平高于之前的退休人口的覆盖率，可能是由目前缴费人群不同年龄结构造成的。由于企业职工养老保险制度规定最低缴费年限为15年，这会造成年龄较大群体更有意愿参保缴费以确保达到最低缴费年限，如果年轻群体的覆盖率不能快速提高，那么退休人口的覆盖率增速可能快于缴费人口的覆盖率增速，从而削弱覆盖率提升缓解企业职工养老保险基金支出压力的效应。

（二）问题的成因

第一，年龄相对较大的人群参保意愿更强，这在一定程度上引起企业职工养老保险在退休人口中覆盖率的提高。第二，部分经济困难群体无力承担企业职工养老保险缴费，转而参加城乡居民养老保险。第三，部分人员对企业职工养老保险认识不足，从而选择不参加。第四，为降低企业成本，部分中小型企业逃缴、避缴现象在一定程度上仍然存在，特别是非正规就业人员的企业职工养老保险参保率相对较低。强化企业职工养老保险征缴力度，加强宣传引导，对困难群体予以适当补贴，将是解决该问题的有效手段。

第五节　小结

本章主要分析了企业职工养老保险基金收支平衡的四个主要影响因素，分别是平均替代率、实际缴费率、实际制度赡养率和覆盖率。分析的目的是掌握企业职工养老保险制度的实际运行情况，并为企业职工养老保险基金收支预测的假设条件提供基础。本章主要有以下几个发现。

第一，从平均替代率水平来看，平均替代率总体呈下降趋势，从企业职工养老保险社会化改革之初的70%以上下降至2013年的44.62%，平均替代率水平偏低且不稳定。主要原因有基础养老金缺乏科学化的调整机制、个人账户养老金投资收益率偏低、基金收支存在一定压力、个人缴费年限较短、缴费工资较低等。在目前较低的平均替代率水平下，提高平均替代率水平，可能会进一步对企业职工养老保险基金收支平衡提出挑战。

第二，从实际缴费率来看，2013 年平均缴费率仅为 13.66%，明显低于正常水平，同时，平均缴费率总体呈现下降趋势。企业职工养老保险的平均缴费率出现了明显的下降趋势，特别是在国发〔2005〕38 号文件统一了缴费办法之后，平均缴费率依然在下降，这与企业职工养老保险缴费规定基本稳定的背景不相符。问题的成因主要是参保人员中包含了中断缴费人员、部分企业和个人选择了较低缴费基数档次以及部分收入未纳入缴费工资。

第三，从实际制度赡养率来看，与企业职工养老保险制度转轨之初的水平相比，实际制度赡养率在总体上有小幅提高，近年来基本在 33% 左右波动。从实际制度覆盖率来看，尽管近年来覆盖率水平有所提高，但总体覆盖率仅在 60% 左右，制度覆盖率有待提高。同时，劳动力人口覆盖率低于退休人口覆盖率，两者相差约 4 个百分点。问题的成因主要是年龄相对较大人群参保意愿更强，部分群体转而参加城乡居民养老保险，部分人员对企业职工养老保险认识不足，逃缴、避缴现象在一定程度上存在等。

从总体上看，目前企业职工养老保险处于低缴费率、低替代率、低覆盖率的状态，企业职工养老保险的功能尚未完全发挥，这既是企业职工养老保险发展中存在的问题，也意味着企业职工养老保险发展潜力巨大。对企业职工养老保险基金收支平衡来说，目前的发展状态可能是一把双刃剑，处理好缴费率、替代率、覆盖率的协调发展关系，可能在人口老龄化背景下有效应对企业职工养老保险基金的支付压力，而如果处理不当，则可能加重企业职工养老保险基金的支付负担。

第三章　企业职工养老保险基金收支预测与分析

本章在人口结构、缴费率、覆盖率、替代率、工资增长率等制度参数基本假设下，对2015～2050年企业职工养老保险基金的收支情况进行预测，对不同条件下企业职工养老保险基金收支平衡情况进行分析与评价，并考察不同因素对企业职工养老保险基金收支情况的影响效应。

第一节　测算基本条件与前提假设

企业职工养老保险基金收支情况的预测，必须建立在一定的假设条件基础之上。这些假设条件既包括人口结构，也包括缴费率、覆盖率、替代率等制度参数，人口结构和制度参数的变化将对企业职工养老保险基金收支情况产生根本性的影响。本节在尽量符合企业职工养老保险发展的现实情况及未来发展趋势的基础上，对企业职工养老保险基金收支平衡预测所需要的基本条件进行假设，并以此作为企业职工养老保险基金收支预测的基础和前提。

一　人口预测

（一）预测区间与参数设定

根据第六次人口普查数据，我们使用People软件，采用生命表技术，运用年龄移算方法，得到未来数年的人口预测数据。我们将人口预测的参数设定为以下几个方面。

（1）预测区间：以2010年为基期，预测区间为2011～2050年。

（2）生育模式：对于总和生育率，我们选择每5年赋值的总和生育率为生育模式指标，采用晚育模式模拟分年龄生育率，考虑到未来生育政策放开可能带来的生育率回升，设定总和生育率从2010年的1.3%逐年上调，2045年达到2.1%，以后各年保持不变。

（3）出生性别比：男女出生性别比设定为1.06。

（4）死亡水平：用预期寿命结合死亡模式作为死亡水平的参数，以全国第六次人口普查的城镇预期寿命作为基期数据，并根据联合国不同水平的出生预期寿命每5年的变化情况确定未来的平均预期寿命，进而确定死亡水平。

（5）人口迁移：依据城乡增长率差法预测中国城市化率，其将由2015年的54.01%逐渐提高到2050年的71.14%，2010～2050年农村向城镇的迁移人口总量为2.2亿人，各年迁移人口呈金字塔状分布。

在上述假定的基础上，预测2013～2050年分城乡、分性别、分年龄的人口数据。

（二）企业职工养老保险制度涉及的人口结构预测基本结果

与企业职工养老保险基金收支相关联的人口指标主要是工作年龄人口数、退休年龄人口数以及由此决定的企业职工养老保险制度赡养率。按照现行退休年龄规定，我们列出了2015～2050年工作年龄人口数和退休年龄人口数。其中，此处我们将男性工作年龄人口数设定为20～59岁男性人口数，女性工作年龄人口数设定为20～49岁女性人口数，即将参保缴费初始年龄设定为20岁，将男性退休年龄设定为60岁，将女性退休年龄设定为50岁。按照现行规定，女干部的退休年龄为55岁或60岁，但因为女干部多数为机关事业单位工作人员，并不在此处的分析范畴之内，同时，女干部所占比例较低，此处我们仅大致估计人口结构，所以暂未细分女干部人群。对于女干部人群的分析及剥离，我们将在后面的养老金收支测算部分对其进行具体介绍。按照现行退休年龄规定估算的2015～2050年城镇工作年龄人口数、达到退休年龄人口数及制度赡养率见表 3 - 1。

表 3 - 1　2015 ~ 2050 年城镇工作年龄人口数、达到退休年龄人口数及制度赡养率

单位：人，%

指标 年份	20 ~ 59 岁男性工作年龄人口数	20 ~ 49 岁女性工作年龄人口数	工作年龄人口数	60 岁及以上男性退休年龄人口数	50 岁及以上女性退休年龄人口数	退休年龄人口数	制度赡养率
2015	246684104	191210106	438420200	50476765	99241020	149717785	34
2020	256235410	186576966	443455870	62084092	124685248	186769340	42
2025	256106841	178047853	434838186	79914266	150848346	230762612	53
2030	251299281	173230671	425160891	100351571	171632482	271984053	64
2035	250983050	174246082	425903400	118936717	191146891	310083608	73
2040	254067807	168041611	422929181	130408360	213942186	344350546	82
2045	252379013	165917839	418974649	140881683	226885748	367767431	88
2050	239670132	170505964	410652960	154714449	225021160	379735609	93

注：①人口数据由辽宁大学人口研究所根据全国第六次人口普查数据预测；②工作年龄人口数 = 20 ~ 59 岁男性工作年龄人口数 + 20 ~ 49 岁女性工作年龄人口数；③退休年龄人口数 = 60 岁及以上男性退休年龄人口数 + 50 岁及以上女性退休年龄人口数；④制度赡养率 = 退休年龄人口数/工作年龄人口数。

从表 3 - 1 中数据来看，从 2020 年开始，工作年龄人口数开始下降，而退休年龄人口数不断增长，这直接引起了企业职工养老保险制度赡养率的提高。2015 年，制度赡养率约为 34%，这意味着大约 3 个工作年龄人口负担 1 个退休年龄人口的养老金；2050 年，制度赡养率提高至约 93%，这意味着大约 1.1 个工作年龄人口负担 1 个退休年龄人口的养老金。在企业职工养老保险制度替代率和缴费率等参数不发生变化的条件下，制度赡养率的提高将使现收现付制企业职工养老保险基金支付压力大幅增加，企业职工养老保险基金可能面临入不敷出的问题。表 3 - 1 列出的是相应年龄工作人口数的预测数据，只有在企业职工养老保险的覆盖率为 100% 的条件下，前述数据才可以作为衡量企业职工养老保险制度赡养率的基础。如果企业职工养老保险制度覆盖率低于 100%，那么在退休人群覆盖率与缴费人群覆盖率不一的情况下，制度赡养率会发生变化，从而直接影响企业职工养老保险基金的收支状况。因此，我们进一步对制度覆盖率等其他参数进行分析并做基本假定。

二 测算对象与制度规定

（一）测算对象

我们首先假设企业职工养老保险基金全国统筹，并在企业职工养老保险基金全国统筹的假设下进行测算，这也是本书中企业职工养老保险基金收支测算所使用的基本假设，在无特殊说明的情况下，本书均假设企业职工养老保险基金全国统筹。在企业职工养老保险基金全国统筹假设下，我们将忽略各个省份养老保险基金结余或缺口的情况，而仅从总体上分析全国企业职工养老保险基金的收支状况。

企业职工养老保险基金由三部分组成，分别是基础养老金、过渡性养老金和个人账户养老金。其中，基础养老金和过渡性养老金由现收现付制社会统筹基金进行支付，个人账户养老金是完全意义上的年金，个人账户养老金支付以个人账户积累额为基础，在个人账户实账运行条件下，其不存在出现基金缺口的可能性，在个人账户存在空账时，个人账户当期的基金缺口表现为退休人口需要由个人账户支付空账部分。

在个人账户实账运行的前提下，只有现收现付制社会统筹基金才可能出现基金缺口，原因是基础养老金和过渡性养老金的计发基础为缴费年限，在缴费年限确定时，基础养老金和过渡性养老金相当于确定给付型养老金，人口结构、替代率、覆盖率、缴费率、平均工资等因素的变化，可能会影响社会统筹基金的收支状况。因此，本书将由现收现付制社会统筹基金支付的基础养老金和过渡性养老金的收支状况作为主要测算对象，将在不同的假设条件下，逐年测算现收现付制社会统筹基金的收支情况，分析社会统筹基金收支平衡状况，测算各年及2015～2050年统筹基金的结余或缺口规模。

（二）社会统筹基金的计发方法

《国务院关于建立统一的企业职工基本养老保险制度的决定》（国发〔1997〕26号）基本奠定了我国企业职工养老保险统账结合的制度模式。在此基础上，国发〔2005〕38号进一步完善了企业职工养老保险制度，并使这一制度最终定型。该文件对于现收现付制社会统筹基金缴费做了如下规定：企业的缴费率不超过职工工资总额的20%，这一部分缴费划入社会统筹账户，实行现收现付；而灵活就业人员的企业职工养老保险缴费比例统一调整为20%，其中8%计入个人账户基金，12%计入社会统筹基金，即社会统筹基金的收入包括企业为职工缴纳的20%和灵活就业人员为自己缴纳的12%。

1997年，企业职工基本养老保险制度进行了统账结合制模式改革，并根据工作和退休年份将养老金的领取者分为三类，即“老人”、“中人”和“新人”。根据《国务院关于建立统一的企业职工基本养老保险制度的决定》（国发〔1997〕26号）的规定，其实施后参加工作的职工为“新人”，实施前已经离退休的人员为“老人”，实施前参加工作、实施后退休且个人缴费和视同缴费年限累计满15年的人员为“中人”。2005年，《国务院关于完善企业职工基本养老保险制度的决定》（国发〔2005〕38号）对三类人群的划分标准和养老金的计发办法进行了调整，规定“新人”的基础养老金月标准以当地上年度在岗职工月平均工资和本人指数化月平均缴费工资的平均值为基数，缴费每满1年发给1%；“老人”仍按照国家原有规定发放基础养老金，并随以后基础养老金调整而增加养老金；“中人”的基础养老金计发办法与“新人”的一样，在发放基础养老金和个人账户养老金的基础上，再发放过渡性养老金，过渡性养老金计发办法由各地区制订。总之，社会统筹基金的支出包括“老人”的全部养老金、“中人”的基础养老金和过渡性养老金以及“新人”的基础养老金。

三　制度参数假设

（一）养老保险制度类型及不同养老保险制度覆盖率

目前中国现行的社会养老保险制度主要分为三个部分，分别是企业职工养老保险制度、城乡居民养老保险制度以及机关事业单位工作人员养老保险制度，这三类制度分别对应不同类型的群体。为了更准确地预测企业职工养老保险基金收支情况，我们需要对企业职工养老保险的覆盖率进行假设。

从现实情况来看，中国目前城镇就业人口占劳动力人口的比重在85%

左右[①]，我们假设，未来城镇就业人口占劳动力人口的比重保持85%不变。城镇就业人员包括企业就业人员、个体工商户和灵活就业人员，同时还包括机关事业单位工作人员。目前，我们没有详细的机关事业单位工作人员数。根据《2009年地方财政统计年鉴》中的数据，2009年，各省、自治区、直辖市财政供养人员数为5143万，2009年，中国城镇人口数约为6.45亿，考虑到地方财政供养人数中尚未包括中央财政供养人员，并且，城镇人口还包括了20岁之前的未达到参保缴费年龄的人口，因此，我们假设2009年机关事业单位工作人员占城镇20岁及以上人口的比例为10%；同时假设，机关事业单位工作人员占城镇20岁及以上人口的比例不变，并且，机关事业单位工作人员年龄分布与城镇总人口的年龄分布相同。

基于前述分析，我们对企业职工养老保险、城乡居民养老保险以及机关事业单位工作人员养老保险在全覆盖时的各自覆盖率做出如下假设：城乡居民养老保险的覆盖率为15%，主要覆盖非城镇就业人口（包括达到退休年龄的在工作期未曾就业的人口）；企业职工养老保险和机关事业单位工作人员养老保险覆盖率之和为85%，主要覆盖城镇就业人口（包括达到退休年龄的在工作期就业的人口），其中，机关事业单位工作人员养老保险的覆盖率为10%，企业职工养老保险的覆盖率为75%。

企业职工养老保险制度与改革后的机关事业单位工作人员养老保险制度模式相近，本书将企业职工养老保险制度与机关事业单位工作人员养老保险制度分离的原因为：《国务院关于机关事业单位工作人员养老保险制度改革的决定》（国发〔2015〕2号）规定，机关事业单位基本养老保险基金单独建账，与企业职工养老保险基金分别管理使用，这从制度上确定了机关事业单位工作人员养老保险基金收支与企业职工养老保险基金收支之间的区别，尽管部分统计资料将机关事业单位工作人员养老保险制度与企业职工养老保险制度统称为城镇职工养老保险制度，但本书认为，在进

① 《2013年度人力资源和社会保障事业发展统计公报》显示，2013年，全国城镇就业人员为38240万人；根据《中国人口和就业统计年鉴2014》中相关数据，2013年，全国城镇20~59岁男性和20~50岁女性约为47315万人。

行企业职工养老保险基金收支分析时，有必要按照制度规定分别进行研究。

前述关于企业职工养老保险、城乡居民养老保险以及机关事业单位工作人员养老保险的75%、15%、10%的覆盖率假设，是在各项制度均达到全覆盖时的目标覆盖率。我们假设企业职工养老保险缴费人口覆盖率的目标为75%，并进一步做了不同覆盖率提高的假设，作为企业职工养老保险基金测算的基础。具体来看，2012年，企业职工养老保险在缴费适龄人口中的覆盖率约为53.13%，在退休人口中的覆盖率约为57.75%，我们将2015年作为测算基期，并假设退休人口覆盖率均为60%，在此基础上，我们对企业职工养老保险的覆盖率共做了两组假设。第一组假设，缴费人口覆盖率在2015年直接提高至75%的目标水平并一直保持至2050年，由于退休人口覆盖率只能通过每年新达到退休年龄人口覆盖率的提高而提高①，我们以男60岁、女50岁为新退休年龄②，逐年计算了各年的退休人口实际覆盖率；第二组假设，缴费人口覆盖率从2015年的60%匀速提高至2050年的75%，我们也计算了此情况下各年退休人口的实际覆盖率。两组假设条件下覆盖率情况见表3－2。

表3－2　两组假设条件下2015～2050年缴费人口覆盖率和退休人口覆盖率

单位：%

年份	第一组假设		第二组假设	
	缴费人口覆盖率	退休人口覆盖率	缴费人口覆盖率	退休人口覆盖率
2015	75	60.00	60	60.00
2020	75	64.75	62	60.32

① 在现实中，覆盖率的提高只能针对缴费人口主动进行，即不可能将未参保的退休人口重新纳入企业职工养老保险覆盖范围之内，因此，退休人口覆盖率的变化是由新退休人口覆盖率与之前退休人口覆盖率不一致引起的，如果新退休人口覆盖率较高，那么随着之前退休人口的死亡，所有退休人口的覆盖率会逐步提高。

② 在现实中，这应该还包括55岁女干部，这部分也为新退休人口，由于该部分人口所占比例较少，其不会对结果产生大的影响，为了便于分析，此处我们仅将男60岁、女50岁作为新退休年龄，并在缴费人口覆盖率在各年龄均衡的假设下，逐年计算新退休人口的实际覆盖率。

续表

年份	第一组假设		第二组假设	
	缴费人口覆盖率	退休人口覆盖率	缴费人口覆盖率	退休人口覆盖率
2025	75	67.41	64	61.06
2030	75	69.15	66	62.01
2035	75	70.39	68	63.14
2040	75	71.32	70	64.42
2045	75	71.96	73	65.70
2050	75	72.45	75	67.04

注：各年龄缴费人口的覆盖率相同，新退休人口的覆盖率与缴费人口的覆盖率一致，在此假设下，我们逐年计算各年退休人口的实际覆盖率。

根据测算结果，在第一组假设条件下，退休人口覆盖率将从2015年的60.00%提高至2050年的72.45%，在第二组假设条件下，退休人口覆盖率将从2015年的60.00%提高至2050年的67.04%。现实中退休人口覆盖率的变化可能与假设不完全一致，但我们所做的这两组假设可以在一定程度上接近实际覆盖率的变化，并能够刻画出在缴费人口覆盖率快速提高和逐步提高两种情况下，退休人口覆盖率的变化规律。这可以为企业职工养老保险基金收支分析提供较好的和较客观的基础。

（二）缴费率的假设

缴费率是企业职工养老保险基金收入的直接影响因素。近年来，企业职工养老保险实际缴费率在14%左右，并且有下降的趋势，未来实际缴费率的变化将显著影响企业职工养老保险基金的收支平衡状况。如前所述，目前实际缴费率偏低主要是由中断缴费人员及缴费工资较低引起的，随着中断缴费人员的减少及缴费工资管理力度的加大，未来实际缴费率的趋势应该是逐步提高至相对合理水平。我们以2012年为基期，对缴费率做了两组假设。第一组假设：假设实际缴费率匀速提高至2050年的15%，即假设实际缴费率目前没有大的变化。第二组假设：假设实际缴费率匀速提高至2050年25%的合理水平，即假设没有中断缴费人员，基本上全部工资均被纳入缴费工资。其中，25%的合理水平假设基础为目前个体工商户和灵活就业人员的缴费率被规定为20%，企业人员缴费率被规定为28%，2014年，个体工商户和灵活就业人员等人群占参保人群的比例为22.9%。考虑到未来经济体制改革的深入和市场经济的进一步发展，我们假设个体工商户和灵活就业人员的比例在2015～2020年为22.9%，2021～2050年上升为25%，按照这个比例计算，总缴费率应为28%×0.75+20%×0.25=26%，因此，我们将合理水平确定为25%。

同时，我们测算的主要是现收现付制社会统筹基金的收支均衡，因此，还需从总缴费率中分离出社会统筹基金的缴费率。我们根据各年总缴费率的假设值计算实际缴费系数，设实际缴费系数为 A，同时假设灵活就业人员和企业职工的缴费工资占工资收入的比例相同，因此，实际平均缴费率为：

$$A\times\frac{\text{平均工资}\times 28\%\times\text{企业职工缴费人数}+\text{平均工资}\times 20\%\times\text{灵活就业人员缴费人数}}{\text{平均工资}\times\text{总人数}}=\text{实际平均缴费率} \tag{3-1}$$

经整理可得：

$$A=\frac{\text{实际平均缴费率}}{28\%-8\%\times\text{灵活就业人员缴费人数占比}} \tag{3-2}$$

其中，实际平均缴费率为各年我们假设的平均缴费率，灵活就业人员缴费人数占比为各年我们假设的灵活就业人员数量占总人数的比例。在计算出实际缴费系数 A 之后，我们可以进一步分离出现收现付制社会统筹基金的实际缴费率 C：

$$C=A\times(12\%\times\text{灵活就业人员缴费人数占比}+20\%\times\text{企业职工缴费人数占比}) \tag{3-3}$$

其中，企业职工缴费人数占比为企业职工数量占总人数的比例，12%为灵活就业人员现收现付制社会统筹基金缴费规定比例，20%为企业职工现收现付制社会统筹基金缴费规定比例。按照该方法，我们计算的各年实际缴费率、实际缴费系数、现收现付制养老保险实际缴费率数据见表3－3。

表 3－3　缴费率假设及现收现付实际缴费率

单位：%

年份	总缴费率假设		灵活就业人员比例	实际缴费系数（A）		现收现付实际缴费率（C）	
	低	高		高缴费率的实际缴费系数	低缴费率的实际缴费系数	低缴费率	高缴费率
2015	13.73	14.11	0.229	0.54	0.52	9.53	9.80
2020	13.90	15.31	0.229	0.59	0.53	9.65	10.63
2025	14.08	16.62	0.250	0.64	0.54	9.75	11.50
2030	14.26	18.03	0.250	0.69	0.55	9.87	12.48
2035	14.44	19.57	0.250	0.75	0.56	10.00	13.55
2040	14.63	21.23	0.250	0.82	0.56	10.13	14.70
2045	14.81	23.04	0.250	0.89	0.57	10.25	15.95
2050	15.00	25.00	0.250	0.96	0.58	10.38	17.31

注：根据总缴费率假设值计算。

从表 3－3 中数据来看，在低缴费率假设下，现收现付实际缴费率将从 2015 年的 9.53% 上升至 2050 年的 10.38%，而在高缴费率假设下，现收现付实际缴费率将从 2015 年的 9.80% 上升至 2050 年的 17.31%。然而，缴费率并不能完全决定企业职工养老保险基金的收支水平，原因是，在现行养老金计发办法条件下，不同的缴费率水平会造成不同的替代率水平，因此，我们还需进一步对未来的养老金实际替代率水平做出假设。

（三）替代率的假设

替代率是企业职工养老保险基金支出的决定性因素之一。目前，企业职工养老保险实际替代率在 45% 左右，与养老保险社会化改革初期 70% 以上的替代率相比，出现了明显的下降。未来养老保险替代率水平的变化将直接影响养老保险基金的收支状况。养老保险替代率并没有统一的标准，国际劳工组织 1967 年颁布的《老年、残疾和遗属津贴公约》认为，缴费 30 年的劳动者的养老金替代率不低于 45%，我国养老保险制度设定的替代率即缴费 35 年人员的替代率为 59.2%①。因此，我们对企业职工养老保险未

① 《中国养老金替代率超国际标准，不必忧退休生活》，《人民日报》2014 年 12 月 12 日。

来实际平均替代率做了两组假设。第一组假设：假设企业职工养老保险平均替代率匀速提高至2050年的50%，即假设企业职工养老保险平均替代率在目前水平基础上有小幅提高。第二组假设：假设企业职工养老保险平均替代率匀速提高至2050年的60%，即假设企业职工养老保险平均替代率在目前水平上有15个百分点左右的涨幅。

因为我们的目的主要是测算现收现付制基础养老金收支状况，所以，还需在总平均替代率基础上，继续分离出基础养老金替代率。在养老保险社会化改革之初，其制度转轨成本没有一次性解决，而是在之后的时间中逐步进行消化。从整体上看，其制度转轨成本可以理解为，“老人”和“中人”按照现行制度在企业职工养老保险社会化改革之前的工作期内可以积累的个人账户额的缺失，逐步消化转轨成本相当于将总的转轨成本分摊到“老人”和“中人”全部死亡之前的各年份中，分摊的转轨成本以过渡性养老金的形式发给“老人”和“中人”。过渡性养老金的目的是补充“老人”和“中人”视同缴费年限中空缺的个人账户所能积累的养老金权益，在现实中，这是通过现收现付制社会统筹基金支付的。如果我们将个人账户积累的养老金权益用平均替代率来表示，即每年的个人账户积累可以被给予一定的替代率水平，那么，随着时间的推移，退休人口中平均每人的视同缴费年限就会降低，这意味着对平均每个退休人员来说，过渡性养老金所需要满足的替代率水平在下降，如果平均缴费年限等其他条件不发生变化，那么这将造成现收现付制社会统筹基金所要满足的总替代率水平的下降。在理论上，现收现付制社会统筹基金实现的替代率将一直下降至“老人”和“中人”全部死亡时为止，至此，全部“转轨成本”分摊完毕，过渡性养老金不再有存续必要。

我们可以用现实数据来验证上述理论推论。从总体来看，目前各年养老金支出共包括三个部分，分别是个人账户基金、社会统筹基金以及财政补助，在个人账户实账运行的情况下，个人账户基金支出将全部用于个人账户养老金发放，而社会统筹基金和财政补助将全部用于基础养老金和过渡性养老金的发放。在实账运行的假设下①，可以通过将个人账户基金支出在总养老金支出中扣除的方法求得现实中基础养老金和过渡性养老金发放金额及基础养老金和过渡性养老金能够实现的替代率水平。2009～2013年现收现付制社会统筹基金实现的平均替代率见表3－4。

表3－4 2009～2013年现收现付制基础养老金与过渡性养老金实现的替代率情况

年份	养老金支出（亿元）	个人账户基金支出（亿元）	离退休人数（万人）	离退休人员人均基础养老金和过渡性养老金之和（元）	城镇就业人员平均工资（元）	基础养老金和过渡性养老金实现的替代率之和（%）
2009	8894.40	295.00	5806.90	14808.93	32244.00	45.93
2010	10554.90	343.00	6305.00	16196.51	36539.00	44.33
2011	12764.90	444.00	6826.20	18049.43	41799.00	43.18
2012	15561.80	580.00	7445.70	20121.41	46769.00	43.02
2013	18470.40	719.00	8041.00	22076.11	51483.00	42.88

注：①离退休人员人均基础养老金和过渡性养老金之和＝（养老金支出－个人账户基金支出）/离退休人数；②基础养老金和过渡性养老金实现的替代率之和＝离退休人员人均基础养老金和过渡性养老金之和/城镇就业人员平均工资。

资料来源：①各年养老金支出数据、离退休人数数据和城镇就业人员平均工资数据来自国家统计局网站；②个人账户基金支出数据来自《中国社会保险发展年度报告2014》。

从表3－4中数据来看，基础养老金和过渡性养老金实现的替代率之和逐年下降，从2009年的45.93%下降至2013年的42.88%。基础养老金和过渡性养老金理论上都应该由社会统筹基金支付，逻辑分析和显示数据都证明，应该由社会统筹基金支付的基础养老金和过渡性养老金所要实现的替代率水平将逐年下降。结合对企业职工养老保险总平均替代率的两组假设，我们进一步对社会统筹基金支出要实现的替代率水平做出假设。

1. 在企业职工养老保险平均替代率匀速提高至2050年50%的条件下，假设社会统筹基金2050年所要实现的替代率为30%或25%。

① 在现实中，各年存在着一定的空账，即个人账户基金支出中可能有一定比例被用于基础养老金和过渡性养老金的发放，因为无法获取到详细的数据，同时个人账户基金支出规模较小，所以，我们使用了实账运行的假设。

2. 在企业职工养老保险平均替代率匀速提高至2050年60%的条件下，假设社会统筹基金2050年所要实现的替代率为35%或30%。

在同一总平均替代率水平下，我们对社会统筹基金所要实现的替代率水平都做了高、低两种假设，原因是个人账户基金所能实现的替代率水平将由个人账户积累额决定。按照目前缴费35年替代率为59.2%的制度设计目标推算，社会统筹基金与个人账户基金将要实现的替代率之比大致为35∶25[①]，因为目前基本养老保险基金投资管理办法即将出台，这可能会显著提高个人账户基金的投资收益水平，所以，个人账户基金实现的收益率有可能提高。因为我们假设总替代率水平确定，所以，我们对社会统筹基金所要实现的替代率水平做了高、低两种假设。我们假设社会统筹基金所要实现的替代率水平在现有水平上匀速提高至2050年的目标替代率水平，不同假设条件下各年社会统筹基金所要实现的替代率水平见表3－5。

表3－5　社会统筹基金支出的目标替代率

单位：%

年份	总目标替代率为50%		总目标替代率为60%	
	社会统筹基金实现的替代率（高）	社会统筹基金实现的替代率（低）	社会统筹基金实现的替代率（高）	社会统筹基金实现的替代率（低）
2015	42.06	41.65	42.41	42.06
2020	40.08	38.72	41.26	40.08
2025	38.19	36.00	40.15	38.19
2030	36.39	33.47	39.06	36.39
2035	34.67	31.11	38.00	34.67
2040	33.04	28.92	36.97	33.04
2045	31.48	26.89	35.97	31.48
2050	30.00	25.00	35.00	30.00

注：根据假设条件推算。

需要指出的是，社会统筹基金目标替代率是在一定假设条件下推算得

① 按照现行规定，缴费35年可获得35%的平均替代率，其余24.2%的平均替代率将由个人账户实现。

出的，现实情况发展可能与此有出入，但是，我们推算的目标替代率比较符合实际发展趋势，其可以在一定程度上反映社会统筹基金目标替代率的变化轨迹，并作为分析企业职工养老保险基金变化的基础。

（四）平均工资增长率和利率水平的假设

1. 平均工资增长率假设

近年来，中国城镇就业人员平均工资增长较快，2006～2014 年平均工资增长率分别为 14.59%、18.53%、16.90%、11.58%、13.32%、14.39%、11.89%、10.08%、9.43%，平均工资增长率在 10% 以上。在快速增长的同时，从 2013 年开始，平均工资增长率有所下降，2014 年平均工资增长率低于 10%。平均工资增长率与国民生产总值的增长速度有关，随着中国经济增长率的回落，平均工资不可能一直保持 10% 以上的增速。因此，我们对平均工资增长率做了如下三组假设。

第一组假设：高工资增长率假设。假设 2015～2020 年平均工资增长率为 8%，2021～2030 年平均工资增长率为 6%，2031～2050 年平均工资增长率为 3%。

第二组假设：中工资增长率假设。假设 2015～2020 年平均工资增长率为 6%，2021～2030 年平均工资增长率为 4%，2031～2050 年平均工资增长率为 2%。

第三组假设：低工资增长率假设。假设 2015～2020 年平均工资增长率为 5%，2021～2030 年平均工资增长率为 3%，2031～2050 年平均工资增长率为 3%。

以 2014 年为基期，按照不同假设计算的各年城镇就业人员平均工资见表 3－6。

表 3－6 不同平均工资增长率假设下 2015～2050 年城镇就业人员的平均工资

单位：元

指标 年份	高工资增长率假设下城镇就业人员的平均工资	中工资增长率假设下城镇就业人员的平均工资	低增工资长率假设下城镇就业人员的平均工资
2015	60846.12	59719.34	59155.95

续表

年份＼指标	高工资增长率假设下城镇就业人员的平均工资	中工资增长率假设下城镇就业人员的平均工资	低增工资长率假设下城镇就业人员的平均工资
2020	89402.91	79917.95	75499.65
2025	121898.65	99102.26	89224.30
2030	163127.89	120573.05	103435.41
2035	194617.99	135732.63	115320.67
2040	225615.59	149859.79	127323.34
2045	261550.30	165457.32	140575.25
2050	303208.48	182678.25	155206.44

注：根据假设条件并以 2014 年为基期逐年推算。

2. 利率水平假设

根据国际经验，成熟市场的金融机构利率一般在 3% ~5%，故本书假设利率水平为 3%、4% 和 5% 三个档次。

第二节　企业职工养老保险基金收支平衡预测结果

以前面的人口预测数据、替代率、覆盖率、缴费率等制度参数假设为基础，基于现行退休年龄规定和养老金计发办法，我们进一步对企业职工养老保险基金收支情况进行预测，分别计算 2015 ~2050 年养老金收支状况及养老金收支差额在 2015 年的现值之和，以判断企业职工养老保险基金收支的未来发展趋势。高缴费率条件下企业职工养老保险基金替代率会相应较高，因此，我们将缴费率与替代率的组合划分为高缴费率—高替代率组合与低缴费率—低替代率组合。因为覆盖率不会受到缴费率和替代率组合的影响，所以，我们可以分别在覆盖率水平中进一步划分出高缴费率—高替代率—高覆盖率组合、高缴费率—高替代率—低覆盖率组合、低缴费率—低替代率—高覆盖率组合和低缴费率—低替代率—低覆盖率组合四种组合。上述四种组合是我们测算的企业职工养老保险制度未来的主要发展假设状况。

一　高缴费率—高替代率—高覆盖率条件下的测算结果

我们在高缴费率—高替代率—高覆盖率假设条件下，测算企业职工养老保险社会统筹基金的收支情况。这种假设条件是企业职工养老保险制度发展的最佳状况，在此状况下，企业职工养老保险缴费率较高，其能够实现较高的替代率水平，同时，企业职工养老保险覆盖率也相对较高。按照前一节的分析，高缴费率—高替代率—高覆盖率的假设条件是指，缴费率从目前水平匀速提高至2050年的25%，总平均替代率由目前水平匀速提高至2050年的60%，同时，缴费人口覆盖率从2015年开始稳定在75%，退休人口覆盖率从2015年的约61%提高至2050年的72%。

我们的测算方法归纳如下：

$$各年养老金收入 = 各年缴费人口数 \times 缴费率 \times 平均工资 \quad (3-4)$$

$$各年养老金支出 = 各年退休人口数 \times 替代率 \times 平均工资 \quad (3-5)$$

$$各年养老金结余或缺口 = 各年养老金收入 - 各年养老金支出 \quad (3-6)$$

（一）高缴费率—高覆盖率—现收现付35%目标替代率条件下的测算结果

我们首先测算高缴费率、高覆盖率以及社会统筹基金2050年实现35%替代率的条件下，各年社会统筹基金的收支状况。高缴费率条件是指缴费率水平从2015年的14.11%提高至2050年的25%；高覆盖率条件是指缴费人口覆盖率在2015年提高至75%并一直保持到2050年，同时退休人口覆盖率从2015年的60.00%提高至2050年的72.45%；现收现付35%目标替代率条件是指基础养老金和过渡性养老金的替代率之和从2015年的42.41%下降至2050年的35%。

我们分别计算了2015～2050年的缴费人口、退休人口以及制度赡养率，社会统筹基金实际平均缴费率，社会统筹基金实现的替代率，高、中、低三种工资增长率条件下的养老金收入和养老金支出，高、中、低三种工资增长率条件下的养老金结余，各年养老金结余在2015年的现值以及各年养老金2015年现值之和，测算结果见表3－7。

表3-7　高缴费率—高覆盖率—现收现付35%目标替代率条件下的2015~2050年养老金收支测算结果

单位：%，亿元

年份	制度赡养率	现收现付缴费率	现收现付替代率	高工资增长率条件下养老金结余	中工资增长率条件下养老金结余	低工资增长率条件下养老金结余
2015	28	10	42.41	-3784.94	-3714.85	-3679.81
2020	36	11	41.26	-12688.31	-11342.18	-10715.12
2025	47	12	40.15	-29943.32	-24343.59	-21917.15
2030	59	12	39.06	-54343.81	-40167.25	-34458.08
2035	68	14	38.00	-76526.27	-53371.80	-45345.56
2040	77	15	36.97	-98703.32	-65561.34	-55701.99
2045	84	16	35.97	-117000.00	-74014.47	-62883.91
2050	89	17	35.00	-129604.95	-78084.91	-66342.22
年份	3%利率			5%利率		
	高工资增长率条件下养老金缺口现值①	中工资增长率条件下养老金缺口现值	低工资增长率条件下养老金缺口现值	高工资增长率条件下养老金缺口现值	中工资增长率条件下养老金缺口现值	低工资增长率条件下养老金缺口现值
2015	-3784.94	-3714.85	-3679.81	-3784.94	-3714.85	-3679.81
2020	-10945.05	-9783.87	-9242.96	-9941.63	-8886.90	-8395.58
2025	-22280.64	-18113.92	-16308.42	-18382.60	-14944.85	-13455.23
2030	-34881.22	-25781.83	-22117.33	-26140.30	-19321.14	-16574.93
2035	-42370.74	-29550.67	-25106.73	-28841.95	-20115.27	-17090.26
2040	-47141.26	-31312.46	-26603.58	-29147.36	-19360.44	-16448.95
2045	-48202.45	-30492.98	-25907.34	-27071.16	-17125.28	-14549.92
2050	-46059.45	-27750.08	-23576.92	-23496.12	-14156.04	-12027.20
缺口2015年现值总额	-1175804	-818443	-707371	-778819	-552412	-479848

注：在假设条件下根据公式3-4、3-5和3-6计算。

在本章的测算过程中，缴费人数是20~59岁男性、20~49岁女性工作

① 为使数据对问题的反映更为直观，本研究中所列“缺口现值”“缺口规模”均使用负值表示，而在做数据分析时，使用数值的绝对值进行比较。

人口数与50～54岁企业女干部人数之和。其中，对于企业女干部人数的处理，我们按照企业女干部人数占20岁及以上女性人数的2%计算[①]；退休人数为60岁及以上男性和50岁及以上女性退休人数之后再扣除50～54岁企业女干部人数。现收现付缴费率与替代率按照前述参数假定方法计算确定。

从测算结果来看，2015～2050年，企业职工养老保险制度赡养率逐年提高，从2015年的28%提高至2050年的89%。与此相伴随的是现收现付制养老金缺口，在高、中、低三种工资增长率条件下，其均从2015年开始出现现收现付制养老金收不抵支情况，并且养老金缺口逐年扩大，以低工资增长率为例，养老金结余从2015年的－3679.81亿元扩大至2050年的－66342.22亿元，在5%利率水平下，低工资增长率条件下养老金缺口在2015年的现值总额约为－479848亿元。

平均工资增长率与利率水平对养老金缺口均有显著影响。高工资增长率条件下的养老金缺口规模明显大于低工资增长率条件下的测算结果，高工资增长率条件下2050年养老金缺口规模几乎相当于低工资增长率条件下测算结果的两倍。原因是，现收现付制企业职工养老保险基金收支取决于缴费率、替代率和制度赡养率，当企业职工养老保险基金收支平衡时有“缴费率＝替代率×制度赡养率”，在这三个系数不变时，如果企业职工养老保险基金收不抵支，那么工资水平将是收不抵支规模的系数，工资越高，收不抵支规模越大。同时，利率水平与各年基金缺口在2015年现值之和的规模成反比，利率水平越高，现值之和的规模越低。这是由于在计算各年基金缺口的现值时，折现因子$(1+r)^{-(\text{年份}-2015)}$与利率水平成反比。

（二）高缴费率—高覆盖率—现收现付30%替代率条件下的测算结果

高缴费率与高覆盖率假设与前面分析一致；现收现付30%替代率假设是指基础养老金和过渡性养老金的替代率之和从2015年的42.06%下降至2050年的30%。我们分别计算了2015～2050年的缴费人口、退休人口以及

① 如前所述，2009年机关事业单位工作人员数大致占城镇总人口的10%。万春（2009）认为女干部人数占女性人数的11.6%～13.2%。因此，将机关事业单位女干部占比10%扣除后，我们假设企业女干部占适龄女性的比例为2%。

制度赡养率，社会统筹基金实际平均缴费率，社会统筹基金实现的替代率，高、中、低三种工资增长率条件下的养老金收入和养老金支出，高、中、低三种工资增长率条件下的养老金结余，各年养老金结余在2015年的现值以及各年养老金2015年现值之和，测算结果见表3－8。

表3－8　高缴费率—高覆盖率—现收现付30%目标替代率条件下的2015～2050年养老金收支测算结果

单位：%，亿元

年份	制度赡养率	现收现付缴费率	现收现付替代率	高工资增长率条件下养老金结余	中工资增长率条件下养老金结余	低工资增长率条件下养老金结余
2015	28	10	42.06	－3590.86	－3524.36	－3491.11
2020	36	11	40.08	－11414.89	－10203.86	－9639.73
2025	47	12	38.19	－26252.71	－21343.17	－19215.80
2030	59	12	36.39	－46187.83	－34138.90	－29286.58
2035	68	14	34.67	－62448.38	－43553.44	－37003.72
2040	77	15	33.04	－77010.15	－51152.16	－43459.72
2045	84	16	31.48	－86034.67	－54425.73	－46240.99
2050	89	17	30.00	－88000.24	－53018.74	－45045.59
年份	3%利率			5%利率		
	高工资增长率条件下养老金缺口现值	中工资增长率条件下养老金缺口现值	低工资增长率条件下养老金缺口现值	高工资增长率条件下养老金缺口现值	中工资增长率条件下养老金缺口现值	低工资增长率条件下养老金缺口现值
2015	－3590.86	－3524.36	－3491.11	－3590.86	－3524.36	－3491.11
2020	－9846.58	－8801.94	－8315.32	－8943.86	－7994.99	－7552.98
2025	－19534.48	－15881.32	－14298.36	－16116.89	－13102.85	－11796.83
2030	－29646.21	－21912.46	－18797.94	－22217.14	－16421.40	－14087.34
2035	－34576.15	－24114.48	－20488.06	－23536.14	－16414.83	－13946.31
2040	－36780.48	－24430.56	－20756.60	－22741.31	－15105.38	－12833.78
2045	－35445.15	－22422.68	－19050.68	－19906.48	－12592.89	－10699.12
2050	－31273.83	－18841.98	－16008.45	－15953.59	－9611.78	－8166.33
缺口2015年现值总额	－932118.81	－654322.89	－566640.48	－625605.50	－447662.73	－389739.58

注：在假设条件下根据公式3－4、3－5和3－6计算。

因为制度覆盖率和现收现付缴费率的参数假定与“高缴费率—高覆盖率—现收现付35%目标替代率”的假定一致，所以，表3－8中制度赡养率与现收现付缴费率数据与表3－7中数据一致。表3－8中现收现付替代率比表3－7中数据要小，我们假设现收现付替代率从2015年的42.06%匀速降低至2050年的30.00%。在其他条件不变时，替代率下降的直接结果是现收现付制养老金支出的降低，这在一定程度上会缓解现收现付制社会统筹基金的支付压力。从测算结果来看，尽管目标替代率下降至30%在一定程度上降低了企业职工养老保险基金的支出规模，但是，各年养老金缺口依然存在。2015～2050年，现收现付制企业职工养老保险基金在每一年中依然存在着收不抵支的情况。

与“高缴费率—高覆盖率—现收现付35%目标替代率”条件下测算结果相比，“高缴费率—高覆盖率—现收现付30%目标替代率”的测算结果存在以下两个方面的差异。第一，“高缴费率—高覆盖率—现收现付30%目标替代率”条件下的测算结果显示，相同条件下各年养老金缺口绝对值、各年养老金缺口在2015年的现值以及养老金缺口现值之和均明显下降，这也是现收现付替代率下降的直接结果；第二，“高缴费率—高覆盖率—现收现付30%目标替代率”条件下测算的各年养老金缺口绝对值在2046年开始出现下降，而“高缴费率—高覆盖率—现收现付35%目标替代率”条件下的测算结果则没有呈现这种趋势，各年养老金缺口绝对值在2050年之前表现为逐年扩大。这两个差异表明，目标替代率降低可以在一定程度上缓解现收现付制企业职工养老保险基金的支付压力，但无法根本解决企业职工养老保险基金收不抵支的情况。

二　高缴费率—低覆盖率—高替代率条件下的测算结果

在相同的缴费率与替代率条件下，覆盖率的变化会改变企业职工养老保险的制度赡养率，进而影响企业职工养老保险基金收支状况。在同样的高缴费率和高替代率假设下，我们调低覆盖率的假设，进一步在高缴费率—低覆盖率—高替代率条件下测算现收现付制社会统筹基金的收支状况，以分析在企业职工养老保险的覆盖率水平提高速度相对较缓的条件下，现收现付制企业职工养老保险基金的收支状况。

（一）高缴费率—现收现付35%目标替代率—低覆盖率条件下的测算结果

高缴费率和现收现付35%目标替代率假设的内容与前述假设一致；低覆盖率假设是指缴费人口的覆盖率从2015年的60%匀速提高至2050年的75%，相应的退休人口覆盖率从2015年的60%提高至2050年的67.04%。我们分别计算了2015～2050年的缴费人口、退休人口以及制度赡养率，社会统筹基金实际平均缴费率，社会统筹基金实现的替代率，高、中、低三种工资增长率条件下的养老金收入和养老金支出，高、中、低三种工资增长率条件下的养老金结余，各年养老金结余在2015年的现值以及各年养老金2015年现值之和，测算结果见表3－9。

表3－9 高缴费率—现收现付35%目标替代率—低覆盖率条件下的2015～2050年养老金收支测算结果

单位：%，亿元

年份	制度赡养率	现收现付缴费率	现收现付替代率	高工资增长率条件下养老金结余	中工资增长率条件下养老金结余	低工资增长率条件下养老金结余
2015	34	10	42.41	－7335.05	－7199.22	－7131.30
2020	39	11	41.26	－13783.59	－12321.26	－11640.07
2025	49	12	40.15	－27166.24	－22085.86	－19884.46
2030	58	12	39.06	－45843.29	－33884.25	－29068.11
2035	65	14	38.00	－62098.09	－43309.14	－36796.15
2040	71	15	36.97	－78471.26	－52122.67	－44284.28
2045	76	16	35.97	－90808.69	－57445.78	－48806.88
2050	79	17	35.00	－96866.11	－58360.28	－49583.85

年份	3%利率			5%利率		
	高工资增长率条件下养老金缺口现值	中工资增长率条件下养老金缺口现值	低工资增长率条件下养老金缺口现值	高工资增长率条件下养老金缺口现值	中工资增长率条件下养老金缺口现值	低工资增长率条件下养老金缺口现值
2015	－7335.05	－7199.22	－7131.30	－7335.05	－7199.22	－7131.30
2020	－11889.85	－10628.42	－10040.83	－10799.80	－9654.03	－9120.30
2025	－20214.24	－16433.95	－14795.91	－16677.72	－13558.80	－12207.34
2030	－29425.07	－21749.01	－18657.72	－22051.41	－16298.90	－13982.26

续表

年份	3%利率			5%利率		
	高工资增长率条件下养老金缺口现值	中工资增长率条件下养老金缺口现值	低工资增长率条件下养老金缺口现值	高工资增长率条件下养老金缺口现值	中工资增长率条件下养老金缺口现值	低工资增长率条件下养老金缺口现值
2035	-34382.21	-23979.22	-20373.14	-23404.12	-16322.76	-13868.08
2040	-37478.31	-24894.08	-21150.42	-23172.78	-15391.97	-13077.27
2045	-37411.98	-23666.90	-20107.79	-21011.08	-13291.66	-11292.81
2050	-34424.61	-20740.27	-17621.28	-17560.88	-10580.15	-8989.07
缺口2015年现值总额	-975546.92	-687942.30	-597429.75	-657918.09	-473974.45	-414201.85

注：在假设条件下根据公式3-4、3-5和3-6计算。

表3-9中测算结果所使用的缴费率与目标替代率的假设条件与表3-7所使用的假设条件一致，区别在于表3-7使用的覆盖率假设为2015年缴费人口覆盖率2015年直接提高至75%并保持不变，在此条件下，利用每年退休人数计算的相应退休人口的覆盖率将从2015年的60%提高至2050年的72.45%；而表3-9使用了低覆盖率假设，即假设缴费人口的覆盖率从2015年的60%匀速提高至2050年的75%，利用每年退休人数计算的相应退休人口覆盖率将从2015年的60%提高至2050年的67.04%。从测算结果的比较来看，覆盖率快速提高至75%的高覆盖率假设并未使各年养老金缺口总规模下降，表3-7中2015年养老金缺口现值总额大于表3-9中的测算结果。

我们认为，出现这种现象的原因在于目前的人口分布特征及较高的替代率水平。我们假设缴费人口覆盖率的提高在各年龄人口中是均匀的，即不同年龄缴费人口覆盖率相同，在此假设下，缴费人口覆盖率的提高将直接造成下一年新退休人口数量的增加①，因此，缴费人口覆盖率的提高对企业职工养老保险基金收支产生的影响，与年龄结构有关，如果接近退休年龄的人口较多并且养老金较高，那么这可能引起退休人口快速增加并加重

① 例如，假设退休年龄为60岁，59岁人群覆盖率的提高，将直接造成下一年60岁人口中企业职工养老保险覆盖人口的增加。

企业职工养老保险基金支出压力。测算结果显示，在2027年之前，高覆盖率假设条件下的各年养老金缺口规模小于低覆盖率下各年养老金缺口规模，这意味着在2015～2026年，企业职工养老保险覆盖率的提高有利于降低养老金缺口，而从2027年开始，高缴费率条件下各年养老金缺口规模开始大于低覆盖率条件下的测算结果，并最终引起2015～2050年较大的养老金缺口现值。并且，现实中接近退休年龄的劳动力参保意愿较强，因此，年龄相对较大的劳动力的实际覆盖率可能高于劳动力的总覆盖率，这会进一步增加现实中退休人口的数量，从而加重企业职工养老保险基金的支付压力。测算结果意味着，覆盖率提高后的养老金收支水平要充分考虑人口结构及养老金替代率的影响，缴费人口覆盖率的提高并不必然减少企业职工养老保险基金的缺口规模。

（二）高缴费率—现收现付30%目标替代率—低覆盖率条件下的测算结果

我们进一步在“高缴费率—现收现付30%目标替代率—低覆盖率”假设条件下测算了各年社会统筹基金的收支情况。高缴费率和低覆盖率假设的含义与前述分析相同，同时，我们假设现收现付制基础养老金与过渡性养老金的替代率由2015年的42.06%下降至2050年的30%。我们分别计算了2015～2050年的缴费人口、退休人口以及制度赡养率，社会统筹基金实际平均缴费率，社会统筹基金实现的替代率，高、中、低三种工资增长率条件下的养老金收入和养老金支出，高、中、低三种工资增长率条件下的养老金结余，各年养老金结余在2015年的现值以及各年养老金2015年现值之和，测算结果见表3－10。

表3－10　高缴费率—现收现付30%目标替代率—低覆盖率条件下2015～2050年养老金收支测算结果

单位：%，亿元

年份	制度赡养率	现收现付缴费率	现收现付替代率	高工资增长率条件下养老金结余	中工资增长率条件下养老金结余	低工资增长率条件下养老金结余
2015	34	10	42.41	－7144.04	－7011.75	－6945.60
2020	40	11	41.26	－12636.88	－11296.21	－10671.69

续表

年份	制度赡养率	现收现付缴费率	现收现付替代率	高工资增长率条件下养老金结余	中工资增长率条件下养老金结余	低工资增长率条件下养老金结余
2025	50	12	40.15	-23939.68	-19462.70	-17522.76
2030	59	12	39.06	-38800.10	-28678.40	-24602.20
2035	66	14	38.00	-49956.51	-34841.23	-29601.68
2040	72	15	36.97	-59621.90	-39602.43	-33646.87
2045	75	16	35.97	-63625.77	-40249.81	-34196.90
2050	78	17	35.00	-59938.38	-36111.91	-30681.27
年份	3%利率			5%利率		
	高工资增长率条件下养老金缺口现值	中工资增长率条件下养老金缺口现值	低工资增长率条件下养老金缺口现值	高工资增长率条件下养老金缺口现值	中工资增长率条件下养老金缺口现值	低工资增长率条件下养老金缺口现值
2015	-7144.04	-7011.75	-6945.60	-7144.04	-7011.75	-6945.60
2020	-10900.69	-9744.21	-9205.49	-9901.33	-8850.87	-8361.55
2025	-17813.37	-14482.07	-13038.58	-14696.89	-11948.41	-10757.46
2030	-24904.31	-18407.57	-15791.22	-18663.51	-13794.80	-11834.08
2035	-27659.71	-19290.74	-16389.73	-18828.08	-13131.29	-11156.56
2040	-28475.75	-18914.34	-16069.93	-17606.51	-11694.71	-9936.01
2045	-26212.97	-16582.39	-14088.67	-14721.57	-9312.90	-7912.39
2050	-21301.10	-12833.57	-10903.61	-10866.25	-6546.74	-5562.22
缺口2015年现值总额	-762554.81	-544513.79	-474422.29	-524067.12	-382457.54	-335457.42

注：在假设条件下根据公式3-4、3-5和3-6计算。

表3-10中测算结果所使用的缴费率与目标替代率的假设条件与表3-8所使用的假设条件一致，区别在于表3-10使用了低覆盖率假设，即假设缴费人口的覆盖率从2015年的60%匀速提高至2050年的75%，利用每年退休人数计算的相应退休人口覆盖率将从2015年的60.00%提高至2050年的67.04%。从测算结果的比较来看，在现收现付30%目标替代率条件下，覆盖率快速提高至75%的高覆盖率假设也使各年养老金缺口总规模提高，表3-8中2015年养老金缺口现值总额大于表3-10中的测算结果，这意味

着即使在较低替代率水平下，覆盖率快速提高也不能缓解养老金支付压力。

与表3－9“高缴费率—现收现付35%目标替代率—低覆盖率”条件下的测算结果相比较，2050年目标替代率下降至30%明显降低了养老金缺口规模。例如，在3%利率水平的高工资假设下，“高缴费率—现收现付35%目标替代率—低覆盖率”条件下2015～2050年社会统筹基金缺口2015年现值总额为－975546.9亿元，而“高缴费率—现收现付30%目标替代率—低覆盖率”条件下测算结果为－762554.81亿元，缺口现值总额明显降低。这个结果说明，替代率水平的下降可以在一定程度上缓解社会统筹基金支付压力，但是，各年缺口依然存在，2050年目标替代率下降至30%依然无法有效解决养老金缺口问题。

三　低缴费率—低替代率—高覆盖率条件下的测算结果

在前面的分析中，在高缴费率假设条件下，我们测算了企业职工养老保险未来的基金收支情况。为了更全面地模拟企业职工养老保险未来发展的不同状况，我们进一步在低缴费率假设下，对企业职工养老保险基金收支进行测算。按照现行规定，现收现付制养老金的计发与工作期缴费工资相关，因此，我们假设高缴费率对应高替代率（2050年60%的总目标替代率水平），而低缴费率则对应低替代率（2050年50%的总目标替代率水平）。按照前面对替代率所做的假设，在低替代率水平条件下，养老金在2050年将要实现的目标替代率包括30%和25%两种情况，我们分别测算了两种情况下养老金的收支状况。

（一）低缴费率—现收现付30%目标替代率—高覆盖率条件下的测算结果

低缴费率假设是指企业职工养老保险总缴费率从2015年的13.73%匀速提高至2050年的15.00%；现收现付30%目标替代率假设是指在养老金总体平均替代率2050年目标为50%的条件下，养老金在2050年所要实现的替代率水平从2015年的42.06%匀速下降至2050年的30.00%；高覆盖率假设与前述分析一致，缴费人口覆盖率从2015年直接提高至75%并一直保持到2050年，相应的退休人口覆盖率由2015年的60%提高至2050年的72.45%。我们分别计算了2015～2050年的缴费人口、退休人口以及制度赡养率，社会统筹基金实际平均缴费率，社会统筹基金实现的替代率，高、中、低三种工资增长率条件下的养老金收入和养老金支出，高、中、低三种工资增长率条件下的养老金结余，各年养老金结余在2015年的现值以及各年养老金2015年现值之和，测算结果见表3-11。

表3-11　低缴费率—现收现付30%目标替代率—高覆盖率条件下2015~2050年养老金收支测算结果

单位：%，亿元

年份	制度赡养率	现收现付缴费率	现收现付替代率	高工资增长率条件下养老金结余	中工资增长率条件下养老金结余	低工资增长率条件下养老金结余
2015	28	9.53	42.06	-4124.78	-4048.40	-4010.21
2020	36	9.65	40.08	-14327.37	-12807.35	-12099.29
2025	47	9.75	38.19	-33235.72	-27020.28	-24327.04
2030	58	9.87	36.39	-59772.43	-44179.72	-37900.24
2035	68	10.00	34.67	-84507.42	-58938.10	-50074.78
2040	77	10.13	33.04	-109743.89	-72894.77	-61932.59
2045	84	10.25	31.48	-132849.61	-84040.97	-71402.58
2050	89	10.38	30.00	-152651.47	-91970.06	-78139.27

年份	3%利率			5%利率		
	高工资增长率条件下养老金缺口现值	中工资增长率条件下养老金缺口现值	低工资增长率条件下养老金缺口现值	高工资增长率条件下养老金缺口现值	中工资增长率条件下养老金缺口现值	低工资增长率条件下养老金缺口现值
2015	-4124.78	-4048.40	-4010.21	-4124.78	-4048.40	-4010.21
2020	-12358.92	-11047.73	-10436.95	-11225.87	-10034.89	-9480.11
2025	-24730.50	-20105.62	-18101.61	-20403.85	-16588.11	-14934.69
2030	-38365.65	-28357.28	-24326.72	-28751.56	-21251.20	-18230.66
2035	-46789.71	-32632.60	-27725.19	-31849.96	-22213.15	-18872.66
2040	-52414.29	-34814.95	-29579.35	-32407.67	-21526.03	-18288.87
2045	-54732.28	-34623.77	-29416.92	-30738.40	-19445.18	-16520.95
2050	-54249.80	-32684.63	-27769.40	-27674.23	-16673.28	-14165.89
缺口2015年现值总额	-1319206.75	-917194.71	-792665.22	-871977.34	-617874.59	-536688.23

注：在假设条件下根据公式3-4、3-5和3-6计算。

从表3-11来看，在“低缴费率—现收现付30%目标替代率—高覆盖率”条件下，社会统筹基金收支均存在缺口，且基金收支缺口较大。表3-11测算所基于的假设条件与表3-8测算所基于的“高缴费率—现收现付30%目标替代率—高覆盖率”假设条件比较接近，区别在于表3-11为“低缴费率”假设。在低缴费率条件下，养老保险基金收入明显下降，直接造成养老保险基金缺口规模的扩大及缺口现值总额的增加。以3%利率水平为例，“低缴费率”条件下测算的2015年养老金缺口现值总额为-1319206.75亿元，而“高缴费率”条件下测算结果仅为-932118.81亿元，在其他条件相同时，缴费率的下降使养老金缺口规模增加了近50%。

（二）低缴费率—现收现付25%目标替代率—高覆盖率条件下的测算结果

低缴费率假设与高覆盖率假设与前述分析相同；现收现付25%目标替代率假设是指在企业职工养老保险总体平均替代率2050年目标为50%的条件下，社会统筹基金在2050年所要实现的替代率水平从2015年的41.65%匀速下降至2050年的25%。我们分别计算了2015~2050年缴费人口、退休人口以及制度赡养率，社会统筹基金实际平均缴费率，社会统筹基金实现的替代率，高、中、低三种工资增长率条件下的养老金收入和养老金支出，高、中、低三种工资增长率条件下的养老金结余，各年养老金结余在2015年的现值以及各年养老金2015年现值之和，测算结果见表3-12。

表3-12 低缴费率—现收现付25%目标替代率—高覆盖率条件下的2015~2050年养老金收支测算结果

单位：%，亿元

年份	制度赡养率	现收现付缴费率	现收现付替代率	高工资增长率条件下养老金结余	中工资增长率条件下养老金结余	低工资增长率条件下养老金结余
2015	28	9.53	41.65	-3897.31	-3825.14	-3789.05
2020	36	9.65	38.72	-12868.39	-11503.15	-10867.20
2025	47	9.75	36.00	-29102.28	-23659.83	-21301.55
2030	58	9.87	33.47	-50842.76	-37579.52	-32238.16
2035	68	10.00	31.11	-69439.70	-48429.41	-41146.42
2040	77	10.13	28.92	-87045.76	-57818.08	-49123.19

续表

年份	制度赡养率	现收现付缴费率	现收现付替代率	高工资增长率条件下养老金结余	中工资增长率条件下养老金结余	低工资增长率条件下养老金结余
2045	84	10. 25	26. 89	-101175. 37	-64003. 77	-54378. 66
2050	89	10. 38	25. 00	-111046. 75	-66903. 89	-56842. 64
年份	3%利率			5%利率		
	高工资增长率条件下养老金缺口现值	中工资增长率条件下养老金缺口现值	低工资增长率条件下养老金缺口现值	高工资增长率条件下养老金缺口现值	中工资增长率条件下养老金缺口现值	低工资增长率条件下养老金缺口现值
2015	-3897. 31	-3825. 14	-3789. 05	-3897. 31	-3825. 14	-3789. 05
2020	-11100. 39	-9922. 72	-9374. 14	-10082. 72	-9013. 02	-8514. 73
2025	-21654. 83	-17605. 14	-15850. 35	-17866. 27	-14525. 08	-13077. 30
2030	-32634. 04	-24120. 86	-20692. 45	-24456. 24	-18076. 39	-15507. 10
2035	-38447. 08	-26814. 19	-22781. 77	-26171. 09	-18252. 53	-15507. 65
2040	-41573. 54	-27614. 24	-23461. 51	-25704. 86	-17073. 84	-14506. 21
2045	-41682. 91	-26368. 71	-22403. 29	-23409. 70	-14809. 03	-12581. 99
2050	-39464. 17	-23776. 53	-20200. 93	-20131. 70	-12129. 02	-10305. 02
缺口2015年现值总额	-1063754. 35	-744566. 90	-644537. 34	-710468. 07	-507034. 78	-441258. 21

注：在假设条件下根据公式3-4、3-5和3-6计算。

从表3-12来看，在“低缴费率—现收现付25%目标替代率—高覆盖率”条件下，社会统筹养老基金收支均存在缺口。表3-12测算所基于的假设条件与表3-11测算所基于的“低缴费率—现收现付30%目标替代率—高覆盖率”假设条件比较接近，区别在于表3-12为“现收现付25%目标替代率”假设。替代率的下降，可以降低养老金支出规模，在一定程度上缓解了企业职工养老保险基金的支付压力，但也无法有效解决养老金缺口问题。与表3-11测算结果相比，替代率的下降使各年养老金缺口规模及2015年养老金缺口现值总额均有所下降，以3%利率水平为例，表3-11“现收现付30%目标替代率”条件下测算的2015年养老金缺口现值总额为-1319206.75亿元，而表3-12“现收现付25%目标替代率”条件下测算结

果为 -1063754.35 亿元，在其他条件相同时，养老金缺口现值总额有所降低，但企业职工养老保险基金缺口依然存在。

四 低缴费率—低替代率—低覆盖率条件下的测算结果

在低缴费率假设下，我们进一步改变覆盖率假设，将覆盖率假设调整为低覆盖率。在“低缴费率—低替代率—低覆盖率”条件下，我们测算了 2015～2050 年的社会统筹基金收支情况。

（一）低缴费率—现收现付 30%目标替代率—低覆盖率条件下的测算结果

低缴费率、现收现付 30% 目标替代率、低覆盖率的含义与前述分析相同。具体来看，低缴费率假设是指企业职工养老保险总缴费率从 2015 年的 13.73% 匀速提高至 2050 年的 15%；现收现付 30% 目标替代率假设是指在企业职工养老保险基金总体平均替代率 2050 年目标为 50% 的条件下，社会统筹基金在 2050 年所要实现的替代率从 2015 年的 42.06% 匀速下降至 2050 年的 30%；低覆盖率假设与前述分析一致，缴费人口覆盖率从 2015 年的 60% 匀速提高至 2050 年的 75%，相应的退休人口覆盖率由 2015 年的 60% 提高至 2050 年的 67.04%。我们分别计算了 2015～2050 年的缴费人口、退休人口以及制度赡养率，社会统筹基金实际平均缴费率，社会统筹基金实现的替代率，高、中、低三种工资增长率条件下的养老金收入和养老金支出，高、中、低三种工资增长率条件下的养老金结余，各年养老金结余在 2015 年的现值以及各年养老金 2015 年现值之和，测算结果见表 3-13。

表 3-13 低缴费率—现收现付 30%目标替代率—低覆盖率条件下的 2015～2050 年养老金收支测算结果

单位：%，亿元

年份	制度赡养率	现收现付缴费率	现收现付替代率	高工资增长率条件下养老金结余	中工资增长率条件下养老金结余	低工资增长率条件下养老金结余
2015	-7571.18	-7430.98	-7360.87	-7571.18	-7430.98	-7360.87
2020	-15042.34	-13446.46	-12703.07	-15042.34	-13446.46	-12703.07
2025	-29893.85	-24303.37	-21880.95	-29893.85	-24303.37	-21880.95

续表

年份	制度赡养率	现收现付缴费率	现收现付替代率	高工资增长率条件下养老金结余	中工资增长率条件下养老金结余	低工资增长率条件下养老金结余
2030	-50758.41	-37517.17	-32184.67	-50758.41	-37517.17	-32184.67
2035	-70003.72	-48822.77	-41480.62	-70003.72	-48822.77	-41480.62
2040	-90333.82	-60002.09	-50978.76	-90333.82	-60002.09	-50978.76
2045	-108971.89	-68935.87	-58569.05	-108971.89	-68935.87	-58569.05
2050	-124589.60	-75063.24	-63774.96	-124589.60	-75063.24	-63774.96
年份	3%利率			5%利率		
	高工资增长率条件下养老金缺口现值	中工资增长率条件下养老金缺口现值	低工资增长率条件下养老金缺口现值	高工资增长率条件下养老金缺口现值	中工资增长率条件下养老金缺口现值	低工资增长率条件下养老金缺口现值
2015	-7571.18	-7430.98	-7360.87	-7571.18	-7430.98	-7360.87
2020	-12975.65	-11599.04	-10957.78	-11786.07	-10535.65	-9953.19
2025	-22243.83	-18083.99	-16281.48	-18352.23	-14920.16	-13433.00
2030	-32579.89	-24080.84	-20658.11	-24415.66	-18046.40	-15481.38
2035	-38759.36	-27031.98	-22966.82	-26383.66	-18400.79	-15633.61
2040	-43143.93	-28657.33	-24347.74	-26675.83	-17718.78	-15054.17
2045	-44894.98	-28400.67	-24129.67	-25213.64	-15950.21	-13551.56
2050	-44277.07	-26676.23	-22664.56	-22586.88	-13608.24	-11561.78
缺口2015年现值总额	-1124284.62	-788877.19	-684289.80	-752347.71	-539240.57	-470617.45

注：在假设条件下根据公式3-4、3-5和3-6计算。

从表3-13中数据来看，在“低缴费率—现收现付30%目标替代率—低覆盖率”假设下，2015~2050年社会统筹基金缺口依然存在。并且，与高缴费率假设条件下按照现收现付35%目标替代率测算的结果比较类似，在低缴费率和现收现付30%目标替代率条件下，低覆盖率假设也降低了2015~2050年企业职工养老保险基金缺口现值的总额，以3%利率水平为例，按照高工资水平计算，高覆盖率条件下2015~2050年养老金缺口在2015年的现值之和为-1304061.72亿元，而低覆盖率条件下测算结果为-1124284.6亿元。我们认为，其原因是在2030年之前，尽管低覆盖率条件下养老金各年缺口较大，但在2030年之后，低覆盖率条件下各年养老金缺口相对较低，总体上看，这引起2015～2050年养老金缺口现值之和的下降。

（二）低缴费率—现收现付25%目标替代率—低覆盖率条件下的测算结果

低缴费率与低覆盖率假设与前述分析相同；现收现付25%目标替代率假设是指在养老保险总体平均替代率2050年目标为50%的条件下，社会统筹基金在2050年所要实现的替代率从2015年的41.65%匀速下降至2050年的25%。我们分别计算了2015～2050年的缴费人口、退休人口以及制度赡养率，社会统筹基金实际平均缴费率，社会统筹基金实现的替代率，高、中、低三种工资增长率条件下的养老金收入和养老金支出，高、中、低三种工资增长率条件下的养老金结余，各年养老金结余在2015年的现值以及各年养老金2015年现值之和，测算结果见表3－14。

表3－14　低缴费率—现收现付25%目标替代率—低覆盖率条件下的2015～2050年养老金收支测算结果

单位：%，亿元

年份	制度赡养率	现收现付缴费率	现收现付替代率	高工资增长率条件下养老金结余	中工资增长率条件下养老金结余	低工资增长率条件下养老金结余
2015	34	9.53	41.65	－7347.31	－7211.25	－7143.22
2020	39	9.65	38.72	－13728.54	－12272.05	－11593.58
2025	49	9.75	36.00	－26280.13	－21365.45	－19235.86
2030	58	9.87	33.47	－43047.10	－31817.49	－27295.11
2035	65	10.00	31.11	－57008.46	－39759.47	－33780.30
2040	71	10.13	28.92	－70611.24	－46901.84	－39848.57
2045	76	10.25	26.89	－81166.66	－51346.22	－43624.59
2050	79	10.38	25.00	－87661.86	－52814.87	－44872.38
年份	3%利率			5%利率		
	高工资增长率条件下养老金缺口现值	中工资增长率条件下养老金缺口现值	低工资增长率条件下养老金缺口现值	高工资增长率条件下养老金缺口现值	中工资增长率条件下养老金缺口现值	低工资增长率条件下养老金缺口现值
2015	－7347.31	－7211.25	－7143.22	－7347.31	－7211.25	－7143.22
2020	－11842.36	－10585.98	－10000.73	－10756.67	－9615.47	－9083.88
2025	－19554.88	－15897.90	－14313.29	－16133.72	－13116.53	－11809.15

续表

年份	3%利率			5%利率		
	高工资增长率条件下养老金缺口现值	中工资增长率条件下养老金缺口现值	低工资增长率条件下养老金缺口现值	高工资增长率条件下养老金缺口现值	中工资增长率条件下养老金缺口现值	低工资增长率条件下养老金缺口现值
2030	-27630.29	-20422.43	-17519.69	-20706.39	-15304.76	-13129.42
2035	-31564.20	-22013.86	-18703.33	-21485.89	-14984.93	-12731.44
2040	-33724.32	-22400.58	-19031.90	-20851.70	-13850.24	-11767.39
2045	-33439.59	-21153.96	-17972.75	-18780.14	-11880.36	-10093.75
2050	-31153.57	-18769.53	-15946.90	-15892.24	-9574.82	-8134.93
缺口2015年现值总额	-901037.61	-638027.51	-554826.56	-611260.01	-442403.85	-387221.89

注：在假设条件下根据公式3-4、3-5和3-6计算。

从表3-14中数据来看，“低缴费率—现收现付25%目标替代率—低覆盖率”假设下，2015~2050年社会统筹基金收支缺口依然存在。与高缴费率条件下按照现收现付30%目标替代率测算结果类似，与高覆盖率假设条件下测算结果相比，在低缴费率与现收现付25%目标替代率条件下，低覆盖率假设也降低了2015~2050年养老金缺口现值的总规模，以3%利率水平为例，按照高工资水平计算，高覆盖率条件下2015~2050年养老金缺口在2015年的现值之和为-1063754.35亿元，而低覆盖率条件下测算结果为-901037.61亿元。同时，替代率的下降在一定程度上降低了基金缺口规模，依然以3%利率水平为例，低缴费率—现收现付30%目标替代率—低覆盖率条件下高工资增长率条件下的基金缺口2015年现值总额为-1124284.62亿元，在目标替代率下调至25%后，测算结果下降为-901037.61亿元，但是，在假设条件下，替代率的下降与覆盖率的降低都无法彻底解决社会统筹基金的收支缺口问题。

第三节　企业职工养老保险基金收支平衡预测结果分析与评价

在对缴费率、覆盖率、替代率等制度参数及人口、利率、工资增长率等宏观指标进行假设的基础之上，我们对企业职工养老保险基金在 2015 ~ 2050 年的收支情况进行了测算。从总体上看，在我们所设计的不同假设条件下，2015 ~ 2050 年，社会统筹基金均存在收不抵支的情况，社会统筹基金各年收支缺口在 2015 年现值之和的测算结果最低约为 33 万亿元，最高约为 130 万亿元。本节我们对测算结果的规模、性质以及影响因素进行分析和评价，从而促进对养老金缺口的合理认识及有效应对。

一　三个层次的基金收支平衡及基金缺口的性质

我们将社会统筹养老金当期收支缺口定义为当年社会统筹养老金缴费收入规模与当年个人账户养老金给付之外的所有养老金给付之差①。企业职工养老保险的基金来源大致可以分为三部分，即个人账户基金、社会统筹基金和财政补助等其他基金。我们将社会统筹养老金收支平衡分为三个层次。第一层次，社会统筹基金缴费收入与当年理论上应由社会统筹基金承担的个人账户基金之外的所有养老金支出的比较。社会统筹基金收支平衡的根本含义是第一层次的收支平衡，即社会统筹基金当年收入能够满足当年支出的需求。第二层次，在第一层次社会统筹基金收支余额基础之上加上财政补助，如果包括财政补助在内的社会统筹基金收支平衡，那么这就能实现第二层次的收支平衡。第三层次，在第二层次社会统筹基金收支余额基础之上加上利息等其他收入，如果包括财政补助和利息等其他基金在内的社会统筹基金实现收支平衡，那么这就能实现第三层次的收支平衡。

由于企业职工养老保险社会化改革的转轨成本不是一次性解决，而是分摊到之后各年逐步解决的，各年所要分摊的转轨成本表现为过渡性养老金。从养老保险制度设计原理来说，社会统筹基金应仅负担基础养老金，而目前的过渡性养老金实质上是分摊转轨成本的一种方式。从现实情况来看，各年养老基金收入中都包含一定比例的中央和地方财政补助，我们认

① 我们将存活时间超过个人账户给付年限的参保者得到的养老金全部归入个人账户养老金给付之外的所有养老金，即该部分群体的养老金不再分为个人账户和社会统筹两部分，而都属于社会统筹养老金。

为可以将财政补助看作政府对转轨成本的负担。从这个角度理解，在有过渡性养老金支付需求的背景下，第二层次的基金平衡是目前衡量社会统筹基金平衡的适合指标，即社会统筹基金收入应包括社会统筹保险费收入和财政补助，这两个基金来源分别用于基础养老金和过渡性养老金的支付。由于利息收入主要是个人账户基金投资收益，第三层次的基金平衡不具有太强的实际意义，我们仅将第三层次的基金平衡作为分析目前社会统筹基金的最低标准。而在“老人”和“中人”全部死亡之后，企业职工养老保险制度转轨成本全部分摊完毕，过渡性养老金不再进行支付，此时第一层次社会统筹基金平衡成为衡量基金平衡的适合指标。因此，我们认为，第二层次的社会统筹基金平衡是过渡性养老金平衡的衡量指标，而第一层次的社会统筹基金平衡是基金平衡的最终衡量指标，在养老保险制度发展的不同时期，应使用不同的衡量指标。

在本章第二节中我们所测算的企业职工养老保险基金收支缺口，相当于第一层次的社会统筹基金平衡状况，由于在一定时间段内，财政补助理应成为社会统筹基金的资金来源以用于过渡性养老金，因此，第二节中的测算结果不能完全说明社会统筹基金的缺口规模。测算结果扣除财政补助之后，即第二层次社会统筹基金平衡测算结果，可以更有效地衡量社会统筹基金的平衡状况。但由于财政补助并没有确定的计算标准，财政补助也并不是常态的制度化基金来源，各年财政补助的确定具有一定的随意性，因此，我们仅测算了第一层次社会统筹基金收支状况，其可以在一定程度上反映未来社会统筹基金收支状况。

养老保险基金与财政补助是紧密相连的，即使在企业职工养老保险转轨成本全部分担完毕之后，财政依然可以在社会统筹基金入不敷出时予以补助，这也是多数国家的通行做法，同时，政府也可以通过发行国债、变现国有资产等其他形式对养老保险基金进行补充，因此，养老保险基金缺口并不意味着必然影响养老保险制度的支付能力，而仅反映养老保险制度本身的筹资能力与支付责任，并且，由政府负担的养老保险制度外资金补充可能会对宏观经济运行产生一定的影响。

二 近年来社会统筹基金收支状况

从总体上看，近年来中国企业职工养老保险基金结余规模在逐年增长，以近5年为例，2010年累计结余规模为15365亿元，2014年累计结余规模增长至31800亿元①。但是，在现行统账结合制模式下，累计结余的增加并不一定意味着社会统筹基金不存在缺口。

第一，每年个人账户养老金的实际结余将取决于当期个人账户缴费与个人账户给付的比较，如果个人账户缴费与当年利息收入之和大于个人账户给付，那么累计养老金结余将会增加，反之，累计结余将会降低，我们将个人账户完全实账运行条件下当年基金的收支差定义为个人账户当年理论结余规模。在社会统筹基金收支没有缺口的情况下，总体养老金的结余增加不应该低于个人账户基金的当年理论结余规模，否则，这可能发生使用个人账户基金弥补社会统筹基金的情况，从而造成空账的产生。如果当年"空账"规模小于个人账户基金当年理论结余，则可能出现在有社会统筹基金收支缺口的条件下，养老保险基金累计结余依然在增长。

第二，目前养老金当年收入中，有一定比例的财政补助等其他收入。从2009~2014年的情况来看，中央财政和地方财政补助占当年养老金收入的比例之和分别为15%、14.9%、13.6%、13.3%、13.5%和14.2%，从绝对规模来看，财政补助从2009年的1538亿元增至2014年的3309亿元。在此条件下，即使社会统筹基金存在收支缺口，如果财政补助等缴费之外的基金来源和个人账户当年理论结余之和大于缺口规模，那么养老保险基金累计结余也可以增加。

我们可以从现有数据来大致判断目前的社会统筹基金收支状况，表3-15列出了根据2009~2015年现实数据测算的三个层次的社会统筹基金收支状况。在表3-15中，征缴收入是指按照现行规定从企业和个人征缴到账的养老保险费；乐观估计的社会统筹基金收入按照④=①×$\frac{20}{28}$计算，由于企

① 人力资源和社会保障部社会保险事业管理中心编《中国社会保险发展年度报告2014》，中国劳动社会保障出版社，2015，第12页。

业职工社会统筹基金缴费比例为$\frac{20}{28}$，而个体工商户和灵活就业人员社会统基金筹缴费比例仅为$\frac{12}{20}$，因此，我们将按照较大比例$\frac{20}{28}$计算的社会统筹基金收入定义为乐观估计的社会统筹基金收入；保守估计的基础养老金与过渡性养老金支出按照⑤ = ① - ②计算，即当年养老金支出扣除个人账户支出的剩余部分，因为部分个人账户资金可能被用于弥补当期社会统筹基金不足，所以，我们将之称为保守估计的基础养老金与过渡性养老金支出，其原因在于这种计算方式是当年基础养老金与过渡性养老金的最低规模；当年社会统筹基金收支余额按照⑥ = ④ - ⑤计算，即乐观估计的社会统筹基金收入用于支付保守估计的基础养老金与过渡性养老金之后剩余的规模；财政补助弥补后的社会统筹基金收支余额按照⑧ = ⑥ + ⑦计算，即当年社会统筹基金收支余额再加上财政补助，如果财政补助弥补后的社会统筹基金收支余额大于0，则可以说明，在财政补助之后的社会统筹基金收大于支；利息等其他收入弥补后的社会统筹收支余额按照⑩ = ⑧ + ⑨计算，即财政补助弥补后的社会统筹基金收支余额加上利息等其他收入，如果利息等其他收入弥补后的社会统筹基金收支余额大于0，则可证明在包括财政补助和利息等其他收入之后，社会统筹基金收大于支。表3-15中数据可以较为清晰地反映出三个层次社会统筹基金的收支平衡情况。

表3-15 2009~2014年三个层次的社会统筹基金平衡测算情况

年份	第一层次：制度内社会统筹基金收支					第二层次：加上财政补助的社会统筹基金收支		第三层次：加上利息等其他收入的社会统筹基金收支		
	①养老金支出	②个人账户支出	③征缴收入	④乐观估计的社会统筹基金收入	⑤保守估计的基础养老金与过渡性养老金支出	⑥当年社会统筹基金收支余额	⑦财政补助	⑧财政补助弥补后的社会统筹基金收支余额	⑨利息等其他收入	⑩利息等其他收入弥补后的社会统筹基金收支余额
2009	7887	295	8596	6140	7592	-1452	1538	86	287	373
2010	9410	343	10067	7191	9067	-1876	1815	-61	336	275

续表

年份	第一层次：制度内社会统筹基金收支					第二层次：加上财政补助的社会统筹基金收支		第三层次：加上利息等其他收入的社会统筹基金收支		
	①养老金支出	②个人账户支出	③征缴收入	④乐观估计的社会统筹基金收入	⑤保守估计的基础养老金与过渡性养老金支出	⑥当年社会统筹基金收支余额	⑦财政补助	⑧财政补助弥补后的社会统筹基金收支余额	⑨利息等其他收入	⑩利息等其他收入弥补后的社会统筹基金收支余额
2011	11426	444	12750	9107	10982	-1875	2096	221	639	860
2012	14009	580	15806	11290	13429	-2139	2430	291	847	1138
2013	16741	719	17050	12179	16022	-3843	2817	-1026	982	-44
2014	19847	871	18720	13371	18976	-5605	3309	-2296	1276	-1020

注：根据《中国社会保险发展年度报告2014》中相关数据整理计算。

资料来源：《中国社会保险发展年度报告2014》。

从第一层次来看，2009～2014年第一层次社会统筹基金收支余额一直为负，这说明第一层次社会统筹基金一直处于收不抵支的状态，即社会统筹养老保险费收入无法完全负担基础养老金与过渡性养老金的支付，如果将第一层次养老保险基金收支作为衡量社会统筹基金的指标，那么社会养老保险基金缺口已经存在。如前所述，过渡性养老金是对养老保险制度转轨成本的负担，这相当于增加了社会统筹基金支出的负担，从而造成第一层次养老保险基金出现收不抵支现象。

从第二层次来看，2009～2012年第二层次社会统筹养老保险基金基本平衡，2013年、2014年连续两年出现缺口。2009～2012年，除2010年小规模亏损之外，第二层次社会统筹基金基本是平衡的，但从2013年开始，第二层次社会统筹基金开始出现亏损，并且亏损规模从2013年的1026亿元提高至2014年的2296亿元，亏损规模提高，这可能是第二层次社会统筹基金收不抵支的开始，但因为财政补助规模并不确定，所以，我们无法准确判断未来第二层次社会统筹基金的收支平衡情况。

从第三层次来看，第三层次社会统筹基金的收支情况与第二层次类似，从2013年开始连续出现基金缺口。从严格意义上说，利息收入并不能完全作为社会统筹基金的收入来源，原因是利息收入中包含了相当大比例的个人账户基金利息收入，而个人账户利息收入要完全用于个人账户积累，而不应用于社会统筹基金的支付。因此，我们此处测算第三层次的社会统筹基金收支的意义在于，如果第三层次社会统筹基金发生了亏损，则这一定意味着社会统筹基金当年出现了缺口。从实际情况看，2009～2012年，第三层次社会统筹基金收大于支，从2013年开始出现收不抵支现象，其中2013年缺口规模仅为－44亿元，2014年第三层次缺口规模大幅提高，达到－1020亿元，这进一步说明目前社会统筹基金已经出现了缺口。

三　去除量纲的养老金结余

在不考虑财政补助、利息收入等其他基金来源渠道的情况下，社会统筹基金收入由缴费人口、缴费率与平均工资决定，而社会统筹基金支出由退休人口、替代率和平均工资决定，各年社会统筹基金收支平衡可以用公式3－7来表示：

$$GB_i = P_{c_i} \cdot c_i \cdot w_i - P_{B_i} \cdot s_i \cdot w_i \tag{3-7}$$

其中，GB_i 为第 i 年的社会统筹基金收支余额，P_{c_i} 为第 i 年的缴费人口数，c_i 为第 i 年的缴费率，P_{B_i} 为第 i 年领取养老金人数，w_i 为第 i 年的平均工资，s_i 为第 i 年的替代率。公式3－7可以转换为以下形式：

$$\begin{aligned} GB_i &= P_{c_i} \cdot w_i \cdot (c_i - \frac{P_{B_i}}{P_{c_i}} s_i) = W_i \cdot F \cdot (c_i - D_i \cdot s_i) \\ &= GDP_i \cdot H \cdot F \cdot (c_i - D_i \cdot s_i) \end{aligned} \tag{3-8}$$

其中，$W_i = P_{c_i} \cdot w_i$，在覆盖率为100%时，W_i 为全社会工资总额；F 为工作人口参保的比例，即养老保险对工作人口的覆盖率，当工作人口全覆盖时，$F=1$；H 为劳动要素分配系数，即总工资占GDP的比重，在经济均衡时劳动要素分配系数接近常数，一般为70%～75%；$D_i = \frac{P_{B_i}}{P_{c_i}}$，为制度赡养率，即实际领取养老金人数占实际缴费人数的比重。根据公式3－8，基

金结余或缺口 GB_i 为 $GDP_i \cdot H$ 与 $F \cdot (c_i - D_i \cdot s_i)$ 的乘积，其中，$GDP_i \cdot H$ 与养老保险制度无关①，而 $F \cdot (c_i - D_i \cdot s_i)$ 则由养老保险制度参数决定，同时，$F \cdot (c_i - D_i \cdot s_i)$ 并无单位。因此，我们将 $F \cdot (c_i - D_i \cdot s_i)$ 定义为去除量纲的社会统筹基金缺口，其可以反映制度参数变化本身对社会统筹基金缺口的影响。该指标去除了经济规模对社会统筹基金结余或缺口规模的影响，可以使人们对基金缺口的关注集中在养老保险制度本身上，同时也有利于不同时期以及不同经济发展水平的国家（地区）之间进行纵向及横向比较。并且，公式 3－8 可以进一步转化为：

$$GB_i/GDP_i = H \cdot F \cdot (c_i - D_i \cdot s_i) \tag{3-9}$$

相同规模的社会统筹基金缺口在不同的经济总量背景下的影响力不同，经济总量越大，其弥补社会统筹基金缺口的能力越强，因此，计算基金缺口的相对规模更具现实意义。根据公式 3－9，我们可以直接利用制度参数计算社会统筹基金结余或缺口占 GDP 的比例。

在本章第一节的假设下，我们分别测算了基于不同条件的去除量纲的社会统筹基金缺口 $F \cdot (c_i - D_i \cdot s_i)$，计算结果见表 3－16。

表 3－16　去除量纲的社会统筹基金缺口 $F \cdot (c_i - D_i \cdot s_i)$ 测算值

年份	低缴费率—现收现付25%目标替代率—高覆盖率	低缴费率—现收现付30%目标替代率—高覆盖率	低缴费率—现收现付25%目标替代率—低覆盖率	低缴费率—现收现付30%目标替代率—低覆盖率	高缴费率—现收现付30%目标替代率—高覆盖率	高缴费率—现收现付35%目标替代率—高覆盖率	高缴费率—现收现付30%目标替代率—低覆盖率	高缴费率—现收现付35%目标替代率—低覆盖率
2015	-0.013	-0.014	-0.027	-0.028	-0.012	-0.013	-0.027	-0.027
2020	-0.031	-0.035	-0.035	-0.039	-0.027	-0.031	-0.033	-0.036
2025	-0.054	-0.061	-0.054	-0.061	-0.048	-0.055	-0.049	-0.056
2030	-0.072	-0.085	-0.065	-0.076	-0.065	-0.077	-0.059	-0.070
2035	-0.083	-0.101	-0.071	-0.087	-0.074	-0.091	-0.063	-0.078
2040	-0.090	-0.114	-0.075	-0.096	-0.080	-0.102	-0.064	-0.084

① 此处我们不做一般均衡分析，忽略企业职工养老保险制度对经济增长的影响。

续表

年份	低缴费率—现收现付25%目标替代率—高覆盖率	低缴费率—现收现付30%目标替代率—高覆盖率	低缴费率—现收现付25%目标替代率—低覆盖率	低缴费率—现收现付30%目标替代率—低覆盖率	高缴费率—现收现付30%目标替代率—高覆盖率	高缴费率—现收现付35%目标替代率—高覆盖率	高缴费率—现收现付30%目标替代率—低覆盖率	高缴费率—现收现付35%目标替代率—低覆盖率
2045	-0.092	-0.121	-0.072	-0.097	-0.078	-0.106	-0.056	-0.081
2050	-0.089	-0.122	-0.068	-0.097	-0.070	-0.103	-0.045	-0.074

注：在不同假设条件下计算。

表3-16中数据显示，不同假设条件下去除量纲的社会统筹基金缺口$F\cdot(c_i-D_i\cdot s_i)$的测算结果均为负值，这从另一个角度说明了未来各年第一层次社会统筹基金缺口的存在。基于制度赡养率、覆盖率、缴费率和替代率这些制度参数的变化，从总体来看，去除量纲的社会统筹基金缺口也在扩大，但在2040年之后，不同假设条件下的测算结果都不同程度地出现回落，这意味着制度参数变化将在2040年之后使社会统筹基金的支付压力有所缓解。

四　影响因素评价

社会统筹基金结余或缺口的规模取决于退休年龄、替代率、缴费率、覆盖率等制度参数及人口结构、利率、工资增长率等宏观指标，基金运行情况是不同变量共同作用的结果。本章第二节测算结果显示，不同的假设条件下，基金缺口预测值存在明显差异，我们进一步对不同参数对基金缺口的影响效应进行分析。

首先，覆盖率提高对企业职工养老保险基金缺口的影响有别于传统观念，快速提高覆盖率并不一定会降低总的基金缺口规模，覆盖率对基金收支的影响效应要同时取决于缴费率与替代率的水平比较。根据测算结果，在高缴费率假设条件下，如果将2050年目标替代率确定为35%，那么高覆盖率假设大约会在2025年之前各年基金缺口小于低覆盖率的假设条件下测算，但从2025年开始，高覆盖率条件下各年基金缺口规模会大于低覆盖率假设条件下的测算结果，并造成高覆盖率条件下的2015～2050年基金缺口的现值较高。我们认为，这是由于缴费人口高覆盖率将在2025年左右引起新退休人口快速增加，从而增大了养老金支付压力，而低覆盖率尽管在2025年之前由于缴费人数相对减少而使养老保险基金缺口较大，但2025年之后由于退休人口相对较少，养老金支付压力也相对降低。与此相对应的情况是，在相同的高缴费率假设条件下，如果将2050年目标替代率确定为30%，则高覆盖率条件下的各年基金缺口规模和基金缺口现值之和均低于低覆盖率假设条件下的测算结果。我们认为这是由于低覆盖率假设降低了养老保险基金的支出规模。在低缴费率假设条件下，覆盖率变化对养老保险基金缺口的影响效应与高缴费率条件下的影响效应类似，无论是2050年30%的目标替代率假设，还是2050年25%的目标替代率假设，高覆盖率条件下的测算结果都使某个时间点的基金缺口测算结果较低，而在该时间点之后高覆盖率假设条件下基金缺口测算结果较高，同时，如果将低缴费率设定为较低水平，那么两个目标替代率条件下2015~2050年基金缺口现值之和均比高覆盖率条件下的测算结果要高。基于前述分析，我们认为，覆盖率提高对养老保险基金缺口的影响，不能被简单理解为覆盖率的提高一定有助于降低基金缺口规模。其原因是，覆盖率提高最初一定是通过工作人口覆盖率提高实现的，初始阶段工作人口覆盖率的提高确实会具有增加基金收入降低基金缺口规模的效果，但工作人口覆盖率的提高会逐步造成退休人口覆盖率的相应提高，随着时间的推进，这可能会造成基金支出规模快速上升，并进一步扩大基金缺口规模。同时，覆盖率对基金缺口规模的影响还要取决于缴费率和替代率水平的比较，如果缴费率水平较高而替代率水平较低，则覆盖率的提高可能具有降低养老基金缺口的效应；反之，如果缴费水平较低而替代率水平较高，那么覆盖率的提高反而可能会提高基金缺口的规模。这意味着，如果将降低养老保险基金缺口作为政策目标，那么在覆盖率提高的同时，必须要有恰当的缴费率和替代率水平作为保证，否则，可能会出现在覆盖率提高同时，养老保险基金缺口增大的可能。

其次，在其他条件不变时，实际缴费率的提高会降低社会统筹基金缺口规模，而替代率的提高则会增大社会统筹基金缺口的规模。这个结论符合直觉上的逻辑判断，实际缴费率的提高会提高基金收入水平，而替代率的提高会增加基金支出规模，因此，在其他条件不变时，实际缴费率与基金缺口成反比，而替代率与基金缺口成正比。需要指出的是，企业职工养老保险制度给付水平的调整是通过社会统筹基金完成的，为了确保一定的替代率，社会统筹基金的给付实际上要同时取决于个人账户功能的发挥，即个人账户积累额的提高，会在一定程度上降低社会统筹基金的支付压力；同时，按照目前的待遇确定办法，社会统筹基金实际缴费率与替代率之间存在关联，实际缴费率的提高将直接带来社会统筹基金替代率水平的提高。因此，实际缴费率与替代率水平的调整，将是不同因素交互作用的过程，我们必须要充分考虑个人账户功能的发挥及实际缴费率与替代率的联动机制。

最后，工资增长率和利率水平也对社会统筹基金缺口产生影响。如前所述，在去除量纲的社会统筹基金缺口的基础上，工资水平对基金结余或缺口的规模具有正向效应，工资水平不具有影响基金结余或缺口的作用，但在相同条件下，工资水平越高，养老保险基金结余或缺口的绝对规模越大。利率水平作为折现因子的决定因素，主要影响各年基金缺口的现值之和，较高的利率条件意味着养老保险基金的增值能力较强，因此，当前储存较少规模的资金即可解决未来各年的基金缺口，反之，则需要较大规模的现期基金储备额。

第四节　小结

本章主要在现行制度规定的退休年龄条件下测算企业职工养老保险基金收支状况，在不同假设条件下预测 2015 ~ 2050 年企业职工养老保险基金结余或缺口规模，并对测算结果进行评价。

一　假设条件

以第六次全国人口普查资料为基础，我们测算了 2015 ~ 2050 年城镇地区分年龄、分性别的人口数，按照现行制度规定，进一步计算了各年的缴费人口数和退休人口数，以作为养老保险基金收支测算的人口基础。

同时，我们对企业职工养老保险制度的覆盖率、实际缴费率和平均替代率在 2015 ~2050 年测算区间中的具体情况做了假设，分别对覆盖率、实际缴费率和实际替代率做了高、低两种假设，这样共形成了 8 种不同假设条件组合。我们还对工资增长率做了高、中、低三种假设，对利率做了高、低两种假设。

二 具体测算结果

以人口预测数据及替代率、覆盖率、缴费率等制度参数假设为基础，基于现行退休年龄规定和养老金计发办法，我们进一步对企业职工养老保险基金收支情况进行预测，分别计算 2015 ~2050 年养老金收支状况及养老金收支差额在 2015 年的现值之和，以判断企业职工养老保险基金收支的未来发展趋势。

三 测算结果的评价

在企业职工养老保险基金收支预测的基础上，我们进一步对三个层次的企业职工养老保险基金平衡、企业职工养老保险基金缺口的性质、目前企业职工养老保险基金收支状况、企业职工养老保险基金缺口的测算方式以及企业职工养老保险基金缺口测算结果影响因素进行了分析。

第四章　延迟退休对企业职工养老保险基金收支平衡的影响效应

退休年龄会直接影响每期的劳动人口和退休人口数量，因此，退休年龄将是社会统筹基金收支平衡的重要影响因素。尽管延迟退休政策实施的主要动因，并不是单纯为了解决养老金支付压力问题，但是，延迟退休政策无疑将会影响养老保险基金的收支状况。本章将从退休年龄制度的现状及问题出发，在人口结构转变的背景下设计不同延迟退休方案，并分析不同方案下社会统筹基金的收支状况。

第一节　中国退休年龄的现状、问题及实施延迟退休政策的必要性分析

目前中国退休年龄沿用了20世纪50年代的规定，中国存在着退休年龄较低、男女退休年龄差距较大等问题，这已经与经济社会的发展、人口寿命的延长和人口结构的改变不相适应，也不顺应国际上多数国家普遍提高退休年龄的趋势。2005年第五次人口普查数据显示，目前退休人口的再就业率高达33%，这充分说明目前中国规定的退休年龄偏低①。提高退休年龄已经成为中国目前亟待解决的问题之一。

---

① 中华人民共和国国家统计局，http://www.stats.gov.cn。

一　中国退休年龄的现状

（一）中国退休年龄规定的发展及现状

中国现行退休年龄的规定源于1951年政务院颁发的《中华人民共和国劳动保险条例》，其对正常退休年龄的规定是："男工人与男职员年满60岁，一般工龄满25年，本企业工龄满5年；女工人与女职员年满50岁，一般工龄满20年，本企业工龄满5年。"除了正常退休年龄规定之外，1951年《中华人民共和国劳动保险条例》还对特殊工种和延迟退休做出规定。提前退休主要针对井下矿工、高（低）温场所工作人员、化工业等工人，即男性55岁、女性45岁退休。延迟退休主要针对因工作需要的延迟退休者，即按照本企业工龄的长短，每月付给在职养老补助费，其数额为本人工资的10%～20%。1951年政务院颁发的《中华人民共和国劳动保险条例》（1953年进行修订但未对退休年龄做出修改）基本确定了中国退休年龄规定的框架。1955年国务院颁布的《国家机关工作人员退休处理暂行办法》将国家机关中女性工作人员的退休年龄从1951年《中华人民共和国劳动保险条例》中的50岁提高至55岁，并增加了对伤残人员提前退休的规定。1957年国务院颁布的《关于工人、职员退休处理的暂行规定》对机关工作人员和工人的退休制度进行调整和统一，但对退休年龄并未做实质性调整，只是降低了最低工龄限制，并同时取消了延迟退休期间的养老补助费待遇。

目前中国退休年龄的两个基本规定是1978年《国务院关于安置老弱病残干部的暂行办法》和《国务院关于工人退休、退职的暂行办法》（国发〔1978〕104号）。按照《国务院关于安置老弱病残干部的暂行办法》的规定，党政机关、群众团体、企业、事业单位的干部退休条件为"男年满60周岁，女年满55周岁，工作年限满10年；男年满50周岁，女年满45周岁，工作年限满10年，完全丧失工作能力；因工致残，完全丧失工作能力"。按照《国务院关于工人退休、退职的暂行办法》的规定，全民所有制企业、事业单位、党政机关、群众团体的工人，退休条件为"男年满60周岁，女年满50周岁，连续工龄满10年；从事井下、高空、高温、特别繁重体力劳动或者其他有害身体健康的工作，男年满55周岁、女年满45周岁，连续工龄满10年；男年满54周岁、女年满45周岁，连续工龄满10年，完全丧失劳动能力；因工致残，完全丧失劳动能力”。之后，在中国养老保险制度改革的过程中，尽管制度模式进行了多次调整，但没有再对退休年龄做进一步修改。

除了上述规定之外，中国目前还有专门针对提前退休和延后退休的规定。按照《国务院关于在若干城市试行国有企业破产有关问题的通知》和《国务院关于在若干城市试行国有企业兼并破产和职工再就业有关问题的补充通知》中的相关规定，国务院确定的111个“优化资本结构”试点城市的国有破产工业企业中距法定退休年龄不足5年的职工可以办理提前退休。根据1983年《国务院关于高级专家离休、退休若干问题的暂行规定》和《国务院关于延长部分骨干教师、医生、科技人员退休年龄的通知》中的相关规定，副教授及相当于这一级别的高级专家的退休年龄可以延长至65周岁，教授、研究员以及相当于这一级别的高级专家的退休年龄可以延长至70周岁。根据1990年人事部的《关于高级专家退（离）休有关问题的通知》和1992年中共中央组织部、人事部的《关于县（处）级女干部退（离）休年龄问题的通知》，在本人自愿基础上，高级职称女专家和处级及以上女干部可以与男性同龄退休。2015年，中共中央组织部、人力资源和社会保障部联合下发了《关于机关事业单位县处级女干部和具有高级职称的女性专业技术人员退休年龄问题的通知》，规定党政机关、人民团体和事业单位中的正、副处级女干部，具有高级职称的女性专业技术人员，年满60周岁退休，但经本人申请，可以在年满55周岁时自愿退休。

目前中国退休年龄规定可以概括为“男性退休年龄为60周岁，女性干部退休年龄为60或55周岁，女性工人退休年龄为50周岁，同时工龄满10年”。另外，目前的退休年龄规定是一个政策体系，除了一般性退休年龄规定之外，对于特殊工种、身体条件、企业改制、职称级别等，我国还有相对于一般退休年龄的提前退休和延迟退休规定。

（二）中国退休年龄规定存在的问题

1. 退休年龄偏低

中国目前对退休年龄的一般性规定，基本沿用了1951年《中华人民共和国劳动保险条例》及1955年《国家机关工作人员退休处理暂行办法》对退休年龄的规定，而在经济社会快速发展的条件下，这一退休年龄标准明显偏低。首先，退休年龄与人口预期寿命延长不相适应。1950年中国人口的平均预期寿命中，男性仅为40岁，女性仅为42.3岁，而2010年第六次人口普查数据显示，中国人口预期寿命已经提高至男性72.38岁，女性77.37岁。其次，退休年龄与教育年限延长不相适应。改革开放以来，中国教育事业取得了长足发展，人均受教育年限和20世纪50年代相比有了显著提高，进而推迟了劳动力就业的平均年龄。维持原来的退休年龄规定，意味着人力资本投资回报期的缩短，劳动力可能在人力资本高峰期退休，这既是人力资本的浪费，同时也会转而抑制人们进行人力资本投资的积极性，阻碍人力资本总量的提高。最后，退休年龄与人口老龄化趋势不相适应。1964年第二次全国人口普查数据显示，60岁及以上人口占总人口比重为5.5%，而2013年全国人口抽样调查数据显示，60岁及以上人口占总人口比重已达到14.89%，第六次全国人口普查数据显示65岁及以上人口比重已达到8.9%①。并且，人口老龄化程度在未来一段时期还有不断加深的趋势，据预测，2030年左右中国将进入人口老龄化高峰期，届时人口老龄化程度将达到24.5%。人口老龄化程度的提高对经济社会发展提出了挑战，突出表现在劳动人口比重下降、人力资本存量减少、社会保障压力提高等方面，而中国在人口老龄化程度不断加剧的条件下，依然维持较低的退休年龄规定，将对人口老龄化条件下经济社会的可持续发展造成压力。

2. 退休年龄人群差异较大

退休年龄人群差异主要体现为性别差异和身份差异。目前中国男女退休年龄存在较大差距，男女干部之间退休年龄差距为5岁，男女工人之间退休年龄差距为10岁。随着经济社会的发展，男女在教育水平等方面的差距日益缩小，且女性人均寿命高于男性，因此男女之间缩小甚至实行完全相同的退休年龄规定，是符合自然规律和社会文明进步的基本表现。根据联合国对2002年166个国家男女退休年龄的统计数据，62%的国家和地区实

① 根据《中国人口和就业统计年鉴2009》中的相关数据整理计算。

行了男女同龄退休规定，而在实行男女差别退休年龄规定的国家中，中国男女工人以 10 岁的退休差距居于第一位。男女退休年龄差距过大，造成女性工作时间相对缩短，不利于女性特别是高学历女性人力资本的充分利用，这在一定程度上降低了女性人力资本投资的积极性，也不利于女性在工作期间获得相对公平的晋升机会，并且进一步提高了养老保险的支付压力。2002 年 166 个国家男女退休年龄差异情况见表 4－1。

表 4－1　2002 年 166 个国家男女退休年龄差异情况

单位：个，%

国家与地区	男女退休年龄相同		男女退休年龄不同		合计
	数量	占比	数量	占比	数量
亚洲	14	41.2	20	58.8	34
非洲	35	81.4	8	18.6	43
欧洲	17	42.5	23	57.5	40
拉美和加勒比地区	37	75.5	12	24.5	49
合　计	103	62	63	38	166

资料来源：参见樊明等《退休行为与退休政策》，社会科学文献出版社，2008，第 22 页。

除了性别之间的退休年龄差距较大之外，由于工作性质不同，我国还存在着退休年龄的身份差异，突出表现在工人的退休年龄低于干部的退休年龄。目前一般女性工人退休年龄为 50 岁，一般女性干部退休年龄为 55 岁。在 20 世纪 50 年代，由于工作条件所限，对于女性工人设定较早的退休年龄是相对合理的。但是随着工作环境的改善和技术进步，目前从事技术性劳动而非体力劳动的工人比重提高，因此全部女性工人退休年龄依然保持一致并和女干部之间存在差距的规定需要调整。同时，目前提高退休年龄的对象只限于高级职称专家和处级以上女性干部，对于技术性工人没有延迟退休的政策，这种规定也不尽合理。

3. 提前退休情况较为严重

提前退休是世界各国普遍面对的一个共性问题，老年人提前退出劳动力市场也是大多数经济合作与发展组织（OECD）国家在最近几十年中所共同经历的最显著的社会问题之一。中国的提前退休问题同样比较严重，

1980～2004年中国平均退休年龄变化见图4－1。

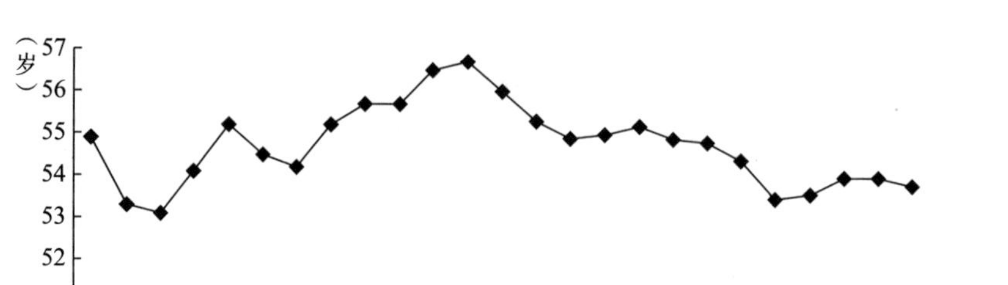

图4－1　1980～2004年中国平均退休年龄变化

资料来源：参见梁玉成《市场转型过程中的国家与市场——一项基于劳动力退休年龄的考察》，《中国社会科学》2007年第5期。

图4－1显示，1991年之后中国平均退休年龄有下降趋势，因为中国对退休年龄的规定没有改变，所以图4－1可以在一定程度上说明中国提前退休的现实情况。按照中国退休年龄的规定，特殊工种、工伤残疾等情况下劳动者可以正常提前退休，这是对劳动者的正常保护措施。但是，除了正常提前退休之外，中国还存在着较多的利用提前退休规定但不符合政策要求的非正常提前退休情况。据不完全统计，1998年，全国23个省新增企业退休人员13319万人，而违反国家规定提前退休人员为2715万人，占总人数的18.19%。其中，以病退为由提前退休的有1619万人，占违规提前退休人员的59.63%；以特殊工种为由提前退休的有211万人，占违规提前退休人员的11.59%。除了国有企业改革过程中的减员增效行为、下岗失业人员增多、企业经营不善、工资无法正常发放等原因促使人们通过非正常提前退休行为获得养老金之外，提前退休行为还与退休政策设计有关。目前，中国关于养老金领取资格的规定是达到最低缴费年限15年，并取消了最初的延迟退休期间养老金补助待遇，养老保险制度收益激励不足及给付机制存在问题在一定程度上造成了提前退休现象的发生。

二　OECD国家退休年龄的状况与比较

从OECD各国的情况来看，退休年龄较高，男女同龄退休比较普遍，并且随着人口预期寿命延长和人均收入增加，退休年龄呈现逐步提高的趋势。2002 年，23 个 OECD 国家平均退休年龄为男性 65.08 岁，女性 64.11 岁，男女平均退休年龄差距仅为 0.97 岁，同时，男女同龄退休是主要趋势，目前，23 个国家只有 6 个国家实行男女差别退休，其余 17 个国家均实行男女同龄退休。OECD 国家推迟退休年龄主要发生在 1995 年之后，这主要发生在 1995 年依然实行男女差别退休年龄的国家中。在 1995 年依然实行男女差别退休年龄的 9 个国家中，有 6 个国家在 1995～2002 年提高了女性退休年龄，它们分别是比利时、希腊、意大利、日本、葡萄牙、瑞士，其中希腊、意大利和日本还同时提高了男性的退休年龄，而希腊、日本、葡萄牙在调整之后实行男女同龄退休。而在 1995 年实行男女同龄退休的国家中，1995～2002 年，只有新西兰同时提高了男女退休年龄，并改为实行男女同龄退休，其余国家没有调整退休年龄。这在一定程度上说明男女同龄退休的调整压力较小，而男女差别退休年龄规定面临的调整压力较大，并且推迟女性退休年龄是退休制度改革的重要内容。OECD 国家退休年龄见表 4－2。

表 4－2　OECD 国家退休年龄

单位：岁

国家	男性退休年龄			女性退休年龄		
	1975	1995	2002	1975	1995	2002
澳大利亚	65	65	65	60	60	62.5
奥地利	65	65	65	60	60	60
比利时	65	65	65	60	60	62
加拿大	65	65	65	65	65	65
丹　麦	67	67	67	67	67	67
芬　兰	65	65	65	65	65	65
法　国	65	60	60	65	60	60
德　国	65	65	65	65	65	65
希　腊	62	62	65	57	57	65
冰　岛	67	67	67	67	67	67
爱尔兰	68	66	66	68	66	66
意大利	60	62	65	55	57	60

续表

国家	男性退休年龄			女性退休年龄		
	1975	1995	2002	1975	1995	2002
日　本	60	60	65	55	58	65
卢森堡	65	65	65	60	65	65
荷　兰	65	65	65	65	65	65
新西兰	65	62	65	65	62	65
挪　威	67	67	67	67	67	67
葡萄牙	65	65	65	62	62.5	65
西班牙	65	65	65	65	65	65
瑞　典	67	65	65	67	65	65
瑞　士	65	65	65	62	62	63
英　国	65	65	65	60	60	60
美　国	65	65	65	65	65	65

资料来源：①1975 年和 1995 年的数据来源于 Sveinbjörn Blöndal，Stefano Scarpetta，"Early Retirement in OECD Countries：The Role of Social Security Systems，" OECD Economic Studies；②2002 年数据根据 SSA，"Social Security Programs Throughout the World - 2002" 中的相关数据整理。

除了现行的退休年龄规定之外，一些国家还制定了未来提高退休年龄的规划。2006 年，英国政府公布了养老系统改革白皮书，计划到 2020 年提高女性退休年龄以实现男女同龄退休，到 2024 年把所有公民的退休年龄提高到 66 岁，并到 2044 年将其最终提高到 68 岁①。1983 年，时任美国总统里根签署《社会保障法案》，规定从当年至 2017 年，美国退休年龄将由 65 岁逐步提高到 67 岁。2006 年，德国联合政府内阁会议通过了退休体制改革决议草案，根据这一草案，德国人的退休年龄从 2012 年开始将由 65 岁推迟到 67 岁②。2003 年法国将退休年龄提高至 65 岁，在金融危机的背景之下，2008 年法国国会通过的《社会保险局预算修正案》又进一步提高了退休年龄，规定"在受薪人达到 65 岁之前，雇主将询问其是否准备自愿退休。如

① 《英国政府公布养老系统改革白皮书：退休年龄提高至 68 岁》，新浪网，http://news.sina.com.cn/w/2006-05-26/15209036588s.shtml，2006 年 5 月 26 日。

② 《德国内阁通过草案拟将退休年龄推迟至 67 岁》，新浪网，http://news.sina.com.cn/w/2006-12-03/203010671652s.shtml，2006 年 12 月 3 日。

果受薪人不同意，或者企业忘记询问受薪人的意见，雇主便无权勒令其退休，直到70岁退休”①。

三 中国实施延迟退休政策的必要性

（一）降低养老金支付压力

随着人类社会的发展进步，人口预期寿命延长是各个国家所经历的普遍现象。人口预期寿命的延长进一步引起人口老龄化程度的加深，养老金需求急剧上升，养老保险制度的持续运行面临着挑战。养老金支付压力的上升同时表现在制度赡养率和自我赡养率两个方面。从制度赡养率来看，人口老龄化造成老年人口比例上升，这必然引起养老金需求的提高，进而对养老保险制度的支付能力提出挑战，特别是现收现付制养老保险制度对人口结构变化更加敏感。从自我赡养率来看，人口预期寿命的提高相应延长了劳动者退休之后的生命余年，这意味着同样的工作时间要负担的退休后生活时间延长，对于养老保险制度来说，这相当于在个人账户缴费期不变的情况下，支付期延长。由于目前对于个人账户支付期的普遍规定为10年，支付期过后的养老金来源于社会统筹基金，这也同样会对养老保险制度造成资金压力。在人口预期寿命延长、人口老龄化程度不断加深的背景下，逐步推迟退休年龄是应对养老金支付压力增加、确保养老保险制度持续运行的有效措施。

（二）应对人口结构转变

一般来说，在经济社会的发展进程中，与人口预期寿命延长相伴随的人口现象是出生率先上升后下降和死亡率的逐步下降，这会造成人口结构的变迁，表现为一定时期的劳动力比重上升（即人口红利期）及人口红利期之后人口老龄化程度的加深（即人口负债期）。由于中国实行计划生育政策等，人口出生率下降较快，这造成人口红利期相对较短、人口老龄化的速度快于发达国家普遍水平。如果依然维持现行退休制度不变，那么我国

---

① 《参议院通过70岁退休条款审议2009社保机构预算草案》，《欧洲时报》2008年11月18日，http://www.oushinet.com。

将面临人口红利枯竭对经济增长的负面影响。劳动力人口比例的变化对经济发展具有重要的影响作用。一般认为人口结构转变通过劳动力供给、储蓄和技术进步三条渠道对经济增长具有直接或间接影响，劳动人口比例提高对经济增长具有重要的促进作用。中国人口转变的情况比较特殊，原因是出生率下降较快造成少儿抚养比下降与老年抚养比上升之间的间隔也很短，这使总体抚养比只在相对短暂的时期内处于较低的水平。未来劳动力人口比例下降、社会总体抚养比上升，将对经济增长带来负面影响。提高退休年龄可以延长劳动者工作年限、降低社会总体抚养比，这对于延长中国人口红利期和应对劳动人口比重下降造成的劳动资源不足具有重要的意义。

（三）促进人力资本的积累和充分利用

退休年龄对人力资本积累的影响作用主要体现在个人教育投资决策方面。人力资本理论认为，劳动者的知识和技能是人力资本构成中最重要的部分，而知识与技能主要是通过教育和培训获得的。因为个人教育投资决策是以教育的成本－收益分析为基础的，所以推迟退休年龄增加工作年限可以使劳动者教育投资的回收期延长，这将促进劳动者增加教育年限，提高平均教育水平，有利于全社会人力资本存量的提升。退休年龄对人力资本的充分利用也具有影响作用。随着人均寿命的延长和社会平均教育年限的提高，人力资本峰值出现的时间后移，目前的退休年龄人力资本存量依然较高，此时退出劳动力市场将造成人力资本的浪费。同时有研究表明，熟练的老员工继续工作可以给企业带来收益，并节省对新员工的培训成本。面对起始工作年龄的延后及人力资本存量的增加，如果依旧沿用原来的退休年龄规定，那么这将不利于促进个人的教育投资决策，也不利于对人力资本的有效利用。

（四）增强经济竞争力

退休年龄影响经济的竞争力主要表现为人口老龄化条件下企业劳动力成本的上升。劳动力成本主要是由工资和包括养老金在内的保险福利待遇组成的，无论养老保险制度采取何种制度模式，无论养老金来自企业缴费、个人缴费还是政府财政拨付，从全社会层面看，养老金始终是劳动成本的一部分。如果养老保险入不敷出，那么企业可能会面临养老保险费率的提高，即使国家利用财政拨付等手段弥补养老金缺口，最终也可能引起其他税种税率的上升。因此，在其他条件不变的情况下，退休年龄越早，养老金规模越大，造成劳动力成本提高，国家整体竞争力减弱。特别是在中国人口老龄化程度不断加深的背景之下，曾经对中国经济具有重要拉动作用的劳动力成本优势将随着人口老龄化及由此带来的养老金规模提高而逐步减弱，这将对中国经济的持续增长造成较大压力。目前，中国企业社会保险缴费比例已经较高，占缴费工资总额的比重分别为养老保险20%、医疗保险8%、失业保险2%、工伤保险平均1%、生育保险最高1%，同时还要负担住房公积金等其他制度的缴费。在这种情况下，如果退休年龄不做调整，而企业职工养老保险缴费率或间接税率继续提高，那么这将进一步提高企业成本负担，最终影响整个经济的竞争能力。

四　延迟退休可能引发的问题及对策

（一）对不同人群的影响存在差异

延迟退休对不同人群具有不同的影响作用。首先，从不同闲暇－收入偏好人群来看，延迟退休对更加偏好闲暇的人群造成的负效应较大，因此这部分人群可能会对延迟退休比较抵触，而延迟退休对更加偏好收入的人群的影响相对较小。其次，从不同收入水平人群来看，收入水平较高的人群由于延迟退休将获得相对更高的收入，可能更支持延迟退休，而收入较低的人群由于延迟退休的收入激励效应较低，可能对延迟退休的意见较大。再次，从不同职业人群来看，脑力劳动者由于工作本身的身体劳累程度较低，并且延迟退休对工作绩效的影响较小，高级知识分子、医生、干部等延迟退休甚至有利于工作绩效的提高，延迟退休之后收入曲线可能继续上升，因此脑力劳动者可能更支持延迟退休，而体力劳动者，例如工人等，由于工作对身体条件要求较高，在延迟退休之后，其身体承受能力下降，并且工业绩效的下降使他们的收入水平随之下降，他们可能不支持延迟退休。最后，从不同就业性质人群来看，稳定就业人员由于收入稳定，对退休金的需求程度较低，而灵活就业人员由于收入不稳定及养老保险缴费率较高，更加希望及早退休以获得稳定的养老金，特别是一些已经接近退休年龄的下岗、失业人员，因为缺乏稳定生活来源并对养老保险进行个人缴费，退休领取养老金可以较大程度提高这部分人群生活水平，所以，灵活就业人员及未就业人员可能不支持延迟退休。

由于延迟退休对不同人群的影响存在差异，延迟退休方案的制定必须要充分考虑不同人群的需求，在政策设计上灵活安排，尽量降低延迟退休对特定人群的影响，提高社会对延迟退休的支持度。一是延迟退休可以考虑在制定最低退休年龄基础上实行自愿延迟退休，以提供灵活选择空间来适应不同人群闲暇 - 收入的不同偏好；二是强化与完善工资和养老金水平的增长机制，特别是原退休年龄之后的工作年限应该确保工资水平适度提高及养老金水平的相应增长，以提高延迟退休制度本身的利益驱动力；三是针对不同职业设定最低退休年龄，针对脑力工作和体力工作的特点设定科学合理的退休年龄调整方案；四是针对不同就业类型设定最低退休年龄，要特别关注灵活就业人员和失业、下岗人员的利益。

（二）可能对年轻人就业产生挤出效应

延迟退休对年轻人就业的挤出效应是指由于老年人延迟退出工作岗位引起新增工作机会减少而对年轻人的工作岗位产生挤占，这也是人们对延迟退休年龄普遍担心的问题。但是，老年人与青年人的工作岗位之间并不是一对一的替代关系。一般来说，青年人特别是刚参加工作的青年人的工作岗位以初级岗位为主，而基于工作经验、能力、工龄等，接近退休年龄的老职工的工作岗位以高级岗位为主，因此，工作岗位的错位可能使延迟退休对年轻人就业产生的实际挤出效应并不大。同时，因为人口老龄化将造成劳动力绝对数量的下降，所以延迟退休对年轻人就业的挤出效应会进一步降低。

延迟退休对年轻人就业的挤出效应要求延迟退休政策必须稳步实施，并且要有劳动力市场的配套政策。例如，其可以将退休年龄的延迟分阶段实施，每次调整幅度适度，还可以以目前男女差异退休为基础，先提高女性退休年龄，之后逐步过渡到男性退休年龄；也可以积极推行就业促进措施，通过扩大公共投资、税收减免、设立公益岗位等手段创造就业岗位，通过退休政策的科学制定和劳动力市场等相关措施的配套使延迟退休的挤出效应得到控制。

第二节　延迟退休方案的设计

一　延迟退休方案中年龄的合理起始点的确定

关于延迟退休的讨论在21世纪初已大量出现，但是对于延迟退休的具体方式及政策实施的具体开始时点，一直未有定论。2013年十八届三中全会提出“研究制定渐进式延迟退休年龄政策”，这是党的重要文件第一次明确提及延迟退休年龄，也正式确定了延迟退休的具体方式为“渐进式”。关于延迟退休政策实施的起始点，目前尚未有明确规定。2015年10月，人力资源和社会保障部部长尹蔚民表示，力争在2015年完成延迟退休方案的制定，按照流程，2016年，该方案将报经中央征求社会意见，2017年，该方案将正式推出，方案的正式实施要在方案推出的至少5年后。按此推算，延迟退休方案的正式实施大约在2022年。

实施延迟退休政策的主要目的并不是单纯解决养老金缺口问题，而是充分利用人力资源以有效应对中国人口红利高峰期过后的劳动力增长乏力问题。由于特殊的人口计生政策，中国人口出生率快速下降，这使得人口红利出现得较早，但这也使劳动力人口比例上升期持续的时间相对较短，这是由出生人口高峰期较短所决定的人口结构转变的必然现象。在人口红利高峰期过后，由于劳动力人口比例出现下降，这对产业特征、国际贸易、经济增长等各个方面将产生深远的影响。尽管通过提高劳动力质量、产业转型等各个方面可以在一定程度上解决劳动力相对不足问题，但通过延迟退休政策的实施来有效提高人力资源利用效率，是应对人口红利高峰期过后可能产生的经济社会问题的有效手段。根据我们的预测，中国城镇劳动力人口增长率正在不断下降，并且，未来城镇人口绝对数将出现下降，即城镇人口劳动力负增长，这个现象将对中国经济发展产生不利的影响。因此，我们以对城镇劳动力人口增长率的预测结果为基础和判断标准，将延迟退休政策实施的起始点设定在城镇劳动力人口负增长出现的年份前后，以通过延迟退休政策的实施在一定程度上延长人口红利期。

利用2010~2050年人口预测数据，我们按照现行退休年龄规定男性16~59岁和女性16~49岁的劳动年龄人口数、比重以及增长率，测算结果见表4-3。从劳动年龄人口的比重来看，在现行退休年龄规定下，劳动年龄人口比重是逐年下降的，从2015年的62.89%下降至2050年的44.07%。从劳动年龄人口增长率来看，2021年劳动年龄人口增长率首次出现负值，劳动年龄人口数量在2021~2026年出现下降。结合中国延迟退休政策的推进进程和可能的时间安排，我们将2021年作为实施延迟退休政策的起始时间点。

表4-3　2015~2050年我国城镇劳动年龄人口的数量、比重和增长率

单位：万人，%

年份	城镇总人数量	劳动年龄人口数量	劳动年龄人口比重	劳动年龄人口增长	年份	城镇总人数量	劳动年龄人口数量	劳动年龄人口比重	劳动年龄人口增长
2015	74392	46788	62.89	0.18	2033	93340	47415	50.80	0.16
2016	75805	46875	61.84	0.19	2034	94131	47467	50.43	0.11
2017	77175	46999	60.90	0.26	2035	95005	47494	49.99	0.06
2018	78523	47152	60.05	0.33	2036	95536	47406	49.62	-0.19
2019	79869	47306	59.23	0.33	2037	96114	47294	49.21	-0.23
2020	81240	47435	58.39	0.27	2038	96735	47168	48.76	-0.27
2021	82165	47312	57.58	-0.26	2039	97390	47046	48.31	-0.26
2022	83203	47166	56.69	-0.31	2040	98073	46943	47.87	-0.22
2023	84352	47000	55.72	-0.35	2041	98448	46759	47.50	-0.39
2024	85611	46853	54.73	-0.31	2042	98912	46601	47.11	-0.34
2025	86976	46778	53.78	-0.16	2043	99459	46453	46.71	-0.32
2026	87898	46696	53.13	-0.18	2044	100085	46297	46.26	-0.33
2027	88820	46716	52.60	0.04	2045	100786	46134	45.77	-0.35
2028	89734	46827	52.18	0.24	2046	101058	45909	45.43	-0.49
2029	90621	46994	51.86	0.36	2047	101389	45698	45.07	-0.46
2030	91449	47177	51.59	0.39	2048	101771	45507	44.71	-0.42
2031	92001	47254	51.36	0.17	2049	102194	45348	44.37	-0.35
2032	92630	47339	51.11	0.18	2050	102648	45239	44.07	-0.24

注：根据人口预测数据计算。

二　合理的目标退休年龄的确定

确定合理的目标退休年龄应该充分考虑人们的寿命和负担能力，可以依据自我赡养率设定合理的目标退休年龄。自我赡养率是指退休后的预期余命与工作年限之比，可以在一定程度上衡量法定退休年龄设置的合理性。其公式可以表示为：

自我赡养率 =（人均预期寿命 - 退休年龄）/（退休年龄 - 初始工作年龄）　（4 - 1）

该指标过高意味着工作期间的财富积累时间短，而退休后的消费时间长，退休者的生活质量将得不到保证；反之，则意味着一生中用于工作的时间过长，而休息的时间过短，这同样不利于保证人的生活质量。我们收集了主要发达国家的相关数据，经计算发现，发达国家男性自我赡养率的平均值在 0.3 左右，而女性自我赡养率的平均值在 0.4 左右。我国城镇男职工的自我赡养率为 0.3，尚处在合理范围，而女干部和女工人的自我赡养率分别为 0.62 和 0.88，这一数值比发达国家要高出 50% 以上。偏高的自我赡养率使个人财富积累时间短而消费时间长，不利于个人一生消费和储蓄的合理安排。部分发达国家及中国自我赡养率情况见表 4 - 4。

表 4 - 4　中国和主要发达国家的自我赡养率

单位：年，岁

国家	人均受教育年限	初始工作年龄	人均预期寿命		退休年龄		工作年限		退休年限		自我赡养率	
			男	女	男	女	男	女	男	女	男	女
奥地利	10.8	18.8	77.5	82.5	65	60	46.2	41.2	12.5	22.5	0.27	0.55
比利时	10.9	18.9	77.0	83.0	65	64	46.1	45.1	12.0	19.0	0.26	0.42
加拿大	12.3	20.3	78.6	83.1	65	65	44.7	44.7	13.6	18.1	0.30	0.40
丹　麦	11.4	19.4	76.2	80.9	65	65	45.6	45.6	11.2	15.9	0.25	0.35
芬　兰	10.3	18.3	76.5	83.2	65	65	46.7	46.7	11.5	18.2	0.25	0.39
法　国	10.6	18.6	78.0	84.9	60	60	41.4	41.4	18.0	24.9	0.43	0.60
德　国	12.2	20.2	77.4	82.6	65	65	44.8	44.8	12.4	17.6	0.28	0.39
匈牙利	11.7	19.7	69.6	77.7	62	61	42.3	41.3	7.6	16.7	0.18	0.40

续表

国家	人均受教育年限	初始工作年龄	人均预期寿命		退休年龄		工作年限		退休年限		自我赡养率	
			男	女	男	女	男	女	男	女	男	女
澳大利亚	12.0	20.0	79.4	84.0	65	63	45.0	43.0	14.4	21.0	0.32	0.49
日　本	11.6	19.6	79.4	86.5	65	65	45.4	45.4	14.4	21.5	0.32	0.47
卢森堡	10.1	18.1	77.1	82.3	65	65	46.9	46.9	12.1	17.3	0.26	0.37
荷　兰	11.6	19.6	78.0	82.2	65	65	45.4	45.4	13.0	17.2	0.29	0.38
挪　威	12.6	20.6	78.7	83.0	67	67	46.4	46.4	11.7	16.0	0.25	0.34
瑞　典	11.7	19.7	79.0	83.2	65	65	45.3	45.3	14.0	18.2	0.31	0.40
英　国	9.4	17.4	77.4	81.8	65	60	47.6	42.6	12.4	21.8	0.26	0.51
美　国	13.3	21.3	77.1	81.6	65.8	65.8	44.5	44.5	11.3	15.8	0.25	0.36
中国城镇	10.9	19.0	72.4	77.4	60	55/50	41	36/31	12.4	22.4/27.4	0.30	0.62/0.88

注：①发达国家人均受教育年限来自2012年的数据，人均预期寿命来自2009年的数据；②中国城镇数据来自全国第六次人口普查的数据。

资料来源：①World Social Security Report 2010 – 2011；②全国第六次人口普查数据；③联合国数据库。

我们可以将公式4 – 1进一步变换为：

退休年龄 =（人均预期寿命 + 自我赡养率 × 初始工作年龄）/（1 + 自我赡养率）　（4 – 2）

以发达国家的自我赡养率为参照，我们将男性自我赡养率设定为0.3，将女性自我赡养率设定为0.4，利用公式4 – 2可以确定相对合理的退休年龄。

合理的男职工目标退休年龄 =（人均预期寿命 +0.3 × 初始工作年龄）/1.3　（4 – 3）

合理的女职工目标退休年龄 =（人均预期寿命 +0.4 × 初始工作年龄）/1.4　（4 – 4）

根据公式4 – 3和公式4 – 4，我们在确定不同年份的人均预期寿命和初始工作年龄之后，就可以确定合理的退休年龄。初始工作年龄等于入学年龄加人均受教育年限，人均受教育年限的计算方法有多种，我们以现行学制为系数，计算公式为：

$$\overline{Y} = \frac{\sum P_i \cdot E_i}{P} \quad (4-5)$$

公式 4－5 中 $\overline{Y}$ 为人均受教育年限，P_i 为某一人口群体中具有第 i 种文化程度的人口数，E_i 为具有第 i 种文化程度的人口的受教育年数，P 为该人口群体的总人数。按照现行教育规定，我们将开始接受教育的小学入学年龄设定为 6 周岁。关于中国人均受教育年限的分析，一些学者提出了不同的观点。牛文元（2005）提出，到 2050 年中国的人均受教育年限将提升至 14 年以上；商江（2005）提出，中国的人均受教育年限大致遵循每隔 7 年提高 1 年的规律，受教育年限大概每年可以提高 0.14 年；邓飞（2008）提出，人均受教育年限是有增长极限的，即使在入学率为 100%，不考虑辍学、重读和其他导致受教育序列中断的情况下，人均受教育年限所能达到的理论极限值也只有 16 年，并认为中国所能达到的实际极限受教育年限为 14.59 年。综合不同学者的观点，我们假设未来人均受教育年限每年提高 0.14 年，直至达到 14.59 年。人均预期寿命以辽宁大学人口研究所根据全国第六次人口普查所得的统计结果为基年数据，并根据联合国不同水平的出生预期寿命每 5 年的变化情况来确定预期寿命预测值。我们将指标值代入公式 4－3 和 4－4，可以计算出不同年份合理的男性与女性目标退休年龄，测算结果见表 4－5。

表 4－5 参照发达国家的自我赡养率计算的合理退休年龄

单位：年，岁

年份	男性				女性			
	人均受教育年限	初始工作年龄	人均预期寿命	合理退休年龄	人均受教育年限	初始工作年龄	人均预期寿命	合理退休年龄
2013	11.27	17.27	73.8	60.75	11.04	17.04	78.77	61.13
2015	11.55	17.55	74.75	61.55	11.32	17.32	79.68	61.86
2020	12.25	18.25	75.5	62.29	12.02	18.02	80.38	62.56
2025	12.95	18.95	76.15	62.95	12.72	18.72	80.98	63.19
2030	13.65	19.65	76.7	63.53	13.42	19.42	81.48	63.75
2035	14.35	20.35	77.15	64.04	14.12	20.12	81.88	64.23
2040	14.59	20.59	77.5	64.37	14.59	20.59	82.18	64.58
2045	14.59	20.59	77.75	64.56	14.59	20.59	82.38	64.73
2050	14.59	20.59	77.9	64.67	14.59	20.59	82.48	64.80

资料来源：① 全国第六次人口普查数据；② 辽宁大学人口研究所预测数据。

对比自我赡养率推算出的合理的目标退休年龄，我国当前劳动者的退休年龄明显偏低，尤其是女性的退休年龄过低。当前，女干部的退休年龄比合意退休年龄约低7岁，比女工人的退休年龄则要低约12岁。从合理退休年龄来看，到2050年，我国将目标退休年龄定为65岁为宜，而当前应该着力延迟女性退休年龄，尤其是女工人的退休年龄。

三　延迟退休年龄的具体方案的设计

根据前述分析，我们设计了具体的延迟退休方案。在确定延迟退休方案时，我们主要遵循以下原则。第一，先女后男，先提高女性的退休年龄，再提高男性的退休年龄；第二，先工人后干部，先提高女工人的退休年龄，再提高女干部的退休年龄；第三，分阶段调整，先将女工人和女干部的退休年龄统一，即她们统一55岁退休，再将女职工与男职工的退休年龄统一，即他们统一60岁退休，最后在此基础上再实行全面的延迟退休；第四，男女同龄退休，为了实现男女劳动权利平等，我们有必要将男女退休年龄统一；第五，“渐进式”推进，为了减小改革的阻力，同时也是为了最小限度地影响人们生活的缓慢渐进步骤与逐步增加预算收入的快速措施之间的关系，我们有必要“渐进式”延迟退休年龄。

结合合理的延迟退休年龄起始点、目标退休年龄和方案设计的原则，我们设计了两个不同的延迟退休方案。两个延迟退休方案都将政策实施确定在2021年，调整目标均为男女统一65岁退休，但实现男女统一65岁退休的目标的调整速度存在差异，具体内容见表4－6。

表4－6　两个延迟退休方案的具体内容

基本原则	方案	调整步骤			目标退休年龄
		第一阶段	第二阶段	第三阶段	
先女后男、先工人后干部、分阶段调整、男女同龄退休、“渐进式”推进	方案一	2021～2030年，女工人退休年龄每年推迟0.5岁，至2030年，女工人55岁退休	2031～2040年，女职工退休年龄每年推迟0.5岁，至2040年，男女职工统一60岁退休	2041～2050年，男女职工退休年龄每年推迟0.5岁，至2050年，男女职工统一65岁退休	男女65岁退休
	方案二	2021～2035年，女工人退休年龄每3年推迟1岁，至2035年，女工人55岁退休	2036～2050年，女职工退休年龄每3年推迟1岁，至2050年，男女职工统一60岁退休	2051～2060年，男女职工退休年龄每两年推迟1岁，至2060年，男女职工统一65岁退休	男女65岁退休

方案一为较快调整方案，政策实施区间为 2021～2050 年。方案一的第一阶段为 2021～2030 年，这个阶段主要对女工人退休年龄进行调整，每年提高女工人退休年龄 6 个月（每两年提高 1 岁），2030 年女工人退休年龄达到 55 岁；2031～2040 年为调整的第二阶段，调整对象为所有女职工，每年提高女职工退休年龄 6 个月，至 2040 年，男女职工退休年龄均为 60 岁；第三阶段为 2041～2050 年，调整对象为男女所有职工，每年提高退休年龄 6 个月，至 2050 年，男女退休年龄同时达到 65 岁。

方案二为较慢调整方案，政策实施区间为 2021～2060 年。方案二调整的第一阶段为 2021～2035 年，这个阶段主要提高女工人的退休年龄，每年提高女工人退休年龄 4 个月（每 3 年提高 1 岁），至 2035 年女工人退休年龄提高至与女干部退休年龄相同，均为 55 岁；第二阶段为 2036～2050 年，该阶段主要对所有女职工的退休年龄进行调整，每年提高女职工退休年龄 4 个月，至 2050 年，女职工退休年龄提高至 60 岁，与男性退休年龄相同；第三阶段为 2051～2060 年，该阶段同时调整男性与女性职工的退休年龄，每年提高退休年龄 4 个月，至 2060 年，男女退休年龄同时提高至 65 岁。

第三节　基于延迟退休方案的企业职工养老保险基金收支预测

以上一节中设计的两个延迟退休方案为基础，使用与第三章相同的假设条件，我们分别测算了不同延迟退休方案下 2015～2050 年社会统筹基金的收支状况①。

一　延迟退休方案一条件下社会统筹基金收支状况预测

（一）延迟退休方案一对制度赡养率的影响

延迟退休方案的实施会减少当年退休人数，并增加当年工作人数，因此，其会对制度赡养率产生直接影响。制度赡养率是社会统筹基金收支状

① 方案二的调整区间为 2021～2060 年，本节我们仅测算 2050 年之前的社会统筹基金收支状况。

况的重要影响因素，因此，我们首先对比现行退休年龄规定条件下和延迟退休方案一条件下的制度赡养率，以大致判断及验证延迟退休政策对社会统筹基金收支的影响方向和力度，比较内容见表4－7。

表4－7　现行退休年龄规定与延迟退休方案一条件下的制度赡养率比较

单位：%

年份	现行退休年龄规定（高覆盖率假设）	延迟退休方案一（高覆盖率假设）	现行退休年龄规定（低覆盖率假设）	延迟退休方案一（低覆盖率假设）
2015	27.6	27.6	33.9	33.9
2016	29.1	29.1	33.9	33.9
2017	30.7	30.7	35.1	35.1
2018	32.4	32.4	36.4	36.4
2019	34.2	34.2	37.9	37.8
2020	36.1	36.1	39.4	39.3
2021	38.0	37.0	40.9	39.8
2022	40.1	38.0	42.6	40.4
2023	42.4	39.2	44.5	41.2
2024	44.9	40.6	46.5	42.2
2025	47.4	42.1	48.6	43.3
2026	49.8	43.4	50.5	44.2
2027	52.1	44.7	52.4	45.1
2028	54.4	46.0	54.3	46.0
2029	56.7	47.2	56.0	46.7
2030	58.7	48.1	57.6	47.3
2031	60.5	48.7	58.9	47.5
2032	62.2	49.3	60.2	47.7
2033	64.0	49.9	61.5	47.9
2034	65.9	50.5	62.9	48.1
2035	68.0	51.1	64.6	48.3
2036	69.8	51.2	65.9	48.1
2037	71.7	51.2	67.3	47.8
2038	73.6	51.2	68.8	47.5
2039	75.4	51.1	70.1	47.3

续表

年份	现行退休年龄规定（高覆盖率假设）	延迟退休方案一（高覆盖率假设）	现行退休年龄规定（低覆盖率假设）	延迟退休方案一（低覆盖率假设）
2040	77.1	51.1	71.4	47.0
2041	78.3	49.9	72.2	45.6
2042	79.6	48.8	73.1	44.4
2043	80.9	47.9	74.0	43.3
2044	82.3	47.1	75.0	42.4
2045	83.9	46.3	76.0	41.5
2046	84.9	45.3	76.6	40.4
2047	86.0	44.3	77.3	39.4
2048	87.1	43.5	77.9	38.5
2049	88.2	42.8	78.6	37.7
2050	89.1	42.1	79.1	37.0

注：利用各年人口数据和退休年龄规定测算。

表4－7显示，在2021年延迟退休政策实施之前，现行退休年龄规定条件下的制度赡养率与延迟退休方案一条件下的制度赡养率相等。从2021年延迟退休政策实施开始，延迟退休方案一条件下的制度赡养率开始小于现行退休年龄规定条件下的制度赡养率。具体来看，按照高覆盖率假设，现行退休年龄规定条件下的制度赡养率从2015年的27.6%逐年提高至2050年的89.1%；而延迟退休方案一条件下的制度赡养率从2015年的27.6%逐年上升至最高点2037年的51.2%，从2038年开始，制度赡养率逐年下降至2050年的42.1%；按照低覆盖率假设，现行退休年龄规定条件下的制度赡养率从2015年的33.9%逐年提高至2050年的79.1%；而延迟退休方案一条件下的制度赡养率从2015年的33.9%逐年上升至最高点2035年的48.3%，从2036年开始，其逐年下降至2050年的37.0%。延迟退休方案一明显降低了企业职工养老保险的制度赡养率水平。

（二）延迟退休方案一对社会统筹基金收支情况的影响

在第三章中我们测算了现行退休年龄规定条件下2015～2050年社会统筹基金收支情况，本节我们按照相同假设条件进一步测算延迟退休方案条件下社会统筹基金的收支情况，并与现行退休年龄规定条件下社会统筹基金收支状况进行对比，以量化延迟退休方案对企业职工养老保险基金收支的影响效应。与现行退休年龄中所使用的假设有所区别的是“高、低覆盖率假设”，退休年龄的变化使退休人口覆盖率发生了变化。根据测算结果，在延迟退休方案一条件下，高覆盖率假设意味着退休人口覆盖率从2015年的60.97%提高至2050年的71.58%，低覆盖率假设意味着退休人口覆盖率从2015年的60%提高至2050年的66.03%；在延迟退休方案二条件下，退休人口覆盖率从2015年的60.97%提高至2050年的72.24%，低覆盖率假设下退休人口覆盖率从2015年的60%提高至2050年的67.16%。

1. 高缴费率—高覆盖率—现收现付35%目标替代率条件下的测算结果

按照与现行退休年龄规定条件下社会统筹基金收支测算使用的相同假设条件，在延迟退休方案一条件下，我们分别计算了2015~2050年的养老金收入和养老金支出，高、中、低三种工资增长率条件下的养老金结余，各年养老金结余在2015年的现值以及各年养老金2015年现值之和，测算结果见表4-8，表4-9为不同工资增长率条件下各年基金结余或缺口规模与现行退休年龄规定条件下测算结果的对比。

表4-8 延迟退休方案一的高缴费率—高覆盖率—现收现付35%目标替代率条件下2015~2050年养老金收支测算结果

单位：%，亿元

年份	制度赡养率	现收现付缴费率	现收现付替代率	高工资增长率条件下养老金结余	中工资增长率条件下养老金结余	低工资增长率条件下养老金结余
2015	34	95.3	41.65	-7327.32	-7191.63	-7123.78
2020	39	96.5	38.72	-13695.85	-12242.83	-11565.98
2025	43	97.5	36.00	-20488.15	-16656.64	-14996.40
2030	47	98.7	33.47	-29195.08	-21579.02	-18511.89
2035	48	10.00	31.11	-31710.76	-22116.07	-18790.18
2040	47	10.13	28.92	-27279.90	-18120.03	-15395.07
2045	42	10.25	26.89	-9164.38	-5797.41	-4925.57
2050	37	10.38	25.00	14209.53	8561.01	7273.58

续表

年份	3%利率			5%利率		
	高工资增长率条件下养老金缺口现值	中工资增长率条件下养老金缺口现值	低工资增长率条件下养老金缺口现值	高工资增长率条件下养老金缺口现值	中工资增长率条件下养老金缺口现值	低工资增长率条件下养老金缺口现值
2015	-7327.32	-7191.63	-7123.78	-7327.32	-7191.63	-7123.78
2020	-11814.16	-10560.77	-9976.91	-10731.06	-9592.57	-9062.24
2025	-15245.11	-12394.10	-11158.73	-12577.95	-10225.73	-9206.49
2030	-18739.21	-13850.75	-11882.08	-14043.33	-10379.88	-8904.53
2035	-17557.48	-12245.13	-10403.66	-11951.45	-8335.31	-7081.82
2040	-13029.03	-8654.23	-7352.77	-8055.83	-5350.89	-4546.21
2045	-3775.60	-2388.46	-2029.27	-2120.43	-1341.39	-1139.67
2050	5049.83	3042.44	2584.91	2576.05	1552.03	1318.63
缺口2015年现值总额	-403425.32	-309082.51	-274050.34	-307630.17	-239453.99	-213725.38

注：在假设条件下根据公式3－4、3－5和3－6计算。

表4－9　现行退休年龄规定与延迟退休方案一2015～2050年基金结余或缺口测算结果比较

单位：亿元，%

年份	延迟退休方案一			现行退休年龄规定		
	高工资增长率条件下基金结余	中工资增长率条件下基金结余	低工资增长率条件下基金结余	高工资增长率条件下基金结余	中工资增长率条件下基金结余	低工资增长率条件下基金结余
2015	-3784.94	-3714.85	-3679.81	-3784.94	-3714.85	-3679.81
2020	-12688.31	-11342.18	-10715.12	-12688.31	-11342.18	-10715.12
2025	-22215.41	-18060.89	-16260.68	-29943.32	-24343.59	-21917.15
2030	-35224.16	-26035.31	-22334.78	-54343.81	-40167.25	-34458.08
2035	-40576.42	-28299.26	-24043.51	-76526.27	-53371.8	-45345.56
2040	-35329.40	-23466.71	-19937.70	-98703.32	-65561.34	-55701.99
2045	-7403.44	-4683.43	-3979.12	-117000	-74014.47	-62883.91
2050	32158.92	19375.24	16461.52	-129604.95	-78084.91	-66342.22

续表

年份	延迟退休方案一减少基金缺口的比例		
	高工资增长率条件下延迟退休方案一减少基金缺口的比例	中工资增长率条件下延迟退休方案一减少基金缺口的比例	低工资增长率条件下延迟退休方案一减少基金缺口的比例
2015	0	0	0
2020	0	0	0
2025	25.81	25.81	25.81
2030	35.18	35.18	35.18
2035	46.98	46.98	46.98
2040	64.21	64.21	64.21
2045	93.67	93.67	93.67
2050	100	100	100

注：①在假设条件下根据公式3－4、3－5和3－6计算；②“0”表示延迟退休方案不能减少基金缺口，“100”表示完全消除基金缺口（并有结余）。

表4－9中数据显示，与现行退休年龄条件下的测算结果相比，延迟退休方案一在2021年实施之后，明显减小了2021～2050年社会统筹基金缺口规模。并且，根据测算结果，在延迟退休方案一条件下，2046～2050年社会统筹基金连续实现收支结余。根据测算结果，在高缴费率、高覆盖率、现收现付35%目标替代率条件下，延迟退休方案一可以在一定程度上缓解社会统筹基金的收支压力，但在2046年之前延迟退休方案一无法完全消除社会统筹基金的收支缺口。表4－9下部数据显示，因为2021年之前延迟退休政策尚未实施，所以，与现行退休年龄规定条件下测算结果相比，延迟退休方案一并不能降低基金缺口规模，从2021年开始，延迟退休方案一能够减少的基金缺口规模绝对值占现行退休年龄规定下基金缺口规模的比例逐步提高，2025年，其减少基金缺口比例为25.81%，2045年，其达到93.67%，这意味着延迟退休方案一条件下2045年基金缺口规模仅为现行退休年龄规定条件下测算结果的6.33%，从2046年开始，基金缺口完全消失并有结余。

2. 高缴费率—高覆盖率—现收现付30%目标替代率条件下的测算结果

按照与现行退休年龄规定条件下社会统筹基金收支测算使用的相同假设条件，在延迟退休方案一条件下，我们分别计算了2015～2050年的养老金收入和养老金支出，高、中、低三种工资增长率条件下的养老金结余，各年养老金结余在2015年的现值以及各年养老金2015年现值之和，测算结果见表4－10，表4－11为不同工资增长率条件下各年基金结余或缺口规模与现行退休年龄规定条件下测算结果的对比。

表4－10　延迟退休方案一的高缴费率—高覆盖率—现收现付30%目标替代率条件下2015～2050年养老金收支测算结果

单位：%，亿元

年份	制度赡养率	现收现付缴费率	现收现付替代率	高工资增长率条件下养老金结余	中工资增长率条件下养老金结余	低工资增长率条件下养老金结余
2015	28	10	42.06	－3590.86	－3524.36	－3491.11
2020	36	11	40.08	－11414.89	－10203.86	－9639.73
2025	47	12	38.19	－18816.38	－15297.51	－13772.74
2030	59	12	36.39	－28052.63	－20734.60	－17787.49
2035	68	14	34.67	－28805.44	－20089.81	－17068.63
2040	77	15	33.04	－18429.97	－12241.67	－10400.72
2045	84	16	31.48	14129.30	8938.23	7594.07
2050	89	17	30.00	58388.85	35178.35	29888.10
年份	3%利率			5%利率		
	高工资增长率条件下养老金缺口现值	中工资增长率条件下养老金缺口现值	低工资增长率条件下养老金缺口现值	高工资增长率条件下养老金缺口现值	中工资增长率条件下养老金缺口现值	低工资增长率条件下养老金缺口现值
2015	－3590.86	－3524.36	－3491.11	－3590.86	－3524.36	－3491.11
2020	－9846.58	－8801.94	－8315.32	－8943.86	－7994.99	－7552.98
2025	－14001.15	－11382.78	－10248.21	－11551.62	－9391.34	－8455.26
2030	－18005.92	－13308.75	－11417.11	－13493.80	－9973.70	－8556.09
2035	－15948.88	－11123.24	－9450.49	－10856.47	－7571.64	－6432.99
2040	－8802.26	－5846.69	－4967.44	－5442.42	－3615.00	－3071.36
2045	5821.09	3682.43	3128.65	3269.20	2068.10	1757.10
2050	20750.43	12501.80	10621.73	10585.33	6377.49	5418.42
缺口总额2015年现值	－250447.71	－204852.87	－183116.50	－211542.43	－171677.71	－153909.16

注：在假设条件下根据公式3－4、3－5和3－6计算。

表 4－11 现行退休年龄规定与延迟退休方案一 2015～2050 年基金结余或缺口测算结果比较

单位：亿元，%

年份	延迟退休方案一			现行退休年龄规定		
	高工资增长率条件下基金结余	中工资增长率条件下基金结余	低工资增长率条件下基金结余	高工资增长率条件下基金结余	中工资增长率条件下基金结余	低工资增长率条件下基金结余
2015	－3590.86	－3524.36	－3491.11	－3590.86	－3524.36	－3491.11
2020	－11414.89	－10203.86	－9639.73	－11414.89	－10203.86	－9639.73
2025	－18816.38	－15297.51	－13772.74	－26252.71	－21343.17	－19215.80
2030	－28052.63	－20734.6	－17787.49	－46187.83	－34138.90	－29286.58
2035	－28805.44	－20089.81	－17068.63	－62448.38	－43553.44	－37003.72
2040	－18429.97	－12241.67	－10400.72	－77010.15	－51152.16	－43459.72
2045	14129.3	8938.23	7594.07	－86034.67	－54425.73	－46240.99
2050	58388.85	35178.35	29888.1	－88000.24	－53018.74	－45045.59

年份	延迟退休方案一减少基金缺口的比例		
	高工资增长率条件下延迟退休方案一减少基金缺口的比例	中工资增长率条件下延迟退休方案一减少基金缺口的比例	低工资增长率条件下延迟退休方案一减少基金缺口的比例
2015	0	0	0
2020	0	0	0
2025	28.33	28.33	28.33
2030	39.26	39.26	39.26
2035	53.87	53.87	53.87
2040	76.07	76.07	76.07
2045	100	100	100
2050	100	100	100

注：①在假设条件下根据公式 3－4、3－5 和 3－6 计算；②“0”表示延迟退休方案不能减少基金缺口，“100”表示完全消除基金缺口（并有结余）。

表 4－11 中数据显示，与现行退休年龄规定条件下测算结果相比，延迟退休方案一在 2021 年实施延迟退休政策之后，明显减少了 2021～2050 年社会统筹基金收支缺口规模。并且，根据测算结果，在延迟退休方案一条件下，2043～2050 年社会统筹基金连续实现收支结余。根据测算结果，在高缴费率、高覆盖率、现收现付 30% 目标替代率条件下，延迟退休方案一可

以在一定程度上缓解社会统筹基金收支压力，但在2043年之前延迟退休方案一无法完全消除社会统筹基金的收支缺口。表4－11下部数据显示，从2021年延迟退休政策实施开始，延迟退休方案一能够减少的基金缺口规模绝对值占现行退休年龄规定下基金缺口规模的比例逐步提高，从2043年开始，基金缺口完全消失并有结余。

3. 高缴费率—现收现付35%目标替代率—低覆盖率条件下的测算结果

在高缴费率、现收现付35%目标替代率、低覆盖率假设条件下，我们分别计算了2015～2050年的养老金收入和养老金支出，高、中、低三种工资增长率条件下的养老金结余，各年养老金结余在2015年的现值以及各年养老金2015年现值之和，测算结果见表4－12，表4－13为不同工资增长率条件下各年基金结余或缺口规模与现行退休年龄规定条件下测算结果的对比。

表4－12 延迟退休方案一的高缴费率—低覆盖率—现收现付35%目标替代率条件下2015～2050年养老金收支测算结果

单位：%，亿元

年份	制度赡养率	现收现付缴费率	现收现付替代率	高工资增长率条件下养老金结余	中工资增长率条件下养老金结余	低工资增长率条件下养老金结余
2015	34	10	42.41	-7335.05	-7199.22	-7131.30
2020	39	11	41.26	-13783.59	-12321.26	-11640.07
2025	43	12	40.15	-20648.19	-16786.75	-15113.54
2030	47	12	39.06	-29355.42	-21697.53	-18613.56
2035	48	14	38.00	-30337.37	-21158.23	-17976.38
2040	47	15	36.97	-21027.53	-13967.04	-11866.63
2045	42	16	35.97	10126.71	6406.18	5442.79
2050	37	17	35.00	54416.29	32784.94	27854.63
年份	3%利率			5%利率		
	高工资增长率条件下养老金缺口现值	中工资增长率条件下养老金缺口现值	低工资增长率条件下养老金缺口现值	高工资增长率条件下养老金缺口现值	中工资增长率条件下养老金缺口现值	低工资增长率条件下养老金缺口现值
2015	-7314.69	-7179.23	-7111.50	-7314.69	-7179.23	-7111.50
2020	-11859.79	-10601.56	-10015.45	-10772.51	-9629.62	-9097.25

续表

年份	3%利率			5%利率		
	高工资增长率条件下养老金缺口现值	中工资增长率条件下养老金缺口现值	低工资增长率条件下养老金缺口现值	高工资增长率条件下养老金缺口现值	中工资增长率条件下养老金缺口现值	低工资增长率条件下养老金缺口现值
2025	-15346.53	-12476.56	-11232.97	-12661.62	-10293.76	-9267.74
2030	-18842.13	-13926.82	-11947.33	-14120.46	-10436.88	-8953.44
2035	-16797.07	-11714.80	-9953.08	-11433.84	-7974.31	-6775.11
2040	-10042.87	-6670.74	-5667.57	-6209.49	-4124.51	-3504.25
2045	4172.07	2639.26	2242.36	2343.09	1482.25	1259.34
2050	19338.65	11651.22	9899.07	9865.14	5943.59	5049.77
缺口总额2015年现值	-304466.38	-246896.21	-221237.19	-252676.01	-204846.71	-184338.71

注：在假设条件下根据公式3-4、3-5和3-6计算。

表4-13　现行退休年龄规定与延迟退休方案一2015~2050年基金结余或缺口测算结果比较

单位：亿元，%

年份	延迟退休方案一			现行退休年龄规定		
	高工资增长率条件下基金结余	中工资增长率条件下基金结余	低工资增长率条件下基金结余	高工资增长率条件下基金结余	中工资增长率条件下基金结余	低工资增长率条件下基金结余
2015	-7335.05	-7199.22	-7131.3	-7335.05	-7199.22	-7131.3
2020	-13783.59	-12321.26	-11640.07	-13783.59	-12321.26	-11640.07
2025	-20648.19	-16786.75	-15113.54	-27166.24	-22085.86	-19884.46
2030	-29355.42	-21697.53	-18613.56	-45843.29	-33884.25	-29068.11
2035	-30337.37	-21158.23	-17976.38	-62098.09	-43309.14	-36796.15
2040	-21027.53	-13967.04	-11866.63	-78471.26	-52122.67	-44284.28
2045	10126.71	6406.18	5442.79	-90808.69	-57445.78	-48806.88
2050	54416.29	32784.94	27854.63	-96866.11	-58360.28	-49583.85

年份	延迟退休方案一减少基金缺口的比例		
	高工资增长率条件下延迟退休方案一减少基金缺口的比例	中工资增长率条件下延迟退休方案一减少基金缺口的比例	低工资增长率条件下延迟退休方案一减少基金缺口的比例
2015	0	0	0

续表

年份	延迟退休方案一减少基金缺口的比例		
	高工资增长率条件下延迟退休方案一减少基金缺口的比例	中工资增长率条件下延迟退休方案一减少基金缺口的比例	低工资增长率条件下延迟退休方案一减少基金缺口的比例
2020	0	0	0
2025	23.99	23.99	23.99
2030	35.97	35.97	35.97
2035	51.15	51.15	51.15
2040	73.20	73.20	73.20
2045	100	100	100
2050	100	100	100

注：①在假设条件下根据公式3－4、3－5和3－6计算；②“0”表示延迟退休方案不能减少基金缺口，“100”表示完全消除基金缺口（并有结余）。

表4－13中数据显示，与现行退休年龄规定条件下测算结果相比，延迟退休方案一在2021年实施延迟退休政策之后，明显减小了2021～2050年社会统筹基金收支缺口规模。根据测算结果，高缴费率、低覆盖率、现收现付35%目标替代率条件下，延迟退休方案一可以在一定程度上缓解社会统筹基金收支压力，但在2044年之前延迟退休方案一无法完全消除社会统筹基金的收支缺口。表4－13下部数据显示，从2021年延迟退休政策实施开始，延迟退休方案一能够减少的基金缺口规模绝对值占现行退休年龄规定下基金缺口规模的比例逐步提高，从2044年开始，基金缺口完全消失并有结余。

4. 高缴费率—现收现付30%目标替代率—低覆盖率条件下的测算结果

在高缴费率、现收现付30%目标替代率、低覆盖率假设条件下，我们分别计算了2015～2050年的养老金收入和养老金支出，高、中、低三种工资增长率条件下的养老金结余，各年养老金结余在2015年的现值以及各年养老金2015年现值之和，测算结果见表4－14，表4－15为不同工资增长率条件下各年基金结余或缺口规模与现行退休年龄规定条件下测算结果的对比。

表 4 - 14　延迟退休方案一的高缴费率—现收现付 30% 目标替代率—低覆盖率条件下 2015 ~ 2050 年养老金收支测算结果

单位：%，亿元

年份	制度赡养率	现收现付缴费率	现收现付替代率	高工资增长率条件下养老金结余	中工资增长率条件下养老金结余	低工资增长率条件下养老金结余
2015	34	10	42.41	-7144.04	-7011.75	-6945.60
2020	39	11	41.26	-12636.88	-11296.21	-10671.69
2025	43	12	40.15	-17666.76	-14362.88	-12931.27
2030	47	12	39.06	-23155.39	-17114.89	-14682.27
2035	48	14	38.00	-20212.58	-14096.88	-11976.94
2040	47	15	36.97	-6461.35	-4291.80	-3646.38
2045	42	16	35.97	28824.84	18234.66	15492.46
2050	37	17	35.00	77466.60	46672.38	39653.62

年份	3%利率			5%利率		
	高工资增长率条件下养老金缺口现值	中工资增长率条件下养老金缺口现值	低工资增长率条件下养老金缺口现值	高工资增长率条件下养老金缺口现值	中工资增长率条件下养老金缺口现值	低工资增长率条件下养老金缺口现值
2015	-7144.04	-7011.75	-6945.60	-7144.04	-7011.75	-6945.60
2020	-10900.69	-9744.21	-9205.49	-9901.33	-8850.87	-8361.55
2025	-13145.73	-10687.33	-9622.08	-10845.86	-8817.56	-7938.68
2030	-14862.56	-10985.40	-9423.99	-11138.14	-8232.55	-7062.42
2035	-11191.22	-7805.10	-6631.34	-7617.91	-5312.97	-4513.98
2040	-3085.98	-2049.79	-1741.53	-1908.06	-1267.38	-1076.79
2045	11875.45	7512.44	6382.69	6669.42	4219.09	3584.61
2050	27530.34	16586.59	14092.24	14043.94	8461.25	7188.82
缺口总额 2015 年现值	-143101.41	-136984.61	-126786.82	-149301.45	-133296.30	-122626.28

注：在假设条件下根据公式 3 - 4、3 - 5 和 3 - 6 计算。

表 4-15　现行退休年龄规定与延迟退休方案一 2015～2050 年基金结余或缺口测算结果比较

单位：亿元，%

年份	延迟退休方案一			现行退休年龄规定		
	高工资增长率条件下基金结余	中工资增长率条件下基金结余	低工资增长率条件下基金结余	高工资增长率条件下基金结余	中工资增长率条件下基金结余	低工资增长率条件下基金结余
2015	-7144.04	-7011.75	-6945.6	-7144.04	-7011.75	-6945.6
2020	-12636.88	-11296.21	-10671.69	-12636.88	-11296.21	-10671.69
2025	-17666.76	-14362.88	-12931.27	-23939.68	-19462.7	-17522.76
2030	-23155.39	-17114.89	-14682.27	-38800.1	-28678.4	-24602.2
2035	-20212.58	-14096.88	-11976.94	-49956.51	-34841.23	-29601.68
2040	-6461.35	-4291.8	-3646.38	-59621.9	-39602.43	-33646.87
2045	28824.84	18234.66	15492.46	-63625.77	-40249.81	-34196.9
2050	77466.6	46672.38	39653.62	-59938.38	-36111.91	-30681.27

年份	延迟退休方案一减少基金缺口的比例		
	高工资增长率条件下延迟退休方案一减少基金缺口的比例	中工资增长率条件下延迟退休方案一减少基金缺口的比例	低工资增长率条件下延迟退休方案一减少基金缺口的比例
2015	0	0	0
2020	0	0	0
2025	26.20	26.20	26.20
2030	40.32	40.32	40.32
2035	59.54	59.54	59.54
2040	89.16	89.16	89.16
2045	100.00	100.00	100.00
2050	100.00	100.00	100.00

注：①在假设条件下根据公式 3-4、3-5 和 3-6 计算；②"0"表示延迟退休方案不能减少基金缺口，"100"表示完全消除基金缺口（并有结余）。

表 4-15 中数据显示，与现行退休年龄规定条件下测算结果相比，延迟退休方案一在 2021 年实施延迟退休政策之后，明显减小了 2021～2050 年社会统筹基金收支缺口规模。根据测算结果，高缴费率、低覆盖率、现收现付 30% 目标替代率条件下，延迟退休方案一可以在一定程度上缓解社会统筹基金收支压力，但在 2041 年之前延迟退休方案一无法完全消除社会统筹

基金的收支缺口。表 4 – 15 下部数据显示，从 2021 年延迟退休政策实施开始，延迟退休方案一能够减少的基金缺口规模绝对值占现行退休年龄规定下基金缺口规模的比例逐步提高，从 2041 年开始，基金缺口完全消失并有结余。

5. 低缴费率—现收现付 30% 目标替代率—高覆盖率条件下的测算结果

在低缴费率、现收现付 30% 目标替代率、高覆盖率假设条件下，我们分别计算了 2015 ~ 2050 年的养老金收入和养老金支出，高、中、低三种工资增长率条件下的养老金结余，各年养老金结余在 2015 年的现值以及各年养老金 2015 年现值之和，测算结果见表 4 – 16，表 4 – 17 为不同工资增长率条件下各年基金结余或缺口规模与现行退休年龄规定条件下测算结果的对比。

表 4 – 16　延迟退休方案一的低缴费率—高覆盖率—现收现付 30% 目标替代率条件下 2015 ~ 2050 年养老金收支测算结果

单位：%，亿元

年份	制度赡养率	现收现付缴费率	现收现付替代率	高工资增长率条件下养老金结余	中工资增长率条件下养老金结余	低工资增长率条件下养老金结余
2015	28	9.53	42.06	-4124.78	-4048.40	-4010.21
2020	36	9.65	40.08	-14327.37	-12807.35	-12099.29
2025	42	9.75	38.19	-26066.40	-21191.69	-19079.42
2030	48	9.87	36.39	-42625.05	-31505.54	-27027.50
2035	51	10.00	34.67	-53381.71	-37230.06	-31631.27
2040	51	10.13	33.04	-56863.35	-37770.13	-32090.12
2045	46	10.25	31.48	-44836.14	-28363.45	-24098.05
2050	42	10.38	30.00	-27918.53	-16820.47	-14290.94

年份	3% 利率			5% 利率		
	高工资增长率条件下养老金缺口现值	中工资增长率条件下养老金缺口现值	低工资增长率条件下养老金缺口现值	高工资增长率条件下养老金缺口现值	中工资增长率条件下养老金缺口现值	低工资增长率条件下养老金缺口现值
2015	-4124.78	-4048.40	-4010.21	-4124.78	-4048.40	-4010.21
2020	-12358.92	-11047.73	-10436.95	-11225.87	-10034.89	-9480.11
2025	-19395.85	-15768.61	-14196.88	-16002.51	-13009.86	-11713.11

续表

年份	3%利率			5%利率		
	高工资增长率条件下养老金缺口现值	中工资增长率条件下养老金缺口现值	低工资增长率条件下养老金缺口现值	高工资增长率条件下养老金缺口现值	中工资增长率条件下养老金缺口现值	低工资增长率条件下养老金缺口现值
2030	-27359.40	-20222.21	-17347.93	-20503.38	-15154.70	-13000.69
2035	-29556.16	-20613.38	-17513.47	-20119.00	-14031.62	-11921.49
2040	-27158.25	-18039.22	-15326.42	-16791.90	-11153.62	-9476.30
2045	-18471.90	-11685.36	-9928.08	-10374.07	-6562.66	-5575.75
2050	27530.34	16586.59	14092.24	14043.94	8461.25	7188.82
缺口总额2015年现值	-143101.41	-136984.61	-126786.82	-149301.45	-133296.30	-122626.28

注：在假设条件下根据公式3-4、3-5和3-6计算。

表4-17　现行退休年龄规定与延迟退休方案一 2015~2050年基金结余或缺口测算结果比较

单位：亿元，%

年份	延迟退休方案一			现行退休年龄规定		
	高工资增长率条件下基金结余	中工资增长率条件下基金结余	低工资增长率条件下基金结余	高工资增长率条件下基金结余	中工资增长率条件下基金结余	低工资增长率条件下基金结余
2015	-4124.78	-4048.4	-4010.21	-4124.78	-4048.4	-4010.21
2020	-14327.37	-12807.35	-12099.29	-14327.37	-12807.35	-12099.29
2025	-26066.4	-21191.69	-19079.42	-33235.72	-27020.28	-24327.04
2030	-42625.05	-31505.54	-27027.5	-59772.43	-44179.72	-37900.24
2035	-53381.71	-37230.06	-31631.27	-84507.42	-58938.1	-50074.78
2040	-56863.35	-37770.13	-32090.12	-109743.89	-72894.77	-61932.59
2045	-44836.14	-28363.45	-24098.05	-132849.61	-84040.97	-71402.58
2050	-27918.53	-16820.47	-14290.94	-152651.47	-91970.06	-78139.27

年份	延迟退休方案一减少基金缺口的比例		
	高工资增长率条件下延迟退休方案一减少基金缺口的比例	中工资增长率条件下延迟退休方案一减少基金缺口的比例	低工资增长率条件下延迟退休方案一减少基金缺口的比例
2015	0	0	0
2020	0	0	0

续表

年份	延迟退休方案一减少基金缺口的比例		
	高工资增长率条件下延迟退休方案一减少基金缺口的比例	中工资增长率条件下延迟退休方案一减少基金缺口的比例	低工资增长率条件下延迟退休方案一减少基金缺口的比例
2025	21.57	21.57	21.57
2030	28.69	28.69	28.69
2035	36.83	36.83	36.83
2040	48.19	48.19	48.19
2045	66.25	66.25	66.25
2050	81.71	81.71	81.71

注：①在假设条件下根据公式3-4、3-5和3-6计算；②“0”表示延迟退休方案不能减少基金缺口，“100”表示完全消除基金缺口（并有结余）。

表4-17中数据显示，与现行退休年龄规定条件下测算结果相比，延迟退休方案一在2021年实施延迟退休政策之后，明显减小了2021～2050年社会统筹基金收支缺口规模。根据测算结果，高缴费率、低覆盖率、现收现付30%目标替代率条件下，延迟退休方案一可以在一定程度上缓解社会统筹基金收支压力。表4-17下部数据显示，从2021年延迟退休政策实施开始，延迟退休方案一能够减少的基金缺口规模绝对值占现行退休年龄规定下基金缺口规模的比例逐步提高，减少的比例从2025年的21.57%提高至2050年的81.71%，这意味着在延迟退休方案一条件下2050年社会统筹基金缺口规模下降为现行退休年龄规定条件下的18.29%。

6. 低缴费率—现收现付25%目标替代率—高覆盖率条件下的测算结果

在低缴费率、现收现付25%目标替代率、高覆盖率假设条件下，我们分别计算了2015～2050年的养老金收入和养老金支出，高、中、低三种工资增长率条件下的养老金结余，各年养老金结余在2015年的现值以及各年养老金2015年现值之和，测算结果见表4-18，表4-19为不同工资增长率条件下各年基金结余或缺口规模与现行退休年龄规定条件下测算结果的对比。

表 4－18　延迟退休方案一的低缴费率—高覆盖率—现收现付 25%目标替代率条件下 2015～2050 年养老金收支测算结果

单位：%，亿元

年份	制度赡养率	现收现付缴费率	现收现付替代率	高工资增长率条件下养老金结余	中工资增长率条件下养老金结余	低工资增长率条件下养老金结余
2015	27	953	41.65	－3897.31	－3825.14	－3789.05
2020	36	9.65	38.72	－12868.39	－11503.15	－10867.20
2025	42	9.75	36.00	－22259.51	－18096.74	－16292.95
2030	48	9.87	33.47	－34773.23	－25702.01	－22048.85
2035	51	10.00	31.11	－40783.11	－28443.41	－24165.98
2040	51	10.13	28.92	－39181.04	－26025.07	－22111.33
2045	46	10.25	26.89	－22810.44	－14429.94	－12259.91
2050	42	10.38	25.00	－1688.60	－1017.35	－864.36

年份	3%利率			5%利率		
	高工资增长率条件下养老金缺口现值	中工资增长率条件下养老金缺口现值	低工资增长率条件下养老金缺口现值	高工资增长率条件下养老金缺口现值	中工资增长率条件下养老金缺口现值	低工资增长率条件下养老金缺口现值
2015	－3897.31	－3825.14	－3789.05	－3897.31	－3825.14	－3789.05
2020	－11100.39	－9922.72	－9374.14	－10082.72	－9013.02	－8514.73
2025	－16563.17	－13465.67	－12123.49	－13665.41	－11109.83	－10002.46
2030	－22319.61	－16497.14	－14152.32	－16726.52	－12363.10	－10605.88
2035	－22580.62	－15748.42	－13380.12	－15370.72	－10720.02	－9107.91
2040	－18713.08	－12429.72	－10560.49	－11570.27	－7685.28	－6529.54
2045	－9397.60	－5944.94	－5050.92	－5277.82	－3338.76	－2836.67
2050	－600.10	－361.55	－307.18	－306.13	－184.44	－156.70
缺口总额 2015 年现值	－513518.44	－380102.20	－333371.63	－373510.47	－281312.78	－248242.75

注：在假设条件下根据公式 3－4、3－5 和 3－6 计算。

表 4－19　现行退休年龄规定与延迟退休方案一 2015～2050 年基金结余或缺口测算结果比较

单位：亿元，%

年份	延迟退休方案一			现行退休年龄规定		
	高工资增长率条件下基金结余	中工资增长率条件下基金结余	低工资增长率条件下基金结余	高工资增长率条件下基金结余	中工资增长率条件下基金结余	低工资增长率条件下基金结余
2015	－3897.31	－3825.14	－3789.05	－3897.31	－3825.14	－3789.05
2020	－12868.39	－11503.15	－10867.2	－12868.39	－11503.15	－10867.2
2025	－22259.51	－18096.74	－16292.95	－29102.28	－23659.83	－21301.55
2030	－34773.23	－25702.01	－22048.85	－50842.76	－37579.52	－32238.16
2035	－40783.11	－28443.41	－24165.98	－69439.7	－48429.41	－41146.42
2040	－39181.04	－26025.07	－22111.33	－87045.76	－57818.08	－49123.19
2045	－22810.44	－14429.94	－12259.91	－101175.37	－64003.77	－54378.66
2050	－1688.6	－1017.35	－864.36	－111046.75	－66903.89	－56842.64

年份	延迟退休方案一减少基金缺口的比例		
	高工资增长率条件下延迟退休方案一减少基金缺口的比例	中工资增长率条件下延迟退休方案一减少基金缺口的比例	低工资增长率条件下延迟退休方案一减少基金缺口的比例
2015	0	0	0
2020	0	0	0
2025	23.51	23.51	23.51
2030	31.61	31.61	31.61
2035	41.27	41.27	41.27
2040	54.99	54.99	54.99
2045	77.45	77.45	77.45
2050	98.48	98.48	98.48

注：①在假设条件下根据公式 3－4、3－5 和 3－6 计算；②“0”表示延迟退休方案不能减少基金缺口，“100”表示完全消除基金缺口（并有结余）。

表 4－19 中数据显示，与现行退休年龄规定条件下测算结果相比，延迟退休方案一在 2021 年实施延迟退休政策之后，明显减小了 2021～2050 年社会统筹基金收支缺口规模。根据测算结果，低缴费率、高覆盖率、现收现付 25% 目标替代率条件下，延迟退休方案一可以在一定程度上缓解社会统筹基金收支压力。表 4－19 下部数据显示，从 2021 年延迟退休政策实施开

始，延迟退休方案一能够减少的基金缺口规模绝对值占现行退休年龄规定下基金缺口规模的比例逐步提高，减少的比例从2025年的23.51%提高至2050年的98.48%，这意味着在延迟退休方案一条件下2050年社会统筹基金缺口规模下降为现行退休年龄规定条件下的1.52%。

7. 低缴费率—现收现付30%目标替代率—低覆盖率条件下的测算结果

在低缴费率、现收现付30%目标替代率、低覆盖率假设条件下，我们分别计算了2015~2050年的养老金收入和养老金支出，高、中、低三种工资增长率条件下的养老金结余，各年养老金结余在2015年的现值以及各年养老金2015年现值之和，测算结果见表4-20，表4-21为不同工资增长率条件下各年基金结余或缺口规模与现行退休年龄规定条件下测算结果的对比。

表4-20 延迟退休方案一的低缴费率—低覆盖率—现收现付30%目标替代率条件下2015~2050年养老金收支测算结果

单位：%，亿元

年份	制度赡养率	现收现付缴费率	现收现付替代率	高工资增长率条件下养老金结余	中工资增长率条件下养老金结余	低工资增长率条件下养老金结余
2015	34	9.53	42.06	-7571.18	-7430.98	-7360.87
2020	39	9.65	40.08	-15042.34	-13446.46	-12703.07
2025	43	9.75	38.19	-23848.60	-19388.65	-17456.10
2030	47	9.87	36.39	-35983.25	-26596.38	-22816.10
2035	48	10.00	34.67	-42547.43	-29673.90	-25211.43
2040	47	10.13	33.04	-42520.88	-28243.48	-23996.13
2045	42	10.25	31.48	-28290.57	-17896.68	-15205.31
2050	37	10.38	30.00	-8840.78	-5326.43	-4525.42
年份	3%利率			5%利率		
	高工资增长率条件下养老金缺口现值	中工资增长率条件下养老金缺口现值	低工资增长率条件下养老金缺口现值	高工资增长率条件下养老金缺口现值	中工资增长率条件下养老金缺口现值	低工资增长率条件下养老金缺口现值
2015	-7571.18	-7430.98	-7360.87	-7571.18	-7430.98	-7360.87
2020	-12975.65	-11599.04	-10957.78	-11786.07	-10535.65	-9953.19
2025	-17745.60	-14426.98	-12988.98	-14640.97	-11902.95	-10716.53

续表

年份	3%利率			5%利率		
	高工资增长率条件下养老金缺口现值	中工资增长率条件下养老金缺口现值	低工资增长率条件下养老金缺口现值	高工资增长率条件下养老金缺口现值	中工资增长率条件下养老金缺口现值	低工资增长率条件下养老金缺口现值
2030	-23096.28	-17071.20	-14644.79	-17308.56	-12793.31	-10974.94
2035	-23557.48	-16429.72	-13958.96	-16035.68	-11183.78	-9501.92
2040	-20308.21	-13489.24	-11460.68	-12556.53	-8340.38	-7086.12
2045	-11655.34	-7373.20	-6264.39	-6545.80	-4140.89	-3518.17
2050	-3141.87	-1892.92	-1608.26	-1602.75	-965.63	-820.42
缺口总额2015年现值	-573943.03	-425777.92	-374455.95	-417669.63	-316033.21	-279880.26

注：在假设条件下根据公式3-4、3-5和3-6计算。

表4-21　现行退休年龄规定与延迟退休方案一 2015~2050年基金结余或缺口测算结果比较

单位：亿元，%

年份	延迟退休方案一			现行退休年龄规定		
	高工资增长率条件下基金结余	中工资增长率条件下基金结余	低工资增长率条件下基金结余	高工资增长率条件下基金结余	中工资增长率条件下基金结余	低工资增长率条件下基金结余
2015	-7571.18	-7430.98	-7360.87	-7571.18	-7430.98	-7360.87
2020	-15042.34	-13446.46	-12703.07	-15042.34	-13446.46	-12703.07
2025	-23848.6	-19388.65	-17456.1	-29893.85	-24303.37	-21880.95
2030	-35983.25	-26596.38	-22816.1	-50758.41	-37517.17	-32184.67
2035	-42547.43	-29673.9	-25211.43	-70003.72	-48822.77	-41480.62
2040	-42520.88	-28243.48	-23996.13	-90333.82	-60002.09	-50978.76
2045	-28290.57	-17896.68	-15205.31	-108971.89	-68935.87	-58569.05
2050	-8840.78	-5326.43	-4525.42	-124589.6	-75063.24	-63774.96

年份	延迟退休方案一减少基金缺口的比例		
	高工资增长率条件下延迟退休方案一减少基金缺口的比例	中工资增长率条件下延迟退休方案一减少基金缺口的比例	低工资增长率条件下延迟退休方案一减少基金缺口的比例
2015	0	0	0
2020	0	0	0

续表

年份	延迟退休方案一减少基金缺口的比例		
	高工资增长率条件下延迟退休方案一减少基金缺口的比例	中工资增长率条件下延迟退休方案一减少基金缺口的比例	低工资增长率条件下延迟退休方案一减少基金缺口的比例
2025	20.22	20.22	20.22
2030	29.11	29.11	29.11
2035	39.22	39.22	39.22
2040	52.93	52.93	52.93
2045	74.04	74.04	74.04
2050	92.90	92.90	92.90

注：①在假设条件下根据公式3-4、3-5和3-6计算；②“0”表示延迟退休方案不能减少基金缺口，“100”表示完全消除基金缺口（并有结余）。

表4-21中数据显示，与现行退休年龄规定条件下测算结果相比，延迟退休方案一在2021年实施延迟退休政策之后，明显减小了2021~2050年社会统筹基金收支缺口规模。根据测算结果，低缴费率、高覆盖率、现收现付25%目标替代率条件下，延迟退休方案一可以在一定程度上缓解社会统筹基金收支压力。表4-21下部数据同时显示，从2021年延迟退休政策实施开始，延迟退休方案一能够减少的基金缺口规模绝对值占现行退休年龄规定下基金缺口规模的比例逐步提高，减少的比例从2025年的22.22%提高至2050年的92.90%，这意味着在延迟退休方案一条件下2050年社会统筹基金缺口规模下降为现行退休年龄规定条件下的8.1%。

8. 低缴费率—现收现付25%目标替代率—低覆盖率条件下的测算结果

在低缴费率、现收现付25%目标替代率、低覆盖率假设条件下，我们分别计算了2015~2050年的养老金收入和养老金支出，高、中、低三种工资增长率条件下的养老金结余，各年养老金结余在2015年的现值以及各年养老金2015年现值之和，测算结果见表4-22，表4-23为不同工资增长率条件下各年基金结余或缺口规模与现行退休年龄规定条件下测算结果的对比。

表 4－22　延迟退休方案一的低缴费率—低覆盖率—现收现付 25%目标替代率条件下 2015～2050 年养老金收支测算结果

单位：%，亿元

年份	制度赡养率	现收现付缴费率	现收现付替代率	高工资增长率条件下养老金结余	中工资增长率条件下养老金结余	低工资增长率条件下养老金结余
2015	34	9.53	41.65	－7347.31	－7211.25	－7143.22
2020	39	9.65	38.72	－13728.54	－12272.05	－11593.58
2025	43	9.75	36.00	－20509.43	－16673.94	－15011.98
2030	47	9.87	33.47	－29195.08	－21579.02	－18511.89
2035	48	10.00	31.11	－31710.76	－22116.07	－18790.18
2040	47	10.13	28.92	－27279.90	－18120.03	－15395.07
2045	42	10.25	26.89	－9164.38	－5797.41	－4925.57
2050	37	10.38	25.00	14209.53	8561.01	7273.58

年份	3%利率			5%利率		
	高工资增长率条件下养老金缺口现值	中工资增长率条件下养老金缺口现值	低工资增长率条件下养老金缺口现值	高工资增长率条件下养老金缺口现值	中工资增长率条件下养老金缺口现值	低工资增长率条件下养老金缺口现值
2015	－7347.31	－7211.25	－7143.22	－7347.31	－7211.25	－7143.22
2020	－11842.36	－10585.98	－10000.73	－10756.67	－9615.47	－9083.88
2025	－15260.94	－12406.98	－11170.32	－12591.01	－10236.35	－9216.05
2030	－18739.21	－13850.75	－11882.08	－14043.33	－10379.88	－8904.53
2035	－17557.48	－12245.13	－10403.66	－11951.45	－8335.31	－7081.82
2040	－13029.03	－8654.23	－7352.77	－8055.83	－5350.89	－4546.21
2045	－3775.60	－2388.46	－2029.27	－2120.43	－1341.39	－1139.67
2050	5049.83	3042.44	2584.91	2576.05	1552.03	1318.63
缺口总额 2015 年现值	－403708.97	－309333.50	－274286.64	－307885.26	－239680.76	－213939.38

注：在假设条件下根据公式 3－4、3－5 和 3－6 计算。

表 4－23　现行退休年龄规定与延迟退休方案一 2015～2050 年基金结余或缺口测算结果比较

单位：亿元，%

年份	延迟退休方案一			现行退休年龄规定		
	高工资增长率条件下基金结余	中工资增长率条件下基金结余	低工资增长率条件下基金结余	高工资增长率条件下基金结余	中工资增长率条件下基金结余	低工资增长率条件下基金结余
2015	－7347.31	－7211.25	－7143.22	－7347.31	－7211.25	－7143.22
2020	－13728.54	－12272.05	－11593.58	－13728.54	－12272.05	－11593.58
2025	－20509.43	－16673.94	－15011.98	－26280.13	－21365.45	－19235.86
2030	－29195.08	－21579.02	－18511.89	－43047.1	－31817.49	－27295.11
2035	－31710.76	－22116.07	－18790.18	－57008.46	－39759.47	－33780.3
2040	－27279.9	－18120.03	－15395.07	－70611.24	－46901.84	－39848.57
2045	－9164.38	－5797.41	－4925.57	－81166.66	－51346.22	－43624.59
2050	14209.53	8561.01	7273.58	－87661.86	－52814.87	－44872.38

年份	延迟退休方案一减少基金缺口的比例		
	高工资增长率条件下延迟退休方案一减少基金缺口的比例	中工资增长率条件下延迟退休方案一减少基金缺口的比例	低工资增长率条件下延迟退休方案一减少基金缺口的比例
2015	0	0	0
2020	0	0	0
2025	21.96	21.96	21.96
2030	32.18	32.18	32.18
2035	44.38	44.38	44.38
2040	61.37	61.37	61.37
2045	88.71	88.71	88.71
2050	100	100	100

注：①在假设条件下根据公式 3－4、3－5 和 3－6 计算；②“0”表示延迟退休方案不能减少基金缺口，“100”表示完全消除基金缺口（并有结余）。

表 4－23 中数据显示，与现行退休年龄规定条件下测算结果相比，延迟退休方案一在 2021 年实施延迟退休政策之后，明显减小了 2021～2050 年社会统筹基金收支缺口规模。根据测算结果，低缴费率、高覆盖率、现收现付 25% 目标替代率条件下，延迟退休方案一可以在一定程度上缓解社会统筹基金收支压力。表 4－23 下部数据显示，从 2021 年延迟退休政策实施开

始，延迟退休方案一能够减少的基金缺口规模绝对值占现行退休年龄规定下基金缺口规模的比例逐步提高，但在2047年之前无法完全消除社会统筹基金缺口，减少的比例从2025年的21.96%提高至2045年的88.71%，从2047年开始，社会统筹基金开始出现结余。

二 延迟退休方案二条件下社会统筹基金收支状况预测

（一）延迟退休方案二对制度赡养率的影响

我们进一步分析了在延迟退休方案二条件下企业职工养老保险制度赡养率的变化，并与现行退休年龄规定条件下制度赡养率进行对比，具体结果见表4-24。

表4-24 现行退休年龄规定与延迟退休方案二条件下的制度赡养率比较

单位：%

年份	现行退休年龄规定（高覆盖率假设）	延迟退休方案二（高覆盖率假设）	现行退休年龄规定（低覆盖率假设）	延迟退休方案二（低覆盖率假设）
2015	27.6	27.6	33.9	33.9
2016	29.1	29.1	33.9	33.9
2017	30.7	30.7	35.1	35.1
2018	32.4	32.4	36.4	36.4
2019	34.2	34.2	37.9	37.9
2020	36.1	36.1	39.4	39.4
2021	38.0	37.3	40.9	40.2
2022	40.1	38.7	42.6	41.2
2023	42.4	40.3	44.5	42.3
2024	44.9	42.0	46.5	43.6
2025	47.4	43.8	48.6	45.0
2026	49.8	45.5	50.5	46.3
2027	52.1	47.2	52.4	47.5
2028	54.4	48.8	54.3	48.7
2029	56.7	50.3	56.0	49.8
2030	58.7	51.5	57.6	50.6
2031	60.5	52.5	58.9	51.1

续表

年份	现行退休年龄规定（高覆盖率假设）	延迟退休方案二（高覆盖率假设）	现行退休年龄规定（低覆盖率假设）	延迟退休方案二（低覆盖率假设）
2032	62.2	53.4	60.2	51.6
2033	64.0	54.3	61.5	52.1
2034	65.9	55.2	62.9	52.6
2035	68.0	56.1	64.6	53.2
2036	69.8	56.6	65.9	53.3
2037	71.7	56.9	67.3	53.3
2038	73.6	57.2	68.8	53.3
2039	75.4	57.6	70.1	53.3
2040	77.1	57.9	71.4	53.3
2041	78.3	58.0	72.2	53.2
2042	79.6	58.4	73.1	53.3
2043	80.9	59.0	74.0	53.5
2044	82.3	59.8	75.0	54.1
2045	83.9	61.0	76.0	55.0
2046	84.9	61.8	76.6	55.5
2047	86.0	62.9	77.3	56.3
2048	87.1	64.2	77.9	57.2
2049	88.2	65.4	78.6	58.1
2050	89.1	66.4	79.1	58.8

注：利用各年人口数据和退休年龄规定测算。

表4－24显示，从2021年延迟退休政策实施开始，延迟退休方案二条件下的制度赡养率开始小于现行退休年龄规定条件下的制度赡养率。具体来看，按照高覆盖率假设，现行退休年龄规定条件下的制度赡养率从2015年的27.6%逐年提高至2050年的89.1%；而延迟退休方案二条件下的制度赡养率从2015年的27.6%逐年上升至2050年的66.4%；按照低覆盖率假设，现行退休年龄规定条件下的制度赡养率从2015年的33.9%逐年提高至2050年的79.1%，而延迟退休方案二条件下的制度赡养率从2015年的33.9%逐年上升至最高点58.8%。延迟退休方案二明显降低了企业职工养老保险的制度赡养率水平。

（二）延迟退休方案二对社会统筹基金收支情况的影响

我们按照相同假设条件进一步测算延迟退休方案二条件下社会统筹基金收支情况，并与现行退休年龄规定条件下基金收支状况进行对比，以量化延迟退休方案对企业职工养老保险基金收支的影响效应。

1. 高缴费率—高覆盖率—现收现付35%目标替代率条件下的测算结果

按照与现行退休年龄规定条件下社会统筹基金收支测算使用的相同假设条件，在延迟退休方案二条件下，我们分别计算了2015～2050年的养老金收入和养老金支出，高、中、低三种工资增长率条件下的养老金结余，各年养老金结余在2015年的现值以及各年养老金2015年现值之和，测算结果见表4－25，表4－26为不同工资增长率条件下各年基金结余或缺口规模与现行退休年龄规定条件下测算结果的对比。

表4－25　延迟退休方案二的高缴费率—高覆盖率—现收现付35%目标替代率条件下2015～2050年养老金收支测算结果

单位：%，亿元

年份	制度赡养率	现收现付缴费率	现收现付替代率	高工资增长率条件下养老金结余	中工资增长率条件下养老金结余	低工资增长率条件下养老金结余
2015	28	10	42.41	-3784.94	-3714.85	-3679.81
2020	36	11	41.26	-12688.31	-11342.18	-10715.12
2025	44	12	40.15	-24835.33	-20190.85	-18178.34
2030	52	12	39.06	-41695.06	-30818.15	-26437.82
2035	56	14	38.00	-52180.71	-36392.45	-30919.62
2040	58	15	36.97	-53939.67	-35828.15	-30440.18
2045	61	16	35.97	-56374.87	-35662.87	-30299.76
2050	66	17	35.00	-63100.89	-38017.28	-32300.10
年份	3%利率			5%利率		
	高工资增长率条件下养老金缺口现值	中工资增长率条件下养老金缺口现值	低工资增长率条件下养老金缺口现值	高工资增长率条件下养老金缺口现值	中工资增长率条件下养老金缺口现值	低工资增长率条件下养老金缺口现值
2015	-3784.94	-3714.85	-3679.81	-3784.94	-3714.85	-3679.81
2020	-10945.05	-9783.87	-9242.96	-9941.63	-8886.90	-8395.58
2025	-18479.82	-15023.89	-13526.39	-15246.74	-12395.43	-11159.92

续表

年份	3%利率			5%利率		
	高工资增长率条件下养老金缺口现值	中工资增长率条件下养老金缺口现值	低工资增长率条件下养老金缺口现值	高工资增长率条件下养老金缺口现值	中工资增长率条件下养老金缺口现值	低工资增长率条件下养老金缺口现值
2030	-26762.47	-19781.00	-16969.43	-20056.04	-14824.06	-12717.04
2035	-28891.19	-20149.62	-17119.44	-19666.36	-13715.93	-11653.28
2040	-25761.89	-17111.72	-14538.40	-15928.53	-10580.15	-8989.07
2045	-23225.70	-14692.63	-12483.10	-13043.87	-8251.58	-7010.68
2050	-22425.01	-13510.71	-11478.92	-11439.58	-6892.16	-5855.69
缺口2015年现值总额	-744381.03	-531566.70	-462503.78	-512573.67	-373517.56	-326928.69

注：在假设条件下根据公式3-4、3-5和3-6计算。

表4-26　现行退休年龄规定与延迟退休方案二2015~2050年基金结余或缺口测算结果比较

单位：亿元，%

年份	延迟退休方案二			现行退休年龄规定		
	高工资增长率条件下基金结余	中工资增长率条件下基金结余	低工资增长率条件下基金结余	高工资增长率条件下基金结余	中工资增长率条件下基金结余	低工资增长率条件下基金结余
2015	-3784.94	-3714.85	-3679.81	-3784.94	-3714.85	-3679.81
2020	-12688.31	-11342.18	-10715.12	-12688.31	-11342.18	-10715.12
2025	-24835.33	-20190.85	-18178.34	-29943.32	-24343.59	-21917.15
2030	-41695.06	-30818.15	-26437.82	-54343.81	-40167.25	-34458.08
2035	-52180.71	-36392.45	-30919.62	-76526.27	-53371.8	-45345.56
2040	-53939.67	-35828.15	-30440.18	-98703.32	-65561.34	-55701.99
2045	-56374.87	-35662.87	-30299.76	-117000	-74014.47	-62883.91
2050	-63100.89	-38017.28	-32300.1	-129604.95	-78084.91	-66342.22

年份	延迟退休方案二减少基金缺口的比例		
	高工资增长率条件下延迟退休方案二减少基金缺口的比例	中工资增长率条件下延迟退休方案二减少基金缺口的比例	低工资增长率条件下延迟退休方案二减少基金缺口的比例
2015	0	0	0
2020	0	0	0

续表

年份	延迟退休方案二减少基金缺口的比例		
	高工资增长率条件下延迟退休方案二减少基金缺口的比例	中工资增长率条件下延迟退休方案二减少基金缺口的比例	低工资增长率条件下延迟退休方案二减少基金缺口的比例
2025	17.06	17.06	17.06
2030	23.28	23.28	23.28
2035	31.81	31.81	31.81
2040	45.35	45.35	45.35
2045	51.82	51.82	51.82
2050	51.31	51.31	51.31

注：①在假设条件下根据公式 3－4、3－5 和 3－6 计算；②"0"表示延迟退休方案不能减少基金缺口，"100"表示完全消除基金缺口（并有结余）。

表 4－26 中数据显示，与现行退休年龄条件下的测算结果相比，延迟退休方案二在 2021 年实施延迟退休之后，明显减少了 2021～2050 年社会统筹基金缺口规模。根据测算结果，高缴费率、高覆盖率、现收现付 35% 目标替代率条件下，延迟退休方案二可以在一定程度上缓解社会统筹基金的收支压力，但在 2050 年之前延迟退休方案二无法完全消除社会统筹基金的收支缺口。表 4－26 下部数据显示，因为 2021 年之前延迟退休政策尚未实施，所以，与现行退休年龄规定条件下测算结果相比，延迟退休方案二并不能降低基金缺口规模，从 2021 年开始，延迟退休方案二能够减少的基金缺口规模绝对值占现行退休年龄规定下基金缺口规模的作用开始显现，2025 年，其减少基金缺口比例为 17.06%，2045 年，其达到 51.82%，2050 年，其约为 51.31%。

2. 高缴费率—高覆盖率—现收现付 30% 目标替代率条件下的测算结果

在延迟退休方案二条件下，我们测算了 2015～2050 年的养老金收入和养老金支出，高、中、低三种工资增长率条件下的养老金结余，各年养老金结余在 2015 年的现值以及各年养老金 2015 年现值之和，测算结果见表 4－27，表 4－28 为不同工资增长率条件下各年基金结余或缺口规模与现行退休年龄规定条件下测算结果的对比。

表 4-27　延迟退休方案二的高缴费率—高覆盖率—现收现付 30% 目标替代率条件下 2015～2050 年养老金收支测算结果

单位：%，亿元

年份	制度赡养率	现收现付缴费率	现收现付替代率	高工资增长率条件下养老金结余	中工资增长率条件下养老金结余	低工资增长率条件下养老金结余
2015	28	10	42.06	-3590.86	-3524.36	-3491.11
2020	36	11	40.08	-11414.89	-10203.86	-9639.73
2025	44	12	38.19	-21337.44	-17347.10	-15618.04
2030	52	12	36.39	-34190.39	-25271.22	-21679.29
2035	56	14	34.67	-39662.90	-27662.14	-23502.21
2040	58	15	33.04	-35629.23	-23665.87	-20106.91
2045	61	16	31.48	-30612.19	-19365.34	-16453.11
2050	66	17	30.00	-27796.93	-16747.20	-14228.70
年份	3% 利率			5% 利率		
	高工资增长率条件下养老金缺口现值	中工资增长率条件下养老金缺口现值	低工资增长率条件下养老金缺口现值	高工资增长率条件下养老金缺口现值	中工资增长率条件下养老金缺口现值	低工资增长率条件下养老金缺口现值
2015	-3590.86	-3524.36	-3491.11	-3590.86	-3524.36	-3491.11
2020	-9846.58	-8801.94	-8315.32	-8943.86	-7994.99	-7552.98
2025	-15877.06	-12907.88	-11621.29	-13099.34	-10649.62	-9588.12
2030	-21945.51	-16220.63	-13915.11	-16446.16	-12155.89	-10428.11
2035	-21960.38	-15315.85	-13012.60	-14948.53	-10425.57	-8857.73
2040	-17016.72	-11302.95	-9603.17	-10521.41	-6988.60	-5937.63
2045	-12611.82	-7978.27	-6778.47	-7082.97	-4480.70	-3806.88
2050	-9878.57	-5951.68	-5056.64	-5039.31	-3036.11	-2579.52
缺口总额 2015 年现值	-533327.97	-388808.85	-339966.72	-378950.35	-281699.39	-247842.41

注：在假设条件下根据公式 3-4、3-5 和 3-6 计算。

表 4－28　现行退休年龄规定与延迟退休方案二 2015～2050 年基金结余或缺口测算结果比较

单位：亿元，%

年份	延迟退休方案二			现行退休年龄规定		
	高工资增长率条件下基金结余	中工资增长率条件下基金结余	低工资增长率条件下基金结余	高工资增长率条件下基金结余	中工资增长率条件下基金结余	低工资增长率条件下基金结余
2015	－3590.86	－3524.36	－3491.11	－3590.86	－3524.36	－3491.11
2020	－11414.89	－10203.86	－9639.73	－11414.89	－10203.86	－9639.73
2025	－21337.44	－17347.1	－15618.04	－26252.71	－21343.17	－19215.80
2030	－34190.39	－25271.22	－21679.29	－46187.83	－34138.90	－29286.58
2035	－39662.9	－27662.14	－23502.21	－62448.38	－43553.44	－37003.72
2040	－35629.23	－23665.87	－20106.91	－77010.15	－51152.16	－43459.72
2045	－30612.19	－19365.34	－16453.11	－86034.67	－54425.73	－46240.99
2050	－27796.93	－16747.2	－14228.7	－88000.24	－53018.74	－45045.59

年份	延迟退休方案二减少基金缺口的比例		
	高工资增长率条件下延迟退休方案二减少基金缺口的比例	中工资增长率条件下延迟退休方案二减少基金缺口的比例	低工资增长率条件下延迟退休方案二减少基金缺口的比例
2015	0	0	0
2020	0	0	0
2025	18.72	18.72	18.72
2030	25.98	25.98	25.98
2035	36.49	36.49	36.49
2040	53.73	53.73	53.73
2045	64.42	64.42	64.42
2050	68.41	68.41	68.41

注：①在假设条件下根据公式 3－4、3－5 和 3－6 计算；②“0”表示延迟退休方案不能减少基金缺口，“100”表示完全消除基金缺口（并有结余）。

表 4－28 中数据显示，与现行退休年龄规定条件下测算结果相比，延迟退休方案二在 2021 年开始实施延迟退休政策之后，明显减少了 2021～2050 年社会统筹基金收支缺口规模。根据测算结果，高缴费率、高覆盖率、现收现付 30% 替代率条件下，延迟退休方案二可以在一定程度上缓解社会统筹基金收支压力，但在 2050 年之前延迟退休方案二无法完全消除社会统筹

基金的收支缺口。表4－28下部数据显示，从2021年延迟退休政策实施开始，延迟退休方案二能够减少的基金缺口规模绝对值占现行退休年龄规定下基金缺口规模的比例逐步提高，2025年，其减少比例为18.72%，2050年，其减少比例为68.41%。

3. 高缴费率—现收现付35%目标替代率—低覆盖率条件下的测算结果

在高缴费率、现收现付35%目标替代率、低覆盖率假设条件下，我们分别计算了2015～2050年的养老金收入和养老金支出，高、中、低三种工资增长率条件下的养老金结余，各年养老金结余在2015年的现值以及各年养老金2015年现值之和，测算结果见表4－29，表4－30为不同工资增长率条件下各年基金结余或缺口规模与现行退休年龄规定条件下测算结果的对比。

表4－29　延迟退休方案二的高缴费率—低覆盖率—现收现付35%目标替代率条件下2015～2050年养老金收支测算结果

单位：%，亿元

年份	制度赡养率	现收现付缴费率	现收现付替代率	高工资增长率条件下养老金结余	中工资增长率条件下养老金结余	低工资增长率条件下养老金结余
2015	28	10	42.06	－7335.05	－7199.22	－7131.30
2020	36	11	40.08	－13783.59	－12321.26	－11640.07
2025	44	12	38.19	－22857.70	－18583.06	－16730.80
2030	52	12	36.39	－34935.39	－25821.87	－22151.68
2035	56	14	34.67	－40581.55	－28302.83	－24046.55
2040	58	15	33.04	－37854.97	－25144.26	－21362.98
2045	61	16	31.48	－34781.45	－22002.83	－18693.96
2050	66	17	30.00	－34677.78	－20892.81	－17750.87
年份	3%利率			5%利率		
	高工资增长率条件下养老金缺口现值	中工资增长率条件下养老金缺口现值	低工资增长率条件下养老金缺口现值	高工资增长率条件下养老金缺口现值	中工资增长率条件下养老金缺口现值	低工资增长率条件下养老金缺口现值
2015	－7335.05	－7199.22	－7131.30	－7335.05	－7199.22	－7131.30
2020	－11889.85	－10628.42	－10040.83	－10799.80	－9654.03	－9120.30
2025	－17008.27	－13827.54	－12449.29	－14032.64	－11408.38	－10271.26

续表

年份	3%利率			5%利率		
	高工资增长率条件下养老金缺口现值	中工资增长率条件下养老金缺口现值	低工资增长率条件下养老金缺口现值	高工资增长率条件下养老金缺口现值	中工资增长率条件下养老金缺口现值	低工资增长率条件下养老金缺口现值
2030	-22423.70	-16574.07	-14218.32	-16804.52	-12420.76	-10655.34
2035	-22469.02	-15670.59	-13313.99	-15294.76	-10667.04	-9062.89
2040	-18079.74	-12009.04	-10203.08	-11178.68	-7425.17	-6308.55
2045	-14329.50	-9064.87	-7701.67	-8047.64	-5090.96	-4325.36
2050	-12323.91	-7424.96	-6308.36	-6286.74	-3787.66	-3218.06
缺口总额2015年现值	-584852.81	-428716.58	-376229.97	-417736.50	-312984.64	-276638.51

注：在假设条件下根据公式3-4、3-5和3-6计算。

表4-30　现行退休年龄规定与延迟退休方案二2015~2050年基金结余或缺口测算结果比较

单位：亿元，%

年份	延迟退休方案二			现行退休年龄规定		
	高工资增长率条件下基金结余	中工资增长率条件下基金结余	低工资增长率条件下基金结余	高工资增长率条件下基金结余	中工资增长率条件下基金结余	低工资增长率条件下基金结余
2015	-7335.05	-7199.22	-7131.3	-7335.05	-7199.22	-7131.3
2020	-13783.59	-12321.26	-11640.07	-13783.59	-12321.26	-11640.07
2025	-22857.7	-18583.06	-16730.8	-27166.24	-22085.86	-19884.46
2030	-34935.39	-25821.87	-22151.68	-45843.29	-33884.25	-29068.11
2035	-40581.55	-28302.83	-24046.55	-62098.09	-43309.14	-36796.15
2040	-37854.97	-25144.26	-21362.98	-78471.26	-52122.67	-44284.28
2045	-34781.45	-22002.83	-18693.96	-90808.69	-57445.78	-48806.88
2050	-34677.78	-20892.81	-17750.87	-96866.11	-58360.28	-49583.85

年份	延迟退休方案二减少基金缺口的比例		
	高工资增长率条件下延迟退休方案二减少基金缺口的比例	中工资增长率条件下延迟退休方案二减少基金缺口的比例	低工资增长率条件下延迟退休方案二减少基金缺口的比例
2015	0	0	0
2020	0	0	0

续表

年份	延迟退休方案二减少基金缺口的比例		
	高工资增长率条件下延迟退休方案二减少基金缺口的比例	中工资增长率条件下延迟退休方案二减少基金缺口的比例	低工资增长率条件下延迟退休方案二减少基金缺口的比例
2025	15.86	15.86	15.86
2030	23.79	23.79	23.79
2035	34.65	34.65	34.65
2040	51.76	51.76	51.76
2045	61.70	61.70	61.70
2050	64.20	64.20	64.20

注：①在假设条件下根据公式 3－4、3－5 和 3－6 计算；②“0”表示延迟退休方案不能减少基金缺口，“100”表示完全消除基金缺口（并有结余）。

表 4－30 中数据显示，与现行退休年龄规定条件下测算结果相比，在延迟退休方案二在 2021 年实施延迟退休政策之后，明显减少了 2021～2050 年社会统筹基金收支缺口规模。根据测算结果，高缴费率、低覆盖率、现收现付 35% 目标替代率条件下，延迟退休方案二可以在一定程度上缓解社会统筹基金收支压力，但在 2050 年之前无法完全消除社会统筹基金的收支缺口。表 4－30 下部数据显示，从 2021 年延迟退休政策实施开始，延迟退休方案二能够减少的基金缺口规模绝对值占现行退休年龄规定下基金缺口规模的比例逐步提高，2025 年，减少基金缺口的比例为 15.86%，2050 年，其为 64.20%。

4. 高缴费率—现收现付 30% 目标替代率—低覆盖率条件下的测算结果

在高缴费率、现收现付 30% 目标替代率、低覆盖率条件下，我们按照延迟退休方案二分别计算了 2015～2050 年的养老金收入和养老金支出，高、中、低三种工资增长率条件下的养老金结余，各年养老金结余在 2015 年的现值以及各年养老金 2015 年现值之和，测算结果见表 4－21，表 4－32 为不同工资增长率条件下各年基金结余或缺口规模与现行退休年龄规定条件下测算结果的对比。

表 4－31　延迟退休方案二的高缴费率—高覆盖率—现收现付 30% 目标替代率条件下 2015～2050 年养老金收支测算结果

单位：%，亿元

年份	制度赡养率	现收现付缴费率	现收现付替代率	高工资增长率条件下养老金结余	中工资增长率条件下养老金结余	低工资增长率条件下养老金结余
2015	34	10	42.41	－7144.04	－7011.75	－6945.60
2020	39	11	41.26	－12636.88	－11296.21	－10671.69
2025	45	12	40.15	－19793.17	－16091.63	－14487.71
2030	51	12	39.06	－28450.05	－21028.34	－18039.48
2035	53	14	38.00	－29804.46	－20786.56	－17660.60
2040	53	15	36.97	－22032.31	－14634.44	－12433.66
2045	55	16	35.97	－12301.48	－7781.95	－6611.67
2050	59	17	35.00	－3434.26	－2069.09	－1757.93

年份	3% 利率			5% 利率		
	高工资增长率条件下养老金缺口现值	中工资增长率条件下养老金缺口现值	低工资增长率条件下养老金缺口现值	高工资增长率条件下养老金缺口现值	中工资增长率条件下养老金缺口现值	低工资增长率条件下养老金缺口现值
2015	－7144.04	－7011.75	－6945.60	－7144.04	－7011.75	－6945.60
2020	－10900.69	－9744.21	－9205.49	－9901.33	－8850.87	－8361.55
2025	－14727.98	－11973.68	－10780.21	－12151.29	－9878.86	－8894.19
2030	－18261.01	－13497.29	－11578.86	－13684.96	－10114.99	－8677.30
2035	－16502.01	－11509.01	－9778.25	－11232.99	－7834.24	－6656.10
2040	－10522.75	－6989.49	－5938.38	－6506.20	－4321.59	－3671.69
2045	－5068.05	－3206.06	－2723.92	－2846.29	－1800.57	－1529.79
2050	－1220.48	－735.32	－624.74	－622.60	－375.11	－318.70
缺口总额 2015 年现值	－401001.09	－304342.67	－269448.72	－301343.09	－232975.55	－207701.45

注：在假设条件下根据公式 3－4、3－5 和 3－6 计算。

表 4－32　现行退休年龄规定与延迟退休方案二 2015～2050 年基金结余或缺口测算结果比较

单位：亿元，%

年份	延迟退休方案二			现行退休年龄规定		
	高工资增长率条件下基金结余	中工资增长率条件下基金结余	低工资增长率条件下基金结余	高工资增长率条件下基金结余	中工资增长率条件下基金结余	低工资增长率条件下基金结余
2015	－7144.04	－7011.75	－6945.6	－7144.04	－7011.75	－6945.6
2020	－12636.88	－11296.21	－10671.69	－12636.88	－11296.21	－10671.69
2025	－19793.17	－16091.63	－14487.71	－23939.68	－19462.7	－17522.76
2030	－28450.05	－21028.34	－18039.48	－38800.1	－28678.4	－24602.2
2035	－29804.46	－20786.56	－17660.6	－49956.51	－34841.23	－29601.68
2040	－22032.31	－14634.44	－12433.66	－59621.9	－39602.43	－33646.87
2045	－12301.48	－7781.95	－6611.67	－63625.77	－40249.81	－34196.9
2050	－3434.26	－2069.09	－1757.93	－59938.38	－36111.91	－30681.27

年份	延迟退休方案二减少基金缺口的比例		
	高工资增长率条件下延迟退休方案二减少基金缺口的比例	中工资增长率条件下延迟退休方案二减少基金缺口的比例	低工资增长率条件下延迟退休方案二减少基金缺口的比例
2015	0	0	0
2020	0	0	0
2025	17.32	17.32	17.32
2030	26.68	26.68	26.68
2035	40.34	40.34	40.34
2040	63.05	63.05	63.05
2045	80.67	80.67	80.67
2050	94.27	94.27	94.27

注：①在假设条件下根据公式 3－4、3－5 和 3－6 计算；②“0”表示延迟退休方案不能减少基金缺口，“100”表示完全消除基金缺口（并有结余）。

表 4－32 中数据显示，与现行退休年龄规定条件下测算结果相比，延迟退休方案二在 2021 年实施延迟退休政策之后，明显减少了 2021～2050 年社会统筹基金收支缺口规模，但在 2050 年之前无法完全消除社会统筹基金的收支缺口。表 4－32 下部数据显示，从 2021 年延迟退休政策实施开始，延迟退休方案一能够减少的基金缺口规模绝对值占现行退休年龄规定下基金

缺口规模的比例逐步提高，2025 年减少基金缺口的比例为 17.32%，2050 年，其为 94.27%。

5. 低缴费率—现收现付 30% 目标替代率—高覆盖率条件下的测算结果

在低缴费率、现收现付 30% 目标替代率、高覆盖率假设条件下，我们分别计算了 2015 ~ 2050 年的养老金收入和养老金支出，高、中、低三种工资增长率条件下的养老金结余，各年养老金结余在 2015 年的现值以及各年养老金 2015 年现值之和，测算结果见表 4 – 33，表 4 – 34 为不同工资增长率条件下各年基金结余或缺口规模与现行退休年龄规定条件下测算结果的对比。

表 4 – 33　延迟退休方案二的低缴费率—高覆盖率—现收现付 30% 目标替代率条件下 2015 ~ 2050 年养老金收支测算结果

单位：%，亿元

年份	制度赡养率	现收现付缴费率	现收现付替代率	高工资增长率条件下养老金结余	中工资增长率条件下养老金结余	低工资增长率条件下养老金结余
2015	28	95.3	42.06	–4124.78	–4048.40	–4010.21
2020	36	96.5	40.08	–14327.37	–12807.35	–12099.29
2025	44	97.5	38.19	–28496.96	–23167.71	–20858.48
2030	52	98.7	36.39	–48428.36	–35794.95	–30707.24
2035	56	10.00	34.67	–63433.15	–44240.25	–37587.24
2040	58	10.13	33.04	–72398.50	–48088.98	–40857.19
2045	0.61	10.25	31.48	–84191.70	–53259.86	–45250.45
2050	66	10.38	30.00	–101407.68	–61096.50	–51908.59
年份	3% 利率			5% 利率		
	高工资增长率条件下养老金缺口现值	中工资增长率条件下养老金缺口现值	低工资增长率条件下养老金缺口现值	高工资增长率条件下养老金缺口现值	中工资增长率条件下养老金缺口现值	低工资增长率条件下养老金缺口现值
2015	–4124.78	–4048.40	–4010.21	–4124.78	–4048.40	–4010.21
2020	–12358.92	–11047.73	–10436.95	–11225.87	–10034.89	–9480.11
2025	–21204.41	–17238.95	–15520.67	–17494.66	–14222.97	–12805.30
2030	–31084.32	–22975.42	–19709.81	–23294.87	–17217.98	–14770.71
2035	–35121.40	–24494.76	–20811.15	–23907.29	–16673.69	–14166.24

续表

年份	3%利率			5%利率		
	高工资增长率条件下养老金缺口现值	中工资增长率条件下养老金缺口现值	低工资增长率条件下养老金缺口现值	高工资增长率条件下养老金缺口现值	中工资增长率条件下养老金缺口现值	低工资增长率条件下养老金缺口现值
2040	-34577.92	-22967.57	-19513.62	-21379.48	-14200.81	-12065.24
2045	-34685.86	-21942.36	-18642.59	-19480.06	-12323.13	-10469.93
2050	-36038.61	-21712.68	-18447.45	-18384.23	-11076.20	-9410.52
缺口总额2015年现值	-960893.01	-677999.71	-588393.52	-649318.74	-467632.02	-408180.91

注：在假设条件下根据公式3-4、3-5和3-6计算。

表4-34　现行退休年龄规定与延迟退休方案二2015～2050年基金结余或缺口测算结果比较

单位：亿元，%

年份	延迟退休方案二			现行退休年龄规定		
	高工资增长率条件下基金结余	中工资增长率条件下基金结余	低工资增长率条件下基金结余	高工资增长率条件下基金结余	中工资增长率条件下基金结余	低工资增长率条件下基金结余
2015	-4124.78	-4048.40	-4010.21	-4124.78	-4048.4	-4010.21
2020	-14327.37	-12807.35	-12099.29	-14327.37	-12807.35	-12099.29
2025	-28496.96	-23167.71	-20858.48	-33235.72	-27020.28	-24327.04
2030	-48428.36	-35794.95	-30707.24	-59772.43	-44179.72	-37900.24
2035	-63433.15	-44240.25	-37587.24	-84507.42	-58938.1	-50074.78
2040	-72398.50	-48088.98	-40857.19	-109743.89	-72894.77	-61932.59
2045	-84191.70	-53259.86	-45250.45	-132849.61	-84040.97	-71402.58
2050	-101407.68	-61096.50	-51908.59	-152651.47	-91970.06	-78139.27

年份	延迟退休方案二减少基金缺口的比例		
	高工资增长率条件下延迟退休方案二减少基金缺口的比例	中工资增长率条件下延迟退休方案二减少基金缺口的比例	低工资增长率条件下延迟退休方案二减少基金缺口的比例
2015	0	0	0
2020	0	0	0
2025	14.26	14.26	14.26
2030	18.98	18.98	18.98

续表

年份	延迟退休方案二减少基金缺口的比例		
	高工资增长率条件下延迟退休方案二减少基金缺口的比例	中工资增长率条件下延迟退休方案二减少基金缺口的比例	低工资增长率条件下延迟退休方案二减少基金缺口的比例
2035	24.94	24.94	24.94
2040	34.03	34.03	34.03
2045	36.63	36.63	36.63
2050	33.57	33.57	33.57

注：①在假设条件下根据公式3－4、3－5和3－6计算；②“0”表示延迟退休方案不能减少基金缺口，“100”表示完全消除基金缺口（并有结余）。

表4－34中数据显示，与现行退休年龄规定条件下测算结果相比，延迟退休方案二在2021年实施延迟退休政策之后，明显减少了2021～2050年社会统筹基金收支缺口规模。根据测算结果，高缴费率、低覆盖率、现收现付30%目标替代率条件下，延迟退休方案二可以在一定程度上缓解社会统筹基金收支压力。表4－34下部数据显示，从2021年延迟退休政策实施开始，延迟退休方案二能够减少的基金缺口规模绝对值占现行退休年龄规定下基金缺口规模的比例。2025年，其为14.26%，2045年，其为36.63%，2050年，其为33.57%。

6. 低缴费率—现收现付25%目标替代率—高覆盖率条件下的测算结果

在低缴费率、现收现付25%目标替代率、高覆盖率假设条件下，我们分别计算了2015～2050年的养老金收入和养老金支出，高、中、低三种工资增长率条件下的养老金结余，各年养老金结余在2015年的现值以及各年养老金2015年现值之和，测算结果见表4－35，表4－36为不同工资增长率条件下各年基金结余或缺口规模与现行退休年龄规定条件下测算结果的对比。

表4－35 延迟退休方案二的低缴费率—高覆盖率—现收现付25%目标替代率条件下2015～2050年养老金收支测算结果

单位：%，亿元

年份	制度赡养率	现收现付缴费率	现收现付替代率	高工资增长率条件下养老金结余	中工资增长率条件下养老金结余	低工资增长率条件下养老金结余
2015	28	95.3	41.65	－3897.31	－3825.14	－3789.05

续表

年份	制度赡养率	现收现付缴费率	现收现付替代率	高工资增长率条件下养老金结余	中工资增长率条件下养老金结余	低工资增长率条件下养老金结余
2020	36	96.5	38.72	-12868.39	-11503.15	-10867.20
2025	44	97.5	36.00	-24579.35	-19982.74	-17990.98
2030	52	98.7	33.47	-40211.79	-29721.83	-25497.32
2035	56	10.00	31.11	-50035.21	-34896.11	-29648.31
2040	58	10.13	28.92	-53239.81	-35363.28	-30045.22
2045	61	10.25	26.89	-57839.22	-36589.22	-31086.81
2050	66	10.38	25.00	-66103.71	-39826.43	-33837.19
年份	3%利率			5%利率		
	高工资增长率条件下养老金缺口现值	中工资增长率条件下养老金缺口现值	低工资增长率条件下养老金缺口现值	高工资增长率条件下养老金缺口现值	中工资增长率条件下养老金缺口现值	低工资增长率条件下养老金缺口现值
2015	-3897.31	-3825.14	-3789.05	-3897.31	-3825.14	-3789.05
2020	-11100.39	-9922.72	-9374.14	-10082.72	-9013.02	-8514.73
2025	-18289.35	-14869.04	-13386.98	-15089.59	-12267.67	-11044.90
2030	-25810.42	-19077.31	-16365.76	-19342.56	-14296.71	-12264.65
2035	-27703.28	-19321.13	-16415.55	-18857.74	-13151.98	-11174.13
2040	-25427.63	-16889.70	-14349.76	-15721.86	-10442.87	-8872.44
2045	-23828.99	-15074.28	-12807.35	-13382.69	-8465.92	-7192.79
2050	-23492.16	-14153.65	-12025.17	-11983.96	-7220.14	-6134.35
缺口总额2015年现值	-739304.89	-527582.13	-459184.88	-508209.22	-370285.04	-324254.51

注：在假设条件下根据公式3-4、3-5和3-6计算。

表4-36　现行退休年龄规定与延迟退休方案二2015~2050年基金结余或缺口测算结果比较

单位：亿元，%

年份	延迟退休方案二			现行退休年龄规定		
	高工资增长率条件下基金结余	中工资增长率条件下基金结余	低工资增长率条件下基金结余	高工资增长率条件下基金结余	中工资增长率条件下基金结余	低工资增长率条件下基金结余
2015	-3897.31	-3825.14	-3789.05	-3897.31	-3825.14	-3789.05

续表

年份	延迟退休方案二			现行退休年龄规定		
	高工资增长率条件下基金结余	中工资增长率条件下基金结余	低工资增长率条件下基金结余	高工资增长率条件下基金结余	中工资增长率条件下基金结余	低工资增长率条件下基金结余
2020	-12868.39	-11503.15	-10867.2	-12868.39	-11503.15	-10867.2
2025	-24579.35	-19982.74	-17990.98	-29102.28	-23659.83	-21301.55
2030	-40211.79	-29721.83	-25497.32	-50842.76	-37579.52	-32238.16
2035	-50035.21	-34896.11	-29648.31	-69439.7	-48429.41	-41146.42
2040	-53239.81	-35363.28	-30045.22	-87045.76	-57818.08	-49123.19
2045	-57839.22	-36589.22	-31086.81	-101175.37	-64003.77	-54378.66
2050	-66103.71	-39826.43	-33837.19	-111046.75	-66903.89	-56842.64

年份	延迟退休方案二减少基金缺口的比例		
	高工资增长率条件下延迟退休方案二减少基金缺口的比例	中工资增长率条件下延迟退休方案二减少基金缺口的比例	低工资增长率条件下延迟退休方案二减少基金缺口的比例
2015	0	0	0
2020	0	0	0
2025	15.54	15.54	15.54
2030	20.91	20.91	20.91
2035	27.94	27.94	27.94
2040	38.84	38.84	38.84
2045	42.83	42.83	42.83
2050	40.47	40.47	40.47

注：①在假设条件下根据公式3-4、3-5和3-6计算；②“0”表示延迟退休方案不能减少基金缺口，“100”表示完全消除基金缺口（并有结余）。

表4-36中数据显示，与现行退休年龄规定条件下测算结果相比，延迟退休方案二在2021年实施延迟退休政策之后，明显减少了2021~2050年社会统筹基金收支缺口规模。根据测算结果，低缴费率、高覆盖率、现收现付25%目标替代率条件下，延迟退休方案二可以在一定程度上缓解社会统筹基金收支压力。表4-36下部数据显示，延迟退休方案二能够减少的基金缺口规模绝对值占现行退休年龄规定下基金缺口规模的比例。2025年，其为15.54%，2045年，其为42.83%，2050年，其为40.47%。

7. 低缴费率—现收现付30%目标替代率—低覆盖率条件下的测算结果

在低缴费率、现收现付30%目标替代率、低覆盖率假设条件下，我们分别计算了2015～2050年的养老金收入和养老金支出，高、中、低三种工资增长率条件下的养老金结余，各年养老金结余在2015年的现值以及各年养老金2015年现值之和，测算结果见表4－37，表4－38为不同工资增长率条件下各年基金结余或缺口规模与现行退休年龄规定条件下测算结果的对比。

表4－37　延迟退休方案二的低缴费率—低覆盖率—现收现付30%目标替代率条件下2015～2050年养老金收支测算结果

单位：%，亿元

年份	制度赡养率	现收现付缴费率	现收现付替代率	高工资增长率条件下养老金结余	中工资增长率条件下养老金结余	低工资增长率条件下养老金结余
2015	34	95.3	42.06	－7571.18	－7430.98	－7360.87
2020	39	96.5	40.08	－15042.34	－13446.46	－12703.07
2025	45	97.5	38.19	－25897.84	－21054.66	－18956.05
2030	51	98.7	36.39	－40983.50	－30292.22	－25986.64
2035	53	10.00	34.67	－51406.81	－35852.71	－30461.05
2040	53	10.13	33.04	－56530.51	－37549.05	－31902.29
2045	55	10.25	31.48	－64199.93	－40613.03	－34505.49
2050	59	10.38	30.00	－77045.01	－46418.38	－39437.82

年份	3%利率			5%利率		
	高工资增长率条件下养老金缺口现值	中工资增长率条件下养老金缺口现值	低工资增长率条件下养老金缺口现值	高工资增长率条件下养老金缺口现值	中工资增长率条件下养老金缺口现值	低工资增长率条件下养老金缺口现值
2015	－7571.18	－7430.98	－7360.87	－7571.18	－7430.98	－7360.87
2020	－12975.65	－11599.04	－10957.78	－11786.07	－10535.65	－9953.19
2025	－19270.43	－15666.64	－14105.08	－15899.03	－12925.73	－11637.37
2030	26305.75	－19443.42	－16679.84	－19713.77	－14571.08	－12500.02
2035	－28462.71	－19850.78	－16865.54	－19374.69	－13512.51	－11480.45
2040	－26999.28	－17933.63	－15236.71	－16693.61	－11088.34	－9420.83
2045	－26449.52	－16732.03	－14215.81	－14854.42	－9396.94	－7983.79
2050	－27380.52	－16496.32	－14015.55	－13967.51	－8415.20	－7149.69

续表

年份	3%利率			5%利率		
	高工资增长率条件下养老金缺口现值	中工资增长率条件下养老金缺口现值	低工资增长率条件下养老金缺口现值	高工资增长率条件下养老金缺口现值	中工资增长率条件下养老金缺口现值	低工资增长率条件下养老金缺口现值
缺口总额2015年现值	-801351.33	-573759.72	-500637.37	-552420.22	-404654.71	-355545.96

注：在假设条件下根据公式3-4、3-5和3-6计算。

表4-38　现行退休年龄规定与延迟退休方案二2015~2050年基金结余或缺口测算结果比较

单位：亿元，%

年份	延迟退休方案二			现行退休年龄规定		
	高工资增长率条件下基金结余	中工资增长率条件下基金结余	低工资增长率条件下基金结余	高工资增长率条件下基金结余	中工资增长率条件下基金结余	低工资增长率条件下基金结余
2015	-7571.18	-7430.98	-7360.87	-7571.18	-7430.98	-7360.87
2020	-15042.34	-13446.46	-12703.07	-15042.34	-13446.46	-12703.07
2025	-25897.84	-21054.66	-18956.05	-29893.85	-24303.37	-21880.95
2030	-40983.50	-30292.22	-25986.64	-50758.41	-37517.17	-32184.67
2035	-51406.81	-35852.71	-30461.05	-70003.72	-48822.77	-41480.62
2040	-56530.51	-37549.05	-31902.29	-90333.82	-60002.09	-50978.76
2045	-64199.93	-40613.03	-34505.49	-108971.89	-68935.87	-58569.05
2050	-77045.01	-46418.38	-39437.82	-124589.60	-75063.24	-63774.96

年份	延迟退休方案二减少基金缺口的比例		
	高工资增长率条件下延迟退休方案二减少基金缺口的比例	中工资增长率条件下延迟退休方案二减少基金缺口的比例	低工资增长率条件下延迟退休方案二减少基金缺口的比例
2015	0	0	0
2020	0	0	0
2025	13.37	13.37	13.37
2030	19.26	19.26	19.26
2035	26.57	26.57	26.57
2040	37.42	37.42	37.42

续表

年份	延迟退休方案二减少基金缺口的比例		
	高工资增长率条件下延迟退休方案二减少基金缺口的比例	中工资增长率条件下延迟退休方案二减少基金缺口的比例	低工资增长率条件下延迟退休方案二减少基金缺口的比例
2045	41.09	41.09	41.09
2050	38.16	38.16	38.16

注：①在假设条件下根据公式3－4、3－5和3－6计算；②“0”表示延迟退休方案不能减少基金缺口，“100”表示完全消除基金缺口（并有结余）。

表4－38中数据显示，与现行退休年龄规定条件下测算结果相比，延迟退休方案二条件下，在2021年开始实施延迟退休政策之后，其明显减少了2021～2050年统筹养老金收支缺口规模。但在2050年之前无法完全消除统筹养老金缺口。表4－38下部数据显示，延迟退休方案二能够减少的基金缺口规模绝对值占现行退休方案下基金缺口规模的比例。2025年，其为13.37%，2045年，其为41.09%，2050年，其为38.16%。

8. 低缴费率—现收现付25%目标替代率—低覆盖率条件下的测算结果

在低缴费率、现收现付25%目标替代率、低覆盖率假设条件下，我们分别计算了2015～2050年的养老金收入和养老金支出，高、中、低三种工资增长率条件下的养老金结余，各年养老金结余在2015年的现值以及各年养老金2015年现值之和，测算结果见表4－39，表4－40为不同工资增长率条件下各年基金结余或缺口规模与现行退休年龄规定条件下测算结果的对比。

表4－39　延迟退休方案二的低缴费率—低覆盖率—现收现付25%目标替代率条件下2015～2050年养老金收支测算结果

单位：%，亿元

年份	制度赡养率	现收现付缴费率	现收现付替代率	高工资增长率条件下养老金结余	中工资增长率条件下养老金结余	低工资增长率条件下养老金结余
2015	34	95.3	41.65	－7347.31	－7211.25	－7143.22
2020	39	96.5	38.72	－13728.54	－12272.05	－11593.58
2025	45	97.5	36.00	－22465.60	－18264.29	－16443.80
2030	51	98.7	33.47	－33882.96	－25043.98	－21484.36

续表

年份	制度赡养率	现收现付缴费率	现收现付替代率	高工资增长率条件下养老金结余	中工资增长率条件下养老金结余	低工资增长率条件下养老金结余
2035	53	10.00	31.11	-39871.99	-27807.96	-23626.10
2040	53	10.13	28.92	-39974.85	-26552.34	-22559.31
2045	55	10.25	26.89	-41205.32	-26066.58	-22146.59
2050	59	10.38	25.00	-45801.49	-27594.66	-23444.88
年份	3%利率			5%利率		
	高工资增长率条件下养老金缺口现值	中工资增长率条件下养老金缺口现值	低工资增长率条件下养老金缺口现值	高工资增长率条件下养老金缺口现值	中工资增长率条件下养老金缺口现值	低工资增长率条件下养老金缺口现值
2015	-7347.31	-7211.25	-7143.22	-7347.31	-7211.25	-7143.22
2020	-11842.36	-10585.98	-10000.73	-10756.67	-9615.47	-9083.88
2025	-16716.52	-13590.34	-12235.73	-13791.93	-11212.69	-10095.07
2030	-21748.18	-16074.78	-13789.99	-16298.28	-12046.58	-10334.34
2035	-22076.15	-15396.60	-13081.20	-15027.33	-10480.53	-8904.43
2040	-19092.21	-12681.55	-10774.45	-11804.68	-7840.98	-6661.83
2045	-16976.05	-10739.09	-9124.10	-9533.98	-6031.22	-5124.22
2050	-16277.09	-9806.68	-8331.92	-8303.36	-5002.64	-4250.33
缺口总额2015年现值	-608330.77	-442711.00	-388038.74	-429501.92	-319819.27	-282380.51

注：在假设条件下根据公式3-4、3-5和3-6计算。

表4-40 现行退休年龄规定与延迟退休方案二2015~2050年基金结余或缺口测算结果比较

单位：亿元，%

年份	延迟退休方案二			现行退休年龄规定		
	高工资增长率条件下基金结余	中工资增长率条件下基金结余	低工资增长率条件下基金结余	高工资增长率条件下基金结余	中工资增长率条件下基金结余	低工资增长率条件下基金结余
2015	-7347.31	-7211.25	-7143.22	-7347.31	-7211.25	-7143.22
2020	-13728.54	-12272.05	-11593.58	-13728.54	-12272.05	-11593.58
2025	-22465.60	-18264.29	-16443.80	-26280.13	-21365.45	-19235.86
2030	-33882.96	-25043.98	-21484.36	-43047.1	-31817.49	-27295.11

续表

年份	延迟退休方案二			现行退休年龄规定		
	高工资增长率条件下基金结余	中工资增长率条件下基金结余	低工资增长率条件下基金结余	高工资增长率条件下基金结余	中工资增长率条件下基金结余	低工资增长率条件下基金结余
2035	-39871.99	-27807.96	-23626.10	-57008.46	-39759.47	-33780.3
2040	-39974.85	-26552.34	-22559.31	-70611.24	-46901.84	-39848.57
2045	-41205.32	-26066.58	-22146.59	-81166.66	-51346.22	-43624.59
2050	-45801.49	-27594.66	-23444.88	-87661.86	-52814.87	-44872.38

年份	延迟退休方案二减少基金缺口的比例		
	高工资增长率条件下延迟退休方案二减少基金缺口的比例	中工资增长率条件下延迟退休方案二减少基金缺口的比例	低工资增长率条件下延迟退休方案二减少基金缺口的比例
2015	0	0	0
2020	0	0	0
2025	14.51	14.51	14.51
2030	21.29	21.29	21.29
2035	30.06	30.06	30.06
2040	43.39	43.39	43.39
2045	49.23	49.23	49.23
2050	47.75	47.75	47.75

注：①在假设条件下根据公式3-4、3-5和3-6计算；②“0”表示延迟退休方案不能减少基金缺口，“100”表示完全消除基金缺口（并有结余）。

表4-40中数据显示，与现行退休年龄规定条件下测算结果相比，延迟退休方案二在2021年实施延迟退休政策之后，明显减少了2021~2050年社会统筹基金收支缺口规模。根据测算结果，低缴费率、高覆盖率、现收现付25%目标替代率条件下，延迟退休方案二可以在一定程度上缓解社会统筹基金收支压力，但在2050年之前也无法完全消除社会统筹基金缺口。表4-40下部数据显示，从2021年延迟退休政策实施开始，延迟退休方案二能够减少的基金缺口规模绝对值占现行退休年龄规定下基金缺口规模的比例。2025年，其为14.51%，2045年，其为49.23%，2050年，其为47.75%。

第四节　小结

一　中国退休年龄的现状、问题及实施延迟退休政策的必要性

目前，中国退休年龄规定可以基本概括为“男性退休年龄为60周岁，女性干部退休年龄为60或55周岁，女性工人退休年龄为50周岁，同时工龄满10年”。现行退休规定存在着退休年龄偏低、退休年龄人群差异较大、提前退休情况较多等问题，中国退休年龄与发达国家退休年龄存在着明显差异。实施延迟退休政策具有降低养老保险支付压力、适应人口结构转变、促进人力资源充分利用、增强国民经济竞争力等作用，但是，延迟退休政策对于部分人群具有明显的影响，也可能会在一定程度上影响就业，因此，延迟退休政策应该有步骤、有计划地渐进、稳步实施。

二　延迟退休方案的设计

按照未来中国人口结构的预测结果，我们将劳动力首次出现负增长的2021年确定为延迟退休政策实施的起始年份。利用发达国家自我赡养率数据，我们将延迟退休目标确定为男女统一65岁退休。按照先女后男、先工人后干部、分阶段调整、男女同龄退休和渐进实施的原则，我们设计了两个不同的延迟退休方案。方案一为较快调整方案，政策实施区间为2021～2050年，第一阶段为2021～2030年，主要对女工人退休年龄进行调整，每年提高女工人退休年龄6个月（每两年提高1岁），2030年女工人退休年龄达到55岁；2031～2040年为调整的第二阶段，调整对象为所有女职工，每年提高女职工退休年龄6个月，至2040年，男女职工退休年龄均为60岁；第三阶段为2041～2050年，调整对象为男女所有职工，每年提高退休年龄6个月，至2050年，男女退休年龄同时达到65岁。方案二为较慢调整方案，政策实施区间为2021～2060年，第一阶段为2021～2035年，这个阶段主要提高女工人的退休年龄，每年提高女工人退休年龄4个月（每3年提高

1 岁），至 2035 年，女工人退休年龄提高至与女干部退休年龄相同的 55 岁；第二阶段为 2036 ~ 2050 年，该阶段主要对所有女职工的退休年龄进行调整，每年提高女职工退休年龄 4 个月，至 2050 年，女职工的退休年龄提高至 60 岁，与男性退休年龄相同；第三阶段为 2051 ~ 2060 年，该阶段同时调整男性与女性退休年龄，每年提高退休年龄 4 个月，至 2060 年，男女退休年龄同时提高至 65 岁。

三　延迟退休方案条件下企业职工养老保险基金收支预测

在与第三章相同的假设条件下，我们按照延迟退休方案一和延迟退休方案二，分别计算了 2015 ~ 2050 年不同延迟退休方案下的退休人口、缴费人口、养老保险基金收入、养老保险基金支出、养老金结余或缺口规模等。测算结果显示，两个延迟退休方案都可以在一定程度上缓解社会统筹基金收支压力，但因为延迟退休方案一调整速度较快，所以，对于养老保险基金收支影响效应更为显著。我们认为在相同假设条件下，2015 ~ 2050 年延迟退休方案一与方案二可以降低社会统筹基金缺口的比例，比较内容见表 4 - 41。

表 4 - 41　延迟退休方案一与方案二降低社会统筹基金缺口实际效果比较

单位：%

年份	高缴费率—高覆盖率—现收现付35%目标替代率		高缴费率—高覆盖率—现收现付30%目标替代率		高缴费率—现收现付35%目标替代率—低覆盖率		低缴费率—现收现付30%目标替代率—低覆盖率	
	方案一	方案二	方案一	方案二	方案一	方案二	方案一	方案二
2015	0	0	0	0	0	0	0	0
2020	0	0	0	0	0	0	0	0
2025	25.81	17.06	28.33	18.72	23.99	15.86	26.2	17.32
2030	35.18	23.28	39.26	25.98	35.97	23.79	40.32	26.68
2035	46.98	31.81	53.87	36.49	51.15	34.65	59.54	40.34
2040	64.21	45.35	76.07	53.73	73.2	51.76	89.16	63.05
2045	93.67	51.82	100	64.42	100	61.70	100	80.67
2050	100	51.31	100	68.41	100	64.20	100	94.27

续表

年份	低缴费率—现收现付30%目标替代率—高覆盖率		低缴费率—现收现付25%目标替代率—高覆盖率		低缴费率—现收现付30%目标替代率—低覆盖率		高缴费率—现收现付30%目标替代率—低覆盖率	
	方案一	方案二	方案一	方案二	方案一	方案二	方案一	方案二
2015	0	0	0	0	0	0	0	0
2020	0	0	0	0	0	0	0	0
2025	21.57	14.26	23.51	15.54	20.22	13.37	20.22	14.51
2030	28.69	18.98	31.61	20.91	29.11	19.26	29.11	21.29
2035	36.83	24.94	41.27	27.94	39.22	26.57	39.22	30.06
2040	48.19	34.03	54.99	38.84	52.93	37.42	52.93	43.39
2045	66.25	36.63	77.45	42.83	74.04	41.09	74.04	49.23
2050	81.71	33.57	98.48	40.47	92.9	38.16	92.9	47.75

注：根据表4-8至4-38中数据整理。

第五章　名义账户制对企业职工养老保险基金收支的影响效应

名义账户制（NDC）是一种在给付方式上采取确定缴费型（DC），但在融资方式上采取现收现付方式的混合型制度，在瑞典等国取得了成功，是应对人口老龄化的一种养老保险制度。中国共产党十八届三中全会提出“完善个人账户制度”，这为名义账户制改革提供了契机。本章将讨论名义账户制条件下的企业职工养老保险基金收支状况。

第一节　名义账户制的含义及典型国家经验

一　名义账户制的含义

（一）名义账户制的含义

按照待遇确定方式划分，养老保险制度模式大致可以分为两个类别，分别是确定缴费型（DC）与确定给付型（DB）；按照融资方式划分，也大致可分为两个类别，分别是现收现付型和完全积累型。一般来说，DB养老保险制度会采取PAYG的融资方式，而DC养老保险制度会采取FF型的融资方式。即使养老保险制度采取DB与DC的混合模式，DB—PAYG、DC—FF的基本对应关系也不发生变化。

名义账户制（Nonfinancial Defined Contribution，NDC）养老保险制度与前述养老保险制度的一般类型不同，主要体现为名义账户制养老保险制度的待遇确定方式是确定缴费型，但在融资方式上是现收现付型，即 NDC 属于 DC—PAYG 结合。

从具体方式来看，名义账户制也为参保者设立个人账户，但个人账户是“名义”的或“虚拟”的，个人账户的融资给付采取现收现付形式。名义账户制模式为每个参保人的个人账户记录个人账户缴费，并为缴费确定一个个人账户的记账利率，但个人账户资金直接用于当期退休人员养老金给付，而不用于积累。一般来说，个人账户缴费记账利率与工薪税税基增长率大体一致，这也是政府可以支付得起的利率水平，在这种记账利率下，名义账户制的给付水平将与 DB 现收现付养老保险制度的给付水平大体相等。

（二）名义账户制的背景与起源

名义账户制起源的背景主要有两个，一是人口老龄化条件下 DB 现收现付制养老保险制度难以为继，向 DC 或者部分向 DC 转轨势在必行，但转轨成本难以承担；二是劳动力跨国流动对养老保险制度的便携性提出要求。

人口老龄化使 DB 现收现付制养老保险制度赡养率提高，面对养老保险支付压力，在不改变制度模式的条件下，解决养老金缺口的渠道有两个，一是提高缴费率，二是降低替代率。而这两个渠道无疑将具有重重阻力和负面影响，提高缴费率将增加企业或在职员工的负担，降低替代率将降低退休人口的生活水平，这两种方式都不具有可行性。在这种情况下，养老保险制度模式的转轨成为许多国家的选择。有的国家直接选择了向确定缴费型—完全积累型制度转轨，例如，智利等十几个拉美国家，由于个人账户制度为 DC，政府不再对给付水平承担完全责任，个人账户给付额完全取决于投资回报率，这种制度可以降低政府责任，有利于应对人口老龄化造成的养老保险基金缺口。还有一些国家选择了部分积累制，即在保留一定比例的现收现付制基础上引入个人账户制，利用现收现付与个人账户的混合制度来解决人口老龄化高峰期的养老保险支付压力。

但是，无论向完全积累制转轨，还是向完全积累制与现收现付制的混合制度转轨，转轨成本是每一个养老保险制度转轨国家都无法回避的问题。在养老保险制度转轨时已经在老制度下参保的人群，在老制度下并没有个人账户积累，因此，在养老保险制度转轨建立个人账户之后，在老制度下的工作年份中个人账户积累为0，而按照新制度模式将这部分人群在制度转轨之前年份的个人账户补齐的资金即转轨成本，是养老保险制度转轨在理论上所需要的资金。对于转轨成本的弥补，智利等国采取发行国债的方式在短期内解决了这一问题，而中国等国则采取以过渡性养老金、财政补助等方式逐步进行解决。在其他条件不变时，转轨成本的规模与个人账户的规模有关，按照欧盟委员会的测算，假定维持2000年的养老金给付标准不变，欧盟国家向完全积累制过渡大约需要工资总额645%的预筹基金，转轨成本几乎等于欧盟GDP的300%，欧盟全部资本存量的1/2①。如此之大的转轨成本使得养老保险制度转轨面临着巨大的障碍。同时，随着劳动力转移的增加，欧盟国家对养老金的便携性提出了新的要求，劳动者在不同国家工作和缴费之后，如何计算在不同国家积累的养老金权益及不同国家如何分担劳动者的养老金给付，成为欧盟国家养老保险制度必须要解决的问题之一。

前述转轨成本与养老金便携性的问题，在一定程度上可以通过名义账户制进行解决。原因是，养老保险制度转轨后工作人口的个人账户缴费可以用来解决转轨成本，同时，由于对个人账户缴费确定了现收现付制可负担的记账利率，其形成的个人账户空账可以在工作人口退休之后利用当期缴费进行偿还。同时，由于个人缴费与给付存在着直接联系，个人账户的激励效应得以保留，并且，工作人口在不同国家进行迁移之后，不同国家养老金体系可以根据个人账户记账利率进行结算。

正是在上述背景之下，从1995年开始，欧洲四个国家先后引入了名义账户制，它们分别是瑞典、意大利、拉脱维亚和波兰。另外，亚洲的蒙古和吉尔吉斯斯坦也采用了这个制度。

二 典型国家名义账户制的发展经验②

目前，全球主要有7个国家采取了名义账户制，分别是瑞典、意大利、

① 郑秉文：《欧盟国家社会养老的制度选择及其前景——兼论“名义账户”制对欧盟的适用性》，《欧洲研究》2003年第2期。

② 本部分主要参考郑秉文等《七国名义账户制改革最新动态》，载郑秉文主编《中国养老金发展报告2014——向名义账户制转型》，经济管理出版社，2014，第199～232页。

拉脱维亚、波兰、俄罗斯、蒙古和吉尔吉斯斯坦。我们选取有代表性的三个国家，总结这些国家名义账户制的发展经验及其对中国的启示。

（一）瑞典：最早引入且成效明显

瑞典于1998年在全球率先引入了名义账户制。其公共养老金体系主要分为三个层次，分别是家计调查型的保障养老金、名义账户养老金和实账积累的个人账户养老金。

瑞典名义账户养老金的缴费率为工资收入的7%，缴费基数设有最高限额，收入超过最低纳税基数时需要进行缴费，最高缴费基数为收入关联基数的8.07倍，再加上雇主的缴费之后，实际注入名义账户的缴费率为18.5%，其中的16%为名义账户基金，剩余的2.5%为实际积累的个人账户基金。名义账户中名义资产余额按照“名义利息率”获取回报，该利息率通过近四年的消费价格指数、工作人口平均费基收入等变量计算；完全积累个人账户利率由资本市场投资回报率决定。2000～2012年，名义账户年化投资回报率为2.9%，而实账积累账户年化收益率为2.9%，但实账积累账户投资回报率的波动明显更大。

瑞典规定在61岁可以领取养老金，个人可以自愿延迟领取。首年退休金待遇为账面余额除以“年金除数”，年金除数是根据退休者退休开始的预期寿命计算的，在个体达到65岁时年金除数要进行一次调整；同时，在计算年金除数时，还要加入一个1.6%的年金回报指数，即假定的隐性年金回报率。在退休初年之后，每年的年金待遇要根据通货膨胀率和实际工资增长率进行调整，调整幅度为社会人均收入增长率减年金回报率（1.6%）再加上通货膨胀指数。

为了应对财务上的波动，瑞典对名义账户实施了“自动平衡机制”，即根据制度资产与负债的平衡率调节记账利率，从而实现资产负债平衡。记账利率的调整根据名义账户的资产与负债之比计算。关于转轨速度，瑞典规定，1938年出生的人口为转型第一代，养老金待遇20%来自新制度，80%来自旧制度，此后参保群体在加入新制度时，出生年份每延后一年，待遇增加5%。对于旧制度的缴费历史，1960～1994年按照18.5%记录缴费，1994～1998年按照16%进行缴费，直到1954年出生的人口养老金待遇全部按照新制度规则计算为止。对于死亡人口养老金分配，瑞典确定了在到达预期寿命之前死亡的“消减人口”的名义账户余额转移给同年龄组尚存活的参保人的方式，从而体现制度内再分配因素。

瑞典名义账户制发展较好，但也存在着一些问题，特别是新制度下养老金替代率下降的问题。根据测算，在一定假设条件下，1942 年出生的参保者退休时替代率为 65%，而 1990 年出生的参保者退休时替代率将下降为 53%，主要原因是预期寿命的延长及老制度的过度慷慨。

（二）波兰：伴随政治经济体制转型的养老金改革

1999 年 1 月 1 日，波兰正式进行养老金改革，其养老保险制度从计划经济时代的确定给付型现收现付制转向多支柱养老保障体系，在将 DB 现收现付制改为名义账户制基础上，还建立了积累性的强制型开放养老保险（FDC）和自愿型补充养老保险。

波兰规定在 1999 年 1 月 1 日时 50 岁以上劳动者仍然参加旧制度，30 ~ 50 岁可以只参加名义账户制，同时也可以参加强制型开放养老保险，而 30 岁以下的劳动者必须同时参加 NDC 与 FDC。新制度下基本养老保险缴费率为 19.52%，其中，名义账户制缴费率约为 12.22%。名义账户制计发按照退休时名义资产除以平均预期寿命计算，并按照一定的调整指数进行指数化调整。按照波兰对“中人”的划分，如果最大年龄为 100 岁，那么制度转轨将在 2083 年结束。为了确保改革的顺利进行，波兰于 2009 年 1 月开始实施过渡性养老金，主要对特殊行业从业者提供一些优待；面对经济危机，波兰适时调整了名义账户制的缴费率，并在 2012 年延长了法定退休年龄，退休年龄目标为 2020 年之前男性达到 67 岁，2040 年之前女性达到 67 岁。

养老保险制度转轨之后，波兰养老金替代率表现为随收入而增长，平均来看约为缴费前工资的 53.2%；实际退休年龄有所延长，从改革前男性 59 岁、女性 56 岁提高至 2012 年男性 60.2 岁、女性 59.5 岁；通过名义账户制的缴费与给付的精算关系，提高了养老保险制度的长期财务可持续性。波兰名义账户制的发展还存在着一些问题：财务平衡机制有待进一步完善，特别是预期寿命的计算结果偏低；转型中公平性存在一定问题；对于继承所得的处理不够科学，没有明确名义账户制参保者在较早（包括缴费阶段）死亡情况下名义资产的处理办法。

（三）俄罗斯：有条件的积累制

在市场经济体制转轨之后，俄罗斯养老金债务较高，1999 年养老金拖欠率达到 70%；在世界银行多支柱养老体系的建议下，受到其他国家影响，2002 年俄罗斯也进行了包括实施名义账户制在内的养老保险制度改革。

2010 年 1 月，俄罗斯进一步对养老金体系进行调整，形成了名义账户制与积累账户制共同组成的养老金体系，其中，名义账户制为第一支柱，积累账户制为第二支柱。俄罗斯养老保险缴费率为 26%，其中，14% 进入联邦财政支付基础养老金，6% ~14% 为名义账户缴费，2% ~6% 为积累账户缴费。名义账户最低缴费年限为 15 年，但领取全额养老金资格期限为 30 年，养老金计发除数为 19 年，名义账户养老金由名义资产总额除以计发月数加上基础养老金共同组成。名义账户养老金根据物价指数和工资指数的变化进行调整。

从名义账户制改革以来，尽管养老金绝对水平持续走高，但养老保险替代率持续下降，从 2002 年的 32% 下降至 2007 年的 23%。经过一定的调整，2011 年养老金替代率提高至 36% 以上；财务可持续性仍未解决，去掉累计结余，养老金仍出现赤字，其中，2010 年养老金赤字达到 7800 亿卢布。同时，由于投资收益率较低，强制性积累账户是否保留存在一定争议。

第二节　中国进行名义账户制改革的动因及优势

从 1997 年开始，中国实施了养老保险制度社会化改革，企业职工养老保险制度从企业保障转型至现收现付制与完全积累制相结合的统账结合模式，尽管改革取得了明显的成效，但也存在着转轨成本未能完全解决、个人账户空账、养老金支付压力较大等问题，而名义账户制则为中国养老保险制度改革提供了一个不同的选择方向。

一　中国进行名义账户制改革的动因

（一）艾伦条件得以满足

1966 年，艾伦提出，如果一国的劳动人口增长率与实际工资增长率之和大于实际利息率，那么实行现收现付制就能带来代际的帕累托最优配置，从而优于完全积累制，这个观点被称为艾伦条件①。在“艾伦条件”得以满足时，从全社会的福利角度考量，现收现付制养老保险制度是更优的选择。

改革开放以来，中国经济快速增长，与之相伴的是较高的工资增长率与人口红利；同时，基于种种原因，企业职工养老保险个人账户基金的投资收益率较低。因此，艾伦条件在中国很可能是成立的。我们对 2001 ~ 2014 年中国城镇单位就业人员货币工资增长率及在职职工参保人数增长率进行整理，具体数据见表 5 - 1。

表 5 - 1　2001 ~ 2014 年中国城镇单位就业人员货币工资增长率及在职职工参保人数增长率

单位：%

年　份	2001	2002	2003	2004	2005	2006	2007
城镇单位就业人员货币工资增长率	16. 1	14. 2	12. 9	14	14. 3	14. 6	18. 5
在职职工参保人数增长率	3. 39	3. 03	4. 65	5. 18	7. 10	7. 70	7. 45
年　份	2008	2009	2010	2011	2012	2013	2014
城镇单位就业人员货币工资增长率	16. 9	11. 6	13. 3	14. 4	11. 9	10. 1	9. 4
在职职工参保人数增长率	9. 25	6. 97	9. 35	11. 15	6. 57	5. 21	5. 60

资料来源：根据《中国统计年鉴》（2014）中相关数据计算整理。

从表 5 - 1 中数据来看，2001 年以来城镇单位就业人员货币工资增长率基本保持在 10% 以上，2014 年首次低于 10%，但也达到 9. 4%；同时，在职职工参保人数增长率也都在 3% 以上，最高达到 11. 15%。而据估计，个

① Aaron H. J.，“The Social Insurance Paradox，” *Canadian Journal of Economics and Political Science*，Vol. 32，No. 3，1966，pp. 371 - 374.

人账户投资收益率低于2%①。因此，艾伦条件目前明显成立，即使经济增速放缓，人口红利逐步减少，但是在现有基础上，艾伦条件在未来一段时间内也很可能继续满足。在此条件下，如果现行的个人账户能够转型为名义账户，那么这可以实现社会整体福利的增进。

（二）隐性名义账户已经存在

由于选择了逐步消化自企业保障向部分积累制转轨成本的方式及养老保险制度外资金补充总体上不足，部分个人账户养老金被用于当期养老金支付。而在实际运行中，个人账户实际上是由社会统筹基金兜底的，而社会统筹基金实际上是由财政资金兜底的，因此，用于当期支付的个人账户养老保险缴费会在缴费人口退休之后由社会统筹基金或财政资金弥补，即个人缴费形成的养老金权益不会因个人账户基金的他用而受到影响。因为个人账户空账规模一直未有明确统计数据，空账的形式也未得到承认，所以，我们将这种情况称为隐性名义账户。

2001年，中央政府决定由辽宁省进行做实个人账户试点，此后试点扩大到了吉林、黑龙江等13个省市，但是收效甚微。在2008年之后，我国再无其他省份愿意加入做实个人账户试点中。由于养老金支付的压力较大，一些省份个人账户做实的做法难以为继，以辽宁省为例，在做实个人账户3年之后，由于个人账户资金不能再被借用，辽宁省出现了社会统筹基金不足以发放养老金的情况，为了弥补当期支出缺口，国家和地方财政分别负担了缺口部分的75%和25%，但此后缺口越来越大，即使有中央财政的支持也难以解决庞大的养老金缺口。2010年以来，中央财政对辽宁省做实个人账户试点的补贴处于暂时中止状态，当期发放的养老金缺口由辽宁省闲置的个人账户资金补足，从而提高了宏观资金运用的效率②。

如果个人账户无法做实，那么个人账户资金将继续被用于当期养老金缴费，维持目前的个人账户完全积累制将面临较大困难。在这种条件下，

① 郑秉文主编《中国养老金发展报告2014——向名义账户制转型》，经济管理出版社，2014，第5页。

② 《楼继伟力挺社保名义账户制：做实个人账户13年未果》，搜狐网，2014年12月29日，http://business.sohu.com/20141229/n407368999.shtml。

如果通过制度升级能够明确名义账户制的地位，那么这既可以解决目前已经产生的个人账户空账无法得到弥补的问题，又可以通过控制名义账户制占个人账户比例来缓解养老保险基金支付压力。

（三）人口老龄化高峰期与企业职工养老保险制度转轨成本显性化高峰期重叠

根据人口预测数据，中国人口老龄化高峰期大约在2035年出现。同时，中国1997年开始进行企业职工养老保险制度转轨，1997年之后参加工作的人也将在2035年左右开始集中进入退休期，人口老龄化高峰期意味着新退休人口的比例可能快速上升。在空账存在的条件下，新退休人口比例的快速上升将使以空账形式积累的养老金权益兑现规模快速提高，即出现养老保险制度转轨成本显性化高峰期，这会对养老保险基金支出造成更大的挑战。同时，由于目前个人账户投资收益率较低，在新人退休时，其个人账户积累额很可能不足以实现企业职工养老保险制度设计的替代率，这又要求社会统筹基金予以兜底，会对养老保险基金支出产生更大压力。

在这种情况下，如果做实个人账户被继续作为政策目标，那么这将需要大规模的制度外资金予以弥补。如果个人账户能够全部或部分转向名义账户制，那么这可以在一定程度上减缓人口结构及转轨成本显性化对养老保险基金支出的冲击。

（四）较低统筹层次与劳动力迁移存在矛盾

企业职工养老保险制度目前以省级统筹为主，省级地方政府负责养老保险基金的管理与发放。而劳动力跨省迁移已经成为劳动力市场的常态，在现行的实账积累个人账户及省级统筹背景下，在劳动力跨省转移之后，现收现付制养老保险权益积累不易计算，这在一定程度上阻碍了劳动力的流动，也为养老保险转移接续造成了困难。

如果现行制度转变为名义账户制，那么养老保险缴费所形成的养老金权益将明确，且便携性较高。劳动力在跨统筹地区转移时，可以很容易地计算出在之前统筹地区积累的养老金权益额，待劳动力退休后，其可通过养老金跨地区划转，解决养老保险关系转移接续问题，这也可以在一定程度上促进劳动力的跨地区流动。

二　名义账户制对深化企业职工养老保险制度改革的意义

（一）有利于通过增强制度激励效应来提高覆盖率和缴费率

目前，企业职工养老保险覆盖率约为60%，提高的空间较大。从现实情况来看，灵活就业人员等非正规就业群体的覆盖率整体不高，将是提高覆盖率的主要对象。在现行制度下，因为个人缴费与养老金权益积累缺乏直接的关联，所以，其对工作人口的参保激励不大，在最低15年缴费年限后断缴的情况开始出现。除此之外，在劳动力跨省流动过程中，由于养老保险关系转移接续存在困难，部分劳动力的参保积极性开始降低。同时，企业职工养老保险实际缴费率较低，缴费工资仅占实际工资的60%左右，部分是因为缴费与给付之间缺乏关联，企业职工养老保险制度对参保者缺乏吸引力，从而造成参保者或主动选择较低缴费档次，或对企业选择的缴费档次毫无积极性。

提高覆盖率与缴费率的有效途径之一是提高制度的吸引力，增加缴费与给付之间的关联度。而现行的现收现付制转向名义账户制可以通过在缴费与给付之间建立易于理解的直观联系，增大制度本身的激励效应，这可以促进企业职工养老保险覆盖率和缴费率的提高。

（二）有利于通过模式转型和资金释放来解决转轨成本并降低养老金支付压力

名义账户降低养老保险支付压力的作用主要体现在将完全积累的个人账户转变为名义账户上。通过将完全积累制条件下的个人账户缴费的部分或全部在确定记账利率的条件下用于当期养老金支付，可以在一定程度上缓解养老金支付压力，如果记账利率是通过现收现付制手段实现的，那么在理论上完全积累制向名义账户制的转轨可以降低养老金支付压力。

特别是，因为企业职工养老保险制度转轨成本并没有明确的资金来源，在制度转轨之后，转轨成本的负担在一定程度上造成基金缺口的扩大，所以，空账问题产生，并且地方财政和中央财政还需要对此进行补贴。如果在转轨之初即选择名义账户制，那么在不考虑替代率差异的情况下，这是不存在转轨成本的，因为新旧制度的本质都是现收现付制；而如果目前能够将个人账户进一步转轨至名义账户，或者在确定记账利率基础上明确空账的地位和合理性，那么也可以通过完全积累个人账户基金的释放来解决部分转轨成本，这也将在一定程度上起到缓解养老保险基金支付压力的作用。

（三）有利于通过增强缴费和给付的关联性促进养老保险关系转移接续机制的建立和养老保险基金全国统筹的实现

养老保险关系转移接续的困难之处在于，工作者在不同地区积累的养老金权益难以计算与分离，这造成养老保险关系便携性较差，不能完全适应劳动力流动的要求。养老保险在全国统筹推进过程中存在的主要障碍是不同人口结构和经济发展水平地区的利益不一致，制度赡养率较低的地区养老金可能出现结余，经济发展水平较高的地区养老金水平相对也较高，因为全国统筹意味着这两类地区要向经济落后、老龄化较为严重的地区进行资金转移，所以，它们没有动力参与全国统筹，甚至会产生抵触。

名义账户制有助于前述问题的解决。第一，名义账户制记账利率的确定应该同时考虑地方人口结构和全国人口结构的平均水平，以同时兼顾公平和效率。这意味着，制度模式一经确立，高收入和人口结构比较理想的地区，就已经承担了转移部分养老金的义务，同时，由于个人缴费与未来给付相关，地方政府不再具有对养老保险基金的自由使用权，这有利于地方政府将养老保险基金管理权上交中央政府，从而促进全国统筹的实现。第二，名义账户制模式可以很容易地计算出劳动者在不同地区、不同时期缴费所积累的养老金权益，即使养老保险统筹层次保持现状，也可以按照名义账户积累额进行地区之间的应付养老金划转，从而促进养老金转移接续机制的建立。

三　名义账户制的具体方案设计及选择

以现行统账结合模式为基础，本书分别针对个人账户部分、社会统筹部分以及全部养老金体系提出三种不同名义账户制转型方案。

（一）小账户、中账户与全账户方案

小账户方案是指仅将现行的完全积累的个人账户转型为名义账户，而保留目前社会统筹基金的运行模式不变。这种模式仅涉及个人账户部分的调整，因此我们称之为小账户方案。

中账户方案是指保留完全积累的个人账户，而仅将现行制度中的社会统筹基金转型为名义账户制。这种模式仅涉及社会统筹基金部分，该部分的总缴费率约为20%，大于个人账户8%的缴费率，因此我们称之为中账户方案。

全账户方案是指将现行养老金体系全部转变为名义账户制，即将社会统筹基金与个人账户基金合并，企业缴费与个人缴费全部进入名义账户，以按照记账利率进行名义积累。这种模式涉及现行养老金全体系，因此我们称之为全账户方案。

（二）三种方案的比较与选择

小账户方案最具可操作性，在完全积累制个人账户做实存在困难、空账一直无法完全弥补的情况下，适时进行完全积累制向名义账户制的转型，可以在一定程度上解决养老保险社会化转轨成本，并可以缓解养老保险基金支出压力。但是，小账户方案对制度的激励效应影响较小，可能不具有通过增加养老保险制度缴费给付而深化养老保险制度改革的效应。

全账户方案的效应将最显著。全账户方案不但具有小账户方案的作用，而且将现行的社会统筹基金部分也转为名义账户制，可以有效提高制度的激励作用，通过缴费与给付关联度的增强，实现提高覆盖率和缴费率、促进养老保险关系转移接续机制的建立以及推进养老保险基金全国统筹等作用。

考虑到目前中国艾伦条件依然满足、未来经济将保持快速稳定增长、现行的社会统筹基金本身就具有“DC+DB”的特点、中国养老保险制度存在的问题和之后的发展方向以及俄罗斯等国保留完全积累制个人账户的名义账户制改革中的经验教训，我们认为企业职工养老保险进行全账户制改革具有更加深远的意义。

第三节　名义账户制对企业职工养老保险基金收支的影响效应测算

在一定的假设条件之下，我们按照全账户模式，估算了名义账户制对企业职工养老保险基金收支的影响效应，同时，还测算了“延迟退休+名义账户”模式下养老保险基金的收支状况。

一　假设条件

（一）制度模式假设

假设名义账户制为全账户形式，即将现行的现收现付制与完全积累制全部转型为名义账户制，个人与企业缴费全部进入个人账户，按照名义记账利率进行名义积累，全部缴费可以用于当期养老金支付。

（二）制度的实际缴费率与实际替代率

实际缴费率和实际替代率与“现行退休年龄条件下统筹基金收支预测”和“延迟退休年龄条件下统筹基金收支预测”中所使用的养老保险总缴费率与总替代率相同。实际总缴费率有高、低两种假设，高假设为匀速提高至2050年的25%，低假设为匀速提高至2050年的15%①。实际替代率也有高、低两种假设，与实际缴费率高假设相对应的是实际替代率高假设，即匀速增长至2050年的60%；与缴费率低假设相对应的是实际替代率低假设，即匀速增长至2050年的50%。本书没有对名义账户制的记账利率进行假设，而只是从可能的总体缴费率和总体替代率出发，所有实际缴费均可按照现收现付方法用于养老金当期给付的条件，在养老保险实际缴费率与实际替代率不因为制度转型而发生变化的假设下，测算养老保险基金总体的收支状况。

（三）覆盖率、工作增长率、利率、退休年龄等其他参数的假设

如无特殊说明，它们均与“现行退休年龄条件下统筹基金收支预测”和“延迟退休年龄条件下统筹基金收支预测”中所使用的假设条件相同。

---

① 在前面的测算中，我们的研究对象仅为社会统筹基金，因此，在测算中通过现收现付缴费系数而分离出社会统筹基金实际缴费率，但在本节中，我们假设制度转轨至全账户模式，因此，需要在养老保险整体实际缴费率假设条件下，即同时考虑社会统筹和个人账户的缴费率条件下，测算养老保险基金收支状况。实际替代率假设的处理与实际缴费率相同，都考虑整体替代率，而不只是前面章节测算中使用的社会统筹基金替代率。

二　名义账户制条件下企业职工养老保险基金收支预测

（一）"现行退休年龄 + 全账户"条件下企业职工养老保险基金收支预测

1. 高缴费率—60% 目标替代率—高覆盖率条件下的测算结果

在高缴费率、2050 年实现 60% 替代率以及高覆盖率假设下，我们按照全账户制度模式，测算了企业职工养老保险基金收支情况，测算结果见表 5-2。

表 5-2　高缴费率—60% 目标替代率—高覆盖率条件下 2015～2050 年全账户养老金收支情况

单位：%，亿元

年份	制度赡养率	总缴费率	总替代率	高工资增长率条件下养老金结余	中工资增长率条件下养老金结余	低工资增长率条件下养老金结余
2015	28	14.11	44	4156.21	4079.24	4040.76
2020	36	15.31	46	-3522.79	-3149.05	-2974.96
2025	47	16.62	48	-24072.14	-19570.38	-17619.72
2030	59	18.03	50	-59001.66	-43610.02	-37411.51
2035	68	19.57	52	-99824.76	-69620.89	-59151.05
2040	77	21.23	55	-150207.59	-99771.83	-84767.78
2045	81	23.04	57	-206068.78	-130359.58	-110755.64
2050	87	25.00	60	-265793.85	-160136.54	-136054.63

年份	3% 利率			5% 利率		
	高工资增长率条件下养老金缺口现值	中工资增长率条件下养老金缺口现值	低工资增长率条件下养老金缺口现值	高工资增长率条件下养老金缺口现值	中工资增长率条件下养老金缺口现值	低工资增长率条件下养老金缺口现值
2015	4156.21	4079.24	4040.76	4156.21	4079.24	4040.76
2020	-3038.79	-2716.40	-2566.22	-2760.20	-2467.36	-2330.96
2025	-17911.93	-14562.20	-13110.72	-14778.20	-12014.52	-10816.98
2030	-37870.92	-27991.61	-24013.03	-28380.81	-20977.16	-17995.58
2035	-55270.55	-38547.40	-32750.50	-37622.90	-26239.38	-22293.41
2040	-71739.98	-47651.58	-40485.56	-44356.72	-29462.90	-25032.16
2045	-84897.61	-53706.42	-45629.86	-47679.67	-30162.27	-25626.36
2050	-94458.72	-56909.87	-48351.56	-48185.84	-29031.20	-24665.38

续表

年份	3%利率			5%利率		
	高工资增长率条件下养老金缺口现值	中工资增长率条件下养老金缺口现值	低工资增长率条件下养老金缺口现值	高工资增长率条件下养老金缺口现值	中工资增长率条件下养老金缺口现值	低工资增长率条件下养老金缺口现值
缺口总额2015年现值	-1614110	-1079182	-921543	-1006236	-680066	-581442

注：根据各年人口预测数据及相关参数计算。

从测算结果来看，在全账户条件下，在2019年之前，企业职工养老保险基金当年收支会有结余；从2019年开始，企业职工养老保险基金出现当年收支缺口。在不同的利率水平和工资水平假设条件下，2015～2050年养老金结余或缺口在2015年的现值最低为-581442亿元，最高为-1614110亿元。

2. 高缴费率—60%目标替代率—低覆盖率条件下的测算结果

在高缴费率、2050年实现60%替代率以及低覆盖率假设下，我们按照全账户制度模式，测算了企业职工养老保险基金收支情况，测算结果见表5-3。

表5-3　高缴费率—60%目标替代率—低覆盖率条件下2015～2050年全账户养老金收支情况

单位：%，亿元

年份	制度赡养率	总缴费率	总替代率	高工资增长率条件下养老金结余	中工资增长率条件下养老金结余	低工资增长率条件下养老金结余
2015	34	14	44	-1724.68	-1692.74	-1676.77
2020	39	15	46	-10033.04	-8968.61	-8472.78
2025	49	17	48	-31072.80	-25261.85	-22743.89
2030	58	18	50	-66656.11	-49267.67	-42265.01
2035	65	20	52	-109414.65	-76309.18	-64833.53
2040	71	21	55	-164344.13	-109161.69	-92745.56
2045	76	23	57	-229208.88	-144998.06	-123192.73
2050	79	25	60	-303055.21	-182585.91	-155127.98

续表

年份	3%利率			5%利率		
	高工资增长率条件下养老金缺口现值	中工资增长率条件下养老金缺口现值	低工资增长率条件下养老金缺口现值	高工资增长率条件下养老金缺口现值	中工资增长率条件下养老金缺口现值	低工资增长率条件下养老金缺口现值
2015	-1724.68	-1692.74	-1676.77	-1724.68	-1692.74	-1676.77
2020	-8654.59	-7736.40	-7308.69	-7861.15	-7027.14	-6638.64
2025	-23121.08	-18797.19	-16923.59	-19076.01	-15508.58	-13962.77
2030	-42784.02	-31623.04	-27128.30	-32062.73	-23698.59	-20330.19
2035	-60580.24	-42250.54	-35896.75	-41237.23	-28760.13	-24435.07
2040	-78491.67	-52136.23	-44295.80	-48531.28	-32235.75	-27388.02
2045	-94431.02	-59737.28	-50753.78	-53033.77	-33549.28	-28504.02
2050	-107700.79	-64888.00	-55129.91	-54940.97	-33101.05	-28123.20
缺口总额2015年现值	-1855940.45	-1254139.67	-1075931.09	-1173639.60	-805232.90	-693056.71

注：根据各年人口预测数据及相关参数计算。

从测算结果来看，在全账户条件下，从2015年开始，企业职工养老保险基金即出现当年收支缺口，这将一直持续到2050年。在不同的利率水平和工资水平假设条件下，2015~2050年养老金结余或缺口在2015年的现值最低为-693056.71亿元，最高为-1855940.45亿元。

3. 低缴费率—50%目标替代率—高覆盖率条件下的测算结果

在低缴费率、2050年实现50%替代率以及高覆盖率假设下，我们按照全账户制度模式，测算了企业职工养老保险基金收支情况，测算结果见表5-4。

表5-4　低缴费率—50%目标替代率—高覆盖率条件下2015~2050年全账户养老金收支情况

单位：%，亿元

年份	制度赡养率	总缴费率	总替代率	高工资增长率条件下养老金结余	中工资增长率条件下养老金结余	低工资增长率条件下养老金结余
2015	28	14	43	3623.34	3556.24	3522.69
2020	36	14	44	-6054.33	-5412.01	-5112.80

续表

年份	制度赡养率	总缴费率	总替代率	高工资增长率条件下养老金结余	中工资增长率条件下养老金结余	低工资增长率条件下养老金结余
2025	47	14	45	-28983.31	-23563.11	-21214.47
2030	59	14	46	-66345.34	-49037.96	-42067.96
2035	68	14	47	-108934.84	-75974.54	-64549.22
2040	77	15	48	-159848.71	-106175.71	-90208.63
2045	84	15	49	-216006.21	-136646.03	-116096.71
2050	89	15	50	-275969.52	-166267.21	-141263.35
年份	3%利率			5%利率		
	高工资增长率条件下养老金缺口现值	中工资增长率条件下养老金缺口现值	低工资增长率条件下养老金缺口现值	高工资增长率条件下养老金缺口现值	中工资增长率条件下养老金缺口现值	低工资增长率条件下养老金缺口现值
2015	3623.34	3556.24	3522.69	3623.34	3556.24	3522.69
2020	-5222.51	-4668.45	-4410.35	-4743.72	-4240.45	-4006.01
2025	-21566.31	-17533.17	-15785.56	-17793.24	-14465.71	-13023.85
2030	-42584.55	-31475.60	-27001.82	-31913.24	-23588.10	-20235.41
2035	-60314.58	-42065.26	-35739.34	-41056.40	-28634.01	-24327.92
2040	-76344.64	-50710.11	-43084.14	-47203.77	-31353.98	-26638.86
2045	-88991.70	-56296.35	-47830.31	-49978.97	-31616.81	-26862.16
2050	-98074.98	-59088.61	-50202.65	-50030.59	-30142.63	-25609.67
缺口总额2015年现值	-1749492.40	-1176314.83	-1006180.96	-1100073.11	-748777.44	-641678.11

注：根据各年人口预测数据及相关参数计算。

从测算结果来看，在全账户条件下，在2018年之前，企业职工养老保险基金当年收支存在结余，从2018年开始，企业职工养老保险基金出现当年收支缺口，这将一直持续到2050年。在不同的利率水平和工资水平假设条件下，2015～2050年养老金结余或缺口在2015年的现值最低为-641678.11亿元，最高为-1749492.40亿元。

4. 50%目标替代率—低缴费率—低覆盖率条件下的测算结果

在低缴费率、2050年实现50%替代率以及低覆盖率假设下，我们按

照全账户制度模式，测算了企业职工养老保险基金收支情况，测算结果见表 5－5。

表 5－5　低缴费率—50%目标替代率—低覆盖率条件下 2015～2050 年全账户养老金收支情况

单位：%，亿元

年份	制度赡养率	总缴费率	总替代率	高工资增长率条件下养老金结余	中工资增长率条件下养老金结余	低工资增长率条件下养老金结余
2015	34	13.7	43	－1492.27	－1464.63	－1450.81
2020	39	13.9	44	－8535.15	－7629.63	－7207.83
2025	0.49	0.141	0.45	－22817.85	－18550.66	－16701.63
2030	0.58	0.143	0.46	－46441.48	－34326.39	－29447.41
2035	0.65	0.144	0.47	－70531.04	－49190.54	－41793.09
2040	0.71	0.146	0.48	－94731.67	－62923.26	－53460.64
2045	0.76	0.148	0.49	－127275.98	－80515.07	－68406.93
2050	0.79	0.150	0.50	－172357.58	－103842.68	－88226.44
年份	3%利率			5%利率		
	高工资增长率条件下养老金缺口现值	中工资增长率条件下养老金缺口现值	低工资增长率条件下养老金缺口现值	高工资增长率条件下养老金缺口现值	中工资增长率条件下养老金缺口现值	高工资增长率条件下养老金缺口现值
2015	－1492.27	－1464.63	－1450.81	－1492.27	－1464.63	－1450.81
2020	－7362.49	－6581.39	－6217.53	－6687.51	－5978.02	－5647.52
2025	－16978.62	－13803.43	－12427.58	－14008.18	－11388.50	－10253.35
2030	－29809.02	－22032.80	－18901.17	－22339.15	－16511.58	－14164.71
2035	－39051.33	－27235.61	－23139.82	－26582.41	－18539.40	－15751.38
2040	－45244.37	－30052.50	－25533.10	－27974.52	－18581.41	－15787.07
2045	－52436.02	－33171.14	－28182.75	－29448.79	－18629.37	－15827.82
2050	－61253.02	－36903.96	－31354.21	－31246.75	－18825.67	－15994.60
缺口总额 2015 年现值	－1131753.03	－772737.29	－664529.73	－727682.24	－505202.36	－436123.37

注：根据各年人口预测数据及相关参数计算。

从测算结果来看，在全账户条件下，从 2015 年开始，企业职工养老保险基金即出现当年收支缺口，这将一直持续到 2050 年。在不同的利率水平和工资水平假设条件下，2015～2050年养老金结余或缺口在2015年的现值最低为-436123.37亿元，最高为-1131753.03亿元。

（二）“延迟退休方案一+全账户”模式下企业职工养老保险基金收支预测

1. 高缴费率—60%目标替代率—高覆盖率条件下的测算结果

在高缴费率、2050年实现60%替代率以及高覆盖率假设下，我们按照“延迟退休方案一+全账户”制度模式，测算了企业职工养老保险基金收支情况，测算结果见表5-6。

表5-6　延迟退休方案一的高缴费率—60%目标替代率—高覆盖率条件下2015～2050年全账户养老金收支情况

单位：%，亿元

年份	制度赡养率	总缴费率	总替代率	高工资增长率条件下养老金结余	中工资增长率条件下养老金结余	低工资增长率条件下养老金结余
2015	28	14	44	4156.21	4079.24	4040.76
2020	36	15	46	-3522.79	-3149.05	-2974.96
2025	42	17	48	-14424.84	-11727.24	-10558.33
2030	48	18	50	-33737.50	-24936.46	-21392.12
2035	51	20	52	-49652.75	-34629.37	-29421.68
2040	51	21	55	-56980.05	-37847.65	-32155.98
2045	48	23	57	-36470.82	-23071.52	-19601.95
2050	43	25	60	-3093.65	-1863.88	-1583.58
年份	3%利率			5%利率		
	高工资增长率条件下养老金缺口现值	中工资增长率条件下养老金缺口现值	低工资增长率条件下养老金缺口现值	高工资增长率条件下养老金缺口现值	中工资增长率条件下养老金缺口现值	低工资增长率条件下养老金缺口现值
2015	4156.21	4079.24	4040.76	4156.21	4079.24	4040.76
2020	-3038.79	-2716.40	-2566.22	-2760.20	-2467.36	-2330.96
2025	-10733.44	-8726.17	-7856.39	-8855.60	-7199.51	-6481.90
2030	-21654.81	-16005.77	-13730.79	-16228.31	-11994.87	-10289.98
2035	-27491.52	-19173.44	-16290.07	-18713.60	-13051.44	-11088.72
2040	-27213.99	-18076.25	-15357.88	-16826.37	-11176.51	-9495.75

续表

年份	3%利率			5%利率		
	高工资增长率条件下养老金缺口现值	中工资增长率条件下养老金缺口现值	低工资增长率条件下养老金缺口现值	高工资增长率条件下养老金缺口现值	中工资增长率条件下养老金缺口现值	低工资增长率条件下养老金缺口现值
2045	-15025.49	-9505.16	-8075.74	-8438.53	-5338.23	-4535.45
2050	-1099.43	-662.39	-562.78	-560.85	-337.90	-287.09
缺口总额2015年现值	-509269	-355466	-304511	-343004	-241255	-206863

注：根据各年人口预测数据及相关参数计算。

从测算结果来看，在假设条件下，从2019年开始，企业职工养老保险基金出现当年收支缺口，这将一直持续到2050年。在不同的利率水平和工资水平假设条件下，2015~2050年养老金结余或缺口在2015年的现值最低为-206863亿元，最高为-509269亿元。

2. 高缴费率—60%目标替代率—低覆盖率条件下的测算结果

在高缴费率、2050年实现60%替代率以及低覆盖率假设下，我们按照全账户制度模式，测算了企业职工养老保险基金收支情况，测算结果见表5-7。

表5-7 延迟退休方案一的高缴费率—60%目标替代率—低覆盖率条件下2015~2050年全账户养老金收支情况

单位：%，亿元

年份	制度赡养率	总缴费率	总替代率	高工资增长率条件下养老金结余	中工资增长率条件下养老金结余	低工资增长率条件下养老金结余
2015	34	14	44	-1109.46	-860.80	-852.68
2020	39	15	46	-6568.38	-4532.55	-4281.96
2025	43	17	48	-14331.30	-8252.16	-7429.63
2030	47	18	50	-27582.55	-13488.15	-11571.01
2035	48	20	52	-36115.75	-13775.56	-11703.94
2040	47	21	55	-35500.49	-6792.35	-5770.89
2045	42	23	57	-7756.16	17128.26	14552.45
2050	37	25	60	35061.84	48899.08	41545.46

续表

年份	3%利率			5%利率		
	高工资增长率条件下养老金缺口现值	中工资增长率条件下养老金缺口现值	低工资增长率条件下养老金缺口现值	高工资增长率条件下养老金缺口现值	中工资增长率条件下养老金缺口现值	低工资增长率条件下养老金缺口现值
2015	-1109.46	-860.80	-852.68	-1109.46	-860.80	-852.68
2020	-5665.94	-3909.82	-3693.66	-5146.50	-3551.37	-3355.03
2025	-10663.83	-6140.38	-5528.34	-8798.17	-5066.11	-4561.15
2030	-17704.19	-8657.53	-7426.99	-13267.68	-6488.03	-5565.85
2035	-19996.41	-7627.19	-6480.19	-13611.65	-5191.86	-4411.09
2040	-16955.23	-3244.06	-2756.21	-10483.39	-2005.80	-1704.16
2045	-3195.44	7056.61	5995.42	-1794.60	3963.09	3367.11
2050	12460.39	17377.92	14764.57	6356.37	8864.93	7531.79
缺口总额2015年现值	-330286.86	-58337.37	-53404.34	-243769.03	-63034.15	-56886.62

注：根据各年人口预测数据及相关参数计算。

从测算结果来看，在假设条件下，从2015年开始，企业职工养老保险基金出现当年收支缺口，在高工资条件下，当年缺口将一直持续到2046年，在中工资和低工资条件下，当年缺口持续到2042年。在不同的利率水平和工资水平假设条件下，2015～2050年养老金结余或缺口在2015年的现值最低为-56886.62亿元，最高为-330286.86亿元。

3. 低缴费率—50%目标替代率—高覆盖率假设下的测算结果

在低缴费率、2050年实现50%替代率以及高覆盖率假设下，我们按照全账户制度模式，测算了企业职工养老保险基金收支情况，测算结果见表5-8。

表5-8　延迟退休方案一的低缴费率—50%目标替代率—高覆盖率条件下2015～2050年全账户养老金收支情况

单位：%，亿元

年份	制度赡养率	总缴费率	总替代率	高工资增长率条件下养老金结余	中工资增长率条件下养老金结余	低工资增长率条件下养老金结余
2015	28	14	44	3623.34	3556.24	3522.69

续表

年份	制度赡养率	总缴费率	总替代率	高工资增长率条件下养老金结余	中工资增长率条件下养老金结余	低工资增长率条件下养老金结余
2020	36	14	46	-6054.33	-5412.01	-5112.80
2025	42	14	48	-20130.58	-16365.94	-14734.67
2030	48	14	50	-43990.08	-32514.47	-27893.03
2035	51	14	52	-66127.30	-46119.23	-39183.66
2040	51	15	55	-83171.86	-55244.93	-46937.00
2045	46	15	57	-81530.61	-51576.45	-43820.20
2050	42	15	60	-75300.00	-45367.05	-38544.59

年份	3%利率			5%利率		
	高工资增长率条件下养老金缺口现值	中工资增长率条件下养老金缺口现值	低工资增长率条件下养老金缺口现值	高工资增长率条件下养老金缺口现值	中工资增长率条件下养老金缺口现值	低工资增长率条件下养老金缺口现值
2015	3623.34	3556.24	3522.69	3623.34	3556.24	3522.69
2020	-5222.51	-4668.45	-4410.35	-4743.72	-4240.45	-4006.01
2025	-14979.04	-12177.79	-10963.98	-12358.43	-10047.27	-9045.81
2030	-28235.56	-20869.80	-17903.48	-21159.98	-15640.02	-13417.03
2035	-36613.08	-25535.10	-21695.04	-24922.68	-17381.85	-14767.91
2040	-39723.34	-26385.29	-22417.37	-24560.88	-16313.98	-13860.63
2045	-33589.53	-21248.81	-18053.34	-18864.34	-11933.63	-10139.01
2050	-26760.37	-16122.69	-13698.11	-13651.16	-8224.60	-6987.76
缺口总额2015年现值	-852926.23	-586862.23	-503406.12	-558279.16	-388835.66	-334256.34

注：根据各年人口预测数据及相关参数计算。

从测算结果来看，在假设条件下，从2019年开始，企业职工养老保险基金出现当年收支缺口，这将一直持续到2050年。在不同的利率水平和工资水平假设条件下，2015～2050年养老金结余或缺口在2015年的现值最低为-206863亿元，最高为-509269亿元。

4. 50%目标替代率—低缴费率—低覆盖率条件下的测算结果

在低缴费率、2050年实现50%替代率以及低覆盖率假设下，我们按

照全账户制度模式，测算了企业职工养老保险基金收支情况，测算结果见表5－9。

表5－9　延迟退休方案一的低缴费率—50%目标替代率—低覆盖率条件下2015～2050年全账户养老金收支情况

单位：%，亿元

年份	制度赡养率	总缴费率	总替代率	高工资增长率条件下养老金结余	中工资增长率条件下养老金结余	低工资增长率条件下养老金结余
2015	34	14	44	－1492.27	－1464.63	－1450.81
2020	39	14	46	－8535.15	－7629.63	－7207.83
2025	43	14	48	－19079.72	－15511.61	－13965.49
2030	47	14	50	－36777.77	－27183.63	－23319.89
2035	48	14	52	－52013.30	－36275.69	－30820.42
2040	47	15	55	－62311.93	－41389.22	－35164.96
2045	42	15	57	－55424.17	－35061.46	－29788.79
2050	37	15	60	－43503.76	－26210.32	－22268.72

年份	3%利率			5%利率		
	高工资增长率条件下养老金结余	中工资增长率条件下养老金结余	低工资增长率条件下养老金结余	高工资增长率条件下养老金结余	中工资增长率条件下养老金结余	低工资增长率条件下养老金结余
2015	－1492.27	－1464.63	－1450.81	－1492.27	－1464.63	－1450.81
2020	－7362.49	－6581.39	－6217.53	－6687.51	－5978.02	－5647.52
2025	－14197.11	－11542.09	－10391.64	－11713.30	－9522.78	－8573.60
2030	－23606.25	－17448.14	－14968.15	－17690.74	－13075.79	－11217.26
2035	－28798.50	－20084.97	－17064.52	－19603.27	－13671.93	－11615.89
2040	－29760.53	－19767.72	－16794.98	－18400.89	－12222.35	－10384.31
2045	－22834.02	－14444.86	－12272.59	－12823.90	－8112.43	－6892.45
2050	－15460.51	－9314.71	－7913.93	－7886.81	－4751.68	－4037.10
缺口总额2015年现值	－675229.72	－475456.20	－411122.64	－456700.90	－326962.02	－284006.83

注：根据各年人口预测数据及相关参数计算。

从测算结果来看，在全账户条件下，从2015年开始，企业职工养老保险基金即出现当年收支缺口，这将一直持续到2050年。在不同的利率水平和工资水平假设条件下，2015～2050年养老金结余或缺口在2015年的现值最低为-284006.83亿元，最高为-675229.72亿元。

（三）“延迟退休方案二+全账户”模式下企业职工养老保险基金收支预测

1. 高缴费率—60%目标替代率—高覆盖率条件下的测算结果

在高缴费率、2050年实现60%替代率以及高覆盖率假设下，我们按照“延迟退休方案二+全账户”制度模式，测算了企业职工养老保险基金收支情况，测算结果见表5-10。

表5-10 延迟退休方案二的高缴费率—60%目标替代率—高覆盖率条件下2015～2050年全账户养老金收支情况

单位：%，亿元

年份	制度赡养率	总缴费率	总替代率	高工资增长率条件下养老金结余	中工资增长率条件下养老金结余	低工资增长率条件下养老金结余
2015	28	14.11	44	4156.21	4079.24	4040.76
2020	36	15.31	46	-3522.79	-3149.05	-2974.96
2025	44	16.62	48	-17695.45	-14386.20	-12952.27
2030	52	18.03	50	-42288.06	-31256.46	-26813.83
2035	56	19.57	52	-65846.16	-45923.16	-39017.07
2040	58	21.23	55	-84358.25	-56032.96	-47606.53
2045	59	23.04	57	-112271.02	-71022.90	-60342.22
2050	64	25.00	60	-157831.01	-95090.65	-80790.58

年份	3%利率			5%利率		
	高工资增长率条件下养老金缺口现值	中工资增长率条件下养老金缺口现值	低工资增长率条件下养老金缺口现值	高工资增长率条件下养老金缺口现值	中工资增长率条件下养老金缺口现值	低工资增长率条件下养老金缺口现值
2015	4156.21	4079.24	4040.76	4156.21	4079.24	4040.76
2020	-3038.79	-2716.40	-2566.22	-2760.20	-2467.36	-2330.96
2025	-13167.07	-10704.69	-9637.70	-10863.47	-8831.88	-7951.57
2030	-27143.10	-20062.33	-17210.78	-20341.28	-15034.89	-12897.91
2035	-36457.42	-25426.54	-21602.80	-24816.72	-17307.96	-14705.12
2040	-40289.97	-26761.66	-22737.14	-24911.23	-16546.69	-14058.34
2045	-46254.17	-29260.50	-24860.20	-25976.98	-16433.10	-13961.83

续表

年份	3%利率			5%利率		
	高工资增长率条件下养老金缺口现值	中工资增长率条件下养老金缺口现值	低工资增长率条件下养老金缺口现值	高工资增长率条件下养老金缺口现值	中工资增长率条件下养老金缺口现值	低工资增长率条件下养老金缺口现值
2050	-56090.52	-33793.64	-28711.63	-28613.23	-17239.01	-14646.55
缺口总额2015年现值	-975572	-656814	-561271	-615836	-419269	-358702

注：根据各年人口预测数据及相关参数计算。

从测算结果来看，在假设条件下，从2019年开始，企业职工养老保险基金出现当年收支缺口，这将一直持续到2050年。在不同的利率水平和工资水平假设条件下，2015～2050年养老金结余或缺口在2015年的现值最低为-358702亿元，最高为-975572亿元。

2. 高缴费率—60%目标替代率—低覆盖率条件下的测算结果

在高缴费率、2050年实现60%替代率以及低覆盖率假设下，我们按照全账户制度模式，测算了企业职工养老保险基金收支情况，测算结果见表5-11。

表5-11　延迟退休方案二的高缴费率—60%目标替代率—低覆盖率条件下2015～2050年全账户养老金收支情况

单位：%，亿元

年份	制度赡养率	总缴费率	总替代率	高工资增长率条件下养老金结余	中工资增长率条件下养老金结余	低工资增长率条件下养老金结余
2015	34	14	44	-1109.46	-860.80	-852.68
2020	39	15	46	-6568.38	-4532.55	-4281.96
2025	45	17	48	-17090.96	-8845.73	-7964.04
2030	51	18	50	-34960.55	-14990.70	-12860.00
2035	53	20	52	-50416.50	-16592.66	-14097.40
2040	53	21	55	-60249.07	-11606.38	-9860.97
2045	55	23	57	-77150.77	3779.64	3211.24
2050	59	25	60	-109105.67	21275.83	18076.29

续表

年份	3%利率			5%利率		
	高工资增长率条件下养老金缺口现值	中工资增长率条件下养老金缺口现值	低工资增长率条件下养老金缺口现值	高工资增长率条件下养老金缺口现值	中工资增长率条件下养老金缺口现值	低工资增长率条件下养老金缺口现值
2015	-1109.46	-860.80	-852.68	-1109.46	-860.80	-852.68
2020	-5665.94	-3909.82	-3693.66	-5146.50	-3551.37	-3355.03
2025	-12717.28	-6582.05	-5925.99	-10492.37	-5430.51	-4889.23
2030	-22439.85	-9621.96	-8254.35	-16816.62	-7210.78	-6185.88
2035	-27914.39	-9186.96	-7805.39	-19001.45	-6253.60	-5313.16
2040	-28775.29	-5543.27	-4709.66	-17791.72	-3427.40	-2911.97
2045	-31785.10	1557.16	1322.99	-17850.95	874.52	743.01
2050	-38774.34	7561.08	6424.01	-19779.80	3857.10	3277.06
缺口总额2015年现值	-754690.09	-140842.20	-123665.72	-491300.26	-111288.65	-98018.26

注：根据各年人口预测数据及相关参数计算。

从测算结果来看，在全账户条件下，从2015年开始，企业职工养老保险基金即出现当年收支缺口，在高工资条件下，当年养老金缺口将一直持续到2050年，在中工资和高工资条件下，这将一直持续到2043年。在不同的利率水平和工资水平假设条件下，2015～2050年养老金结余或缺口在2015年的现值最低为-98018.26亿元，最高为-754690.09亿元。

3. 低缴费率—50%目标替代率—高覆盖率假设下的测算结果

在低缴费率、2050年实现50%替代率以及高覆盖率假设下，我们按照全账户制度模式，测算了企业职工养老保险基金收支情况，测算结果见表5-12。

表5-12　延迟退休方案二的低缴费率—50%目标替代率—高覆盖率条件下2015～2050年全账户养老金收支情况

单位：%，亿元

年份	制度赡养率	总缴费率	总替代率	高工资增长率条件下养老金结余	中工资增长率条件下养老金结余	低工资增长率条件下养老金结余
2015	28	13.7	44	3623.34	3556.24	3522.69

续表

年份	制度赡养率	总缴费率	总替代率	高工资增长率条件下养老金结余	中工资增长率条件下养老金结余	低工资增长率条件下养老金结余
2020	36	13.9	46	-6054.33	-5412.01	-5112.80
2025	44	14.1	48	-23131.82	-18805.92	-16931.45
2030	52	14.3	50	-51556.02	-38106.70	-32690.41
2035	56	14.4	52	-79949.43	-55759.22	-47373.95
2040	58	14.6	55	-105698.01	-70207.39	-59649.35
2045	61	14.8	57	-141671.32	-89621.60	-76143.99
2050	66	15.0	60	-193549.71	-116610.60	-99074.28
年份	3%利率			5%利率		
	高工资增长率条件下养老金缺口现值	中工资增长率条件下养老金缺口现值	低工资增长率条件下养老金缺口现值	高工资增长率条件下养老金缺口现值	中工资增长率条件下养老金缺口现值	低工资增长率条件下养老金缺口现值
2015	3623.34	3556.24	3522.69	3623.34	3556.24	3522.69
2020	-5222.51	-4668.45	-4410.35	-4743.72	-4240.45	-4006.01
2025	-17212.25	-13993.37	-12598.59	-14200.93	-11545.20	-10394.44
2030	-33091.85	-24459.24	-20982.73	-24799.33	-18329.98	-15724.65
2035	-44266.06	-30872.53	-26229.80	-30132.10	-21015.06	-17854.74
2040	-50481.96	-33531.44	-28488.86	-31212.92	-20732.44	-17614.62
2045	-58366.71	-36922.91	-31370.31	-32779.55	-20736.42	-17618.00
2050	-68784.35	-41441.47	-35209.35	-35088.68	-21140.37	-17961.20
缺口总额2015年现值	-1227810.19	-829975.19	-710625.43	-779027.59	-533446.37	-457665.28

注：根据各年人口预测数据及相关参数计算。

从测算结果来看，在假设条件下，从2018年开始，企业职工养老保险基金出现当年收支缺口，这将一直持续到2050年。在不同的利率水平和工资水平假设条件下，2015～2050年养老金结余或缺口在2015年的现值最低为-457665.28亿元，最高为-1227810.19亿元。

4.50%目标替代率—低缴费率—低覆盖率条件下的测算结果

在低缴费率、2050年实现50%替代率以及低覆盖率假设下，我们按

照全账户制度模式，测算了企业职工养老保险基金收支情况，测算结果见表 5 - 13。

表 5 - 13　延迟退休方案二的低缴费率—50%目标替代率—低覆盖率条件下 2015 ~ 2050 年全账户养老金收支情况

单位：%，亿元

年份	制度赡养率	总缴费率	总替代率	高工资增长率条件下养老金结余	中工资增长率条件下养老金结余	低工资增长率条件下养老金结余
2015	34	14	44	- 1492. 27	- 1464. 63	- 1450. 81
2020	39	14	46	- 8535. 15	- 7629. 63	- 7207. 83
2025	45	14	48	- 21611. 38	- 17569. 82	- 15818. 56
2030	51	14	50	- 43300. 99	- 32005. 15	- 27456. 10
2035	53	14	52	- 64201. 75	- 44776. 30	- 38042. 68
2040	53	15	55	- 82625. 08	- 54881. 75	- 46628. 43
2045	55	15	57	- 110238. 12	- 69736. 89	- 59249. 61
2050	59	15	60	- 152945. 27	- 92147. 07	- 78289. 66

年份	3%利率			5%利率		
	高工资增长率条件下养老金缺口现值	中工资增长率条件下养老金缺口现值	低工资增长率条件下养老金缺口现值	高工资增长率条件下养老金缺口现值	中工资增长率条件下养老金缺口现值	低工资增长率条件下养老金缺口现值
2015	- 1492. 27	- 1464. 63	- 1450. 81	- 1492. 27	- 1464. 63	- 1450. 81
2020	- 7362. 49	- 6581. 39	- 6217. 53	- 6687. 51	- 5978. 02	- 5647. 52
2025	- 16080. 90	- 13073. 59	- 11770. 49	- 13267. 52	- 10786. 34	- 9711. 22
2030	- 27793. 26	- 20542. 89	- 17623. 03	- 20828. 52	- 15395. 02	- 13206. 85
2035	- 35546. 95	- 24791. 55	- 21063. 31	- 24196. 96	- 16875. 71	- 14337. 88
2040	- 39462. 20	- 26211. 83	- 22270. 00	- 24399. 42	- 16206. 73	- 13769. 51
2045	- 45416. 65	- 28730. 68	- 24410. 05	- 25506. 62	- 16135. 54	- 13709. 02
2050	- 54354. 21	- 32747. 54	- 27822. 85	- 27727. 49	- 16705. 37	- 14193. 16
缺口总额 2015 年现值	- 1014635. 09	- 695185. 58	- 598371. 74	- 655938. 50	- 457219. 89	- 395136. 77

注：根据各年人口预测数据及相关参数计算。

从测算结果来看，在全账户条件下，从 2015 年开始，企业职工养老保险基金即出现当年收支缺口，这将一直持续到 2050 年。在不同的利率水平和工资水平假设条件下，2015～2050年养老金结余或缺口在2015年的现值最低为－395136.77亿元，最高为－1014635.09亿元。

第四节　小结

本章主要分析了名义账户制的起源、含义，中国进行名义账户制改革的动因与意义，并且对全账户模式下企业职工养老保险基金收支情况进行预测。

第一，名义账户制的含义及起源。在名义账户制模式下，每个参保人的个人账户为参保人记录个人账户缴费，并为缴费确定一个个人账户的记账利率，但个人账户资金直接用于当期退休人员养老金给付，而不用于积累。名义账户制起源的背景主要有两个。一是，在人口老龄化条件下，DB现收现付制养老保险制度难以为继，向DC或者部分向DC转轨势在必行，但转轨成本难以承担；二是，劳动力跨国流动对养老保险制度的便携性提出要求。

第二，中国实施名义账户制改革的动因和意义。从改革动因来看，中国目前及未来一段时间之内，艾伦条件会得以满足；由于空账的存在，隐性名义账户其实已经存在；人口老龄化高峰期即将到来；同时，目前，企业职工养老保险便携性较差与劳动力转移的矛盾较为明显。从改革的意义来看，名义账户制改革有利于增强制度激励性，释放资金，解决转轨成本，并可以促进企业职工养老保险基金全国统筹的实现。

第三，名义账户制模式下企业职工养老保险基金的预测。在“全账户”及现行退休年龄和延迟退休方案一、二模式下，我们对企业职工养老保险基金收支进行了预测。测算结果表明，即使是“延迟退休方案一＋全账户”也无法完全消除各年的企业职工养老保险基金缺口。需要指出的是，本章测算结果与前面章节中社会统筹基金收支测算结果并不具可比性。前面章节中仅测算各年的社会统筹基金缺口，而本章测算的是包含个人账户在内的全额养老金收支水平。

第六章　其他基金来源对企业职工养老保险基金收支的影响

在前面各章中，我们主要分析了企业职工养老保险各年的缴费收入及给付额，二者差额即各年养老金结余或缺口。但是，除了当年的缴费收入之外，企业职工养老保险还有其他基金来源，主要有财政补助和全国社会保障基金。我们将这类基金收入定义为制度外基金收入，即在缴费收入之外的企业职工养老保险基金收入。本章将分析制度外基金收入对企业职工养老保险基金收支的影响。

第一节　财政补助对企业职工养老保险基金收支的影响

财政补助是企业职工养老保险基金收入来源之一，会对企业职工养老保险基金收支产生一定的影响。本节主要分析财政补助对企业职工养老保险基金收支的影响效应。

一　财政补助的现状与未来补助比例假设

从 2009 年以来，财政补助占企业职工养老保险基金总收入的比重为 13.2% ~14.9%，财政补助绝对规模从 2009 年的 1538 亿元提高至 2014 年的 3309 亿元。2009 ~2014 年财政补助规模及占企业职工养老保险基金当期征缴收入的情况见表6-1。

表6-1　2009~2014年企业职工养老保险基金财政补助规模及比例

单位：亿元，%

指标＼年份	2009	2010	2011	2012	2013	2014
当期征缴收入	7422	8795	10893	13196	15230	16807
财政补助	1538	1815	2096	2430	2817	3309
财政补助占当期征缴收入的比例	20.72	20.64	19.24	18.41	18.50	19.69

资料来源：根据《中国社会保险发展年度报告2014》，相关数据整理计算。

表6-1中数据显示，2009~2014年财政补助规模在不断提高，财政补助占当期征缴收入的比例在20%左右波动。我们进一步计算了财政补助占当期全国财政总支出的比例，具体数据见表6-2。

表6-2　2009~2014企业职工养老保险基金财政补助占当期全国财政总支出的比例

单位：亿元，%

指标＼年份	2009	2010	2011	2012	2013	2014
财政总支出	76300	89874	109248	125953	140212	151662
财政补助	1538	1815	2096	2430	2817	3309
财政补助占当期全国财政总支出的比例	2.02	2.02	1.92	1.93	2.01	2.18

资料来源：根据《中国统计年鉴2015》、《中国社会保险发展年度报告2014》相关数据整理计算。

从表6-2中数据来看，企业职工养老保险基金财政补助占当期全国财政总支出的比例相对比较稳定，在2%左右波动。由于对企业职工养老保险基金的财政补助并没有明确的规定，财政补助并不是常态化稳定的企业职工养老保险基金来源。为了分析财政补助存在条件下的企业职工养老保险基金收支情况，我们对财政补助的比例做如下假设：假设财政补助成为常态化的基金收入来源，财政补助占企业职工养老保险基金当期征缴收入的比例保持20%不变，即财政补助比例一直维持近期水平。

二 财政补助在比例不变条件下的企业职工养老保险基金收支预测

在各年财政补助占当年征缴收入的比例为20%的假设条件下，我们进一步测算各年企业职工养老保险基金收支情况。

（一）现行退休年龄条件下企业职工养老保险基金收入预测

在不同的假设条件下，我们分别对2015～2050年企业职工养老保险基金收入进行测算，测算结果见表6－3。

表6－3 2015～2050年现行退休年龄条件下加入财政补助之后的养老金收支预测

单位：亿元

年份	高缴费率—35%目标替代率—高覆盖率			高缴费率—30%目标替代率—高覆盖率		
	养老金结余（高工资）	养老金结余（中工资）	养老金结余（低工资）	养老金结余（高工资）	养老金结余（中工资）	养老金结余（低工资）
2015	136.00	133.48	132.22	330.08	323.97	320.91
2020	－6365.06	－5689.77	－5375.21	－5091.63	－4551.45	－4299.82
2025	－20795.88	－16906.82	－15221.65	－17105.28	－13906.40	－12520.29
2030	－41356.30	－30567.77	－26223.02	－33200.32	－24539.42	－21051.51
2035	－59683.64	－41625.23	－35365.47	－45605.75	－31806.86	－27023.63
2040	－77664.37	－51586.71	－43828.92	－55971.20	－37177.54	－31586.65
2045	－90781.87	－57428.82	－48792.47	－59816.53	－37840.08	－32149.55
2050	－97279.34	－58609.25	－49795.38	－55674.63	－33543.08	－28498.75
年份	高缴费率—35%目标替代率—低覆盖率			高缴费率—30%目标替代率—低覆盖率		
	养老金结余（高工资）	养老金结余（中工资）	养老金结余（低工资）	养老金结余（高工资）	养老金结余（中工资）	养老金结余（低工资）
2015	－4198.30	－4120.55	－4081.68	－4007.29	－3933.08	－3895.98
2020	－8561.13	－7652.86	－7229.77	－7414.42	－6627.81	－6261.39
2025	－19366.54	－15744.79	－14175.43	－16139.98	－13121.63	－11813.73
2030	－34410.60	－25433.98	－21818.92	－27367.41	－20228.13	－17353.00
2035	－46791.55	－32633.88	－27726.28	－34649.97	－24165.97	－20531.80
2040	－58731.79	－39011.19	－33144.55	－39882.42	－26490.95	－22507.15
2045	－65413.14	－41380.50	－35157.55	－38230.22	－24184.53	－20547.57
2050	－64540.50	－38884.62	－33037.01	－27612.77	－16636.25	－14134.43

续表

年份	低缴费率—30%目标替代率—高覆盖率			低缴费率—25%目标替代率—高覆盖率		
	养老金结余（高工资）	养老金结余（中工资）	养老金结余（低工资）	养老金结余（高工资）	养老金结余（中工资）	养老金结余（低工资）
2015	-310.63	-304.87	-302.00	-83.15	-81.61	-80.84
2020	-8586.61	-7675.64	-7251.29	-7127.63	-6371.45	-6019.20
2025	-25484.89	-20718.93	-18653.78	-21351.44	-17358.49	-15628.29
2030	-49501.84	-36588.40	-31387.91	-40572.18	-29988.19	-25725.83
2035	-72076.60	-50268.46	-42708.91	-57008.88	-39759.76	-33780.55
2040	-95251.68	-63268.67	-53754.10	-72553.56	-48191.98	-40944.69
2045	-115994.46	-73378.36	-62343.46	-84320.22	-53341.16	-45319.53
2050	-133256.10	-80284.67	-68211.17	-91651.38	-55218.49	-46914.53
年份	低缴费率—30%目标替代率—低覆盖率			低缴费率—25%目标替代率—低覆盖率		
	养老金结余（高工资）	养老金结余（中工资）	养老金结余（低工资）	养老金结余（高工资）	养老金结余（中工资）	养老金结余（低工资）
2015	-4519.86	-4436.15	-4394.30	-4295.99	-4216.43	-4176.65
2020	-10300.97	-9208.12	-8699.04	-8987.17	-8033.70	-7589.56
2025	-23284.98	-18930.43	-17043.55	-19671.26	-15992.52	-14398.47
2030	-41717.37	-30834.65	-26451.97	-34006.06	-25134.97	-21562.41
2035	-58706.62	-40943.82	-34786.54	-45711.36	-31880.52	-27086.22
2040	-76736.73	-50970.55	-43305.42	-57014.15	-37870.30	-32175.23
2045	-92645.57	-58607.80	-49794.15	-64840.34	-41018.15	-34849.69
2050	-105194.23	-63377.84	-53846.85	-68266.49	-41129.47	-34944.27

注：在假设条件下计算得出。

表6-3中数据显示，即使将财政补助比例设定为当年缴费收入的20%，在不同假设条件下，从2016年开始，企业职工养老保险基金也存在缺口。测算结果说明，即使每年维持近期财政补助占当期缴费收入的20%不变，2016~2050年企业职工养老保险基金存在缺口的状况也无法得到改变。

尽管近年来财政补助的比例比较稳定，但财政补助并不是常规性固定的企业职工养老保险基金收入来源，未来财政补助的规模与比例可能存在着波动。特别是，在中国经济进入中高速增长新常态之后，财政收入的增长速度可能会有所降低，未来财政补助的比例存在着不确定性。尽管财政补助可以在一定程度上降低企业职工养老保险基金支出压力，但我国仅仅依靠财政补助可能并不能完全解决企业职工养老保险基金缺口问题。

（二）延迟退休条件下企业职工养老保险基金收支预测

在延迟退休方案一和方案二模式下，我们按照财政补助占当年缴费收入20%的假设，测算了不同条件下企业职工养老保险基金收支情况，测算结果见表6-4和6-5。

1. 延迟退休方案一模式下的测算结果

延迟退休方案一的政策实施区间为2021~2050年，其中，2021~2030年，每年提高女工人退休年龄6个月（每两年提高1岁），2030年女工人退休年龄达到55岁；2031~2040年，每年提高所有女性职工退休年龄6个月，至2040年，男女职工退休年龄均为60岁；2041~2050年，每年提高所有男女职工退休年龄6个月，至2050年，男女退休年龄同时达到65岁。在保持财政补助占当年缴费收入20%的假设下，我们按照延迟退休方案一，测算了2015~2050年养老金收支情况，测算结果见表6-4。

表6-4　2015~2050年延迟退休方案一模式下加入财政补助之后的养老金收支预测

单位：亿元

年份	高缴费率—35%目标替代率—高覆盖率			高缴费率—30%目标替代率—高覆盖率		
	养老金结余（高工资）	养老金结余（中工资）	养老金结余（低工资）	养老金结余（高工资）	养老金结余（中工资）	养老金结余（低工资）
2015	136.00	133.48	132.22	330.08	323.97	320.91
2020	-6365.06	-5689.77	-5375.21	-5091.63	-4551.45	-4299.82
2025	-12718.20	-10339.76	-9309.15	-9319.17	-7576.38	-6821.21
2030	-21292.25	-15737.79	-13500.90	-14120.73	-10437.08	-8953.61
2035	-21811.83	-15212.25	-12924.57	-10040.85	-7002.80	-5949.69
2040	-10627.11	-7058.81	-5997.28	6272.31	4166.24	3539.70
2045	25619.45	16206.92	13769.67	47152.19	29828.58	25342.85
2050	75312.61	45374.64	38551.04	101542.54	61177.75	51977.62

续表

年份	高缴费率—35%目标替代率—低覆盖率			高缴费率—30%目标替代率—低覆盖率		
	养老金结余（高工资）	养老金结余（中工资）	养老金结余（低工资）	养老金结余（高工资）	养老金结余（中工资）	养老金结余（低工资）
2015	-4198.30	-4120.55	-4081.68	-4007.29	-3933.08	-3895.98
2020	-8561.13	-7652.86	-7229.77	-7414.42	-6627.81	-6261.39
2025	-12550.25	-10203.21	-9186.22	-9568.82	-7779.35	-7003.94
2030	-17091.38	-12632.79	-10837.23	-10891.35	-8050.15	-6905.94
2035	-13284.16	-9264.78	-7871.51	-3159.36	-2203.44	-1872.08
2040	2149.00	1427.42	1212.76	16715.18	11102.66	9433.00
2045	42113.50	26641.10	22634.71	60811.63	38469.58	32684.38
2050	97569.98	58784.35	49944.15	120620.28	72671.79	61743.14
年份	低缴费率—30%目标替代率—高覆盖率			低缴费率—25%目标替代率—高覆盖率		
	养老金结余（高工资）	养老金结余（中工资）	养老金结余（低工资）	养老金结余（高工资）	养老金结余（中工资）	养老金结余（低工资）
2015	-310.63	-304.87	-302.00	-83.15	-81.61	-80.84
2020	-8586.61	-7675.64	-7251.29	-7127.63	-6371.45	-6019.20
2025	-18019.19	-14649.41	-13189.23	-14212.30	-11554.45	-10402.76
2030	-31607.63	-23362.21	-20041.62	-23755.80	-17558.67	-15062.97
2035	-39532.37	-27571.10	-23424.86	-26933.77	-18784.45	-15959.57
2040	-39847.74	-26467.91	-22487.57	-22165.43	-14722.86	-12508.79
2045	-23606.35	-14933.43	-12687.69	-1580.65	-999.92	-849.55
2050	-2026.32	-1220.82	-1037.23	24203.62	14582.29	12389.35
年份	低缴费率—30%目标替代率—低覆盖率			低缴费率—25%目标替代率—低覆盖率		
	养老金结余（高工资）	养老金结余（中工资）	养老金结余（低工资）	养老金结余（高工资）	养老金结余（中工资）	养老金结余（低工资）
2015	-4519.86	-4436.15	-4394.30	-4295.99	-4216.43	-4176.65
2020	-10300.97	-9208.12	-8699.04	-8987.17	-8033.70	-7589.56
2025	-16987.03	-13810.27	-12433.74	-13647.86	-11095.56	-9989.62
2030	-26284.79	-19427.93	-16666.54	-19496.61	-14410.57	-12362.33
2035	-29961.19	-20895.86	-17753.47	-19124.51	-13338.03	-11332.21
2040	-26556.25	-17639.36	-14986.69	-11315.27	-7515.90	-6385.63
2045	-7726.86	-4888.03	-4152.95	11399.33	7211.24	6126.79
2050	17051.43	10273.21	8728.29	40101.74	24160.65	20527.29

注：在假设条件下计算得出。

从测算结果来看，在延迟退休方案一条件下，如果财政补助比例保持在目前的20%，那么部分年份的当年养老金缺口可以得到解决。例如，在“高缴费率—30%目标替代率—低覆盖率”的条件下，从2036年开始到2050年，各年养老金均有结余；在“高缴费率—35%目标替代率—高覆盖率”条件下，2042～2050年将出现养老金结余。除了“低覆盖率—30%目标替代率—高覆盖率”条件下，2050年之前养老金缺口问题无法得到解决之外，在其他条件下，当年养老金缺口都会在2050年之前消失。测算结果说明，“延迟退休方案一+财政补助占当年缴费收入的20%”的方式，可以在一定程度上解决养老金缺口问题，但这仍然无法完全消除2015～2050年养老金缺口。

2. 延迟退休方案二模式下的测算结果

延迟退休方案二的政策实施区间为2021～2060年，其中，2021～2035年主要提高女工人的退休年龄，每年提高女工人退休年龄4个月（每3年提高1岁），至2015年，女工人退休年龄提高至与女干部相同的55岁；2036～2050年每年提高女职工退休年龄4个月，2050年，女职工退休年龄提高至60岁，与男职工退休年龄相同；2051～2060年同时提高男职工与女职工的退休年龄，每年提高退休年龄4个月，至2060年，男女职工退休年龄同时提高至65岁。在财政补助比例保持当年缴费收入的20%的假设下，我们按照延迟退休方案二，测算了2015～2050年养老金收支情况，测算结果见表6－5。

表6－5　2015～2050年延迟退休方案二模式下加入财政补助之后的养老金收支预测

单位：亿元

年份	高缴费率—35%目标替代率—高覆盖率			高缴费率—30%目标替代率—高覆盖率		
	养老金结余（高工资）	养老金结余（中工资）	养老金结余（低工资）	养老金结余（高工资）	养老金结余（中工资）	养老金结余（低工资）
2015	136.00	133.48	132.22	330.08	323.97	320.91
2020	－6365.06	－5689.77	－5375.21	－5091.63	－4551.45	－4299.82
2025	－15456.68	－12566.11	－11313.59	－11958.79	－9722.37	－8753.29

续表

年份	高缴费率—35%目标替代率—高覆盖率			高缴费率—30%目标替代率—高覆盖率		
	养老金结余（高工资）	养老金结余（中工资）	养老金结余（低工资）	养老金结余（高工资）	养老金结余（中工资）	养老金结余（低工资）
2030	-28082.90	-20756.97	-17806.68	-20578.24	-15210.04	-13048.16
2035	-34031.53	-23734.64	-20165.34	-21513.71	-15004.33	-12747.93
2040	-30306.96	-20130.68	-17103.36	-11996.52	-7968.40	-6770.09
2045	-26368.32	-16680.66	-14172.16	-605.64	-383.13	-325.51
2050	-26295.52	-15842.63	-13460.16	9008.45	5427.44	4611.25
年份	高缴费率—35%目标替代率—低覆盖率			高缴费率—30%目标替代率—低覆盖率		
	养老金结余（高工资）	养老金结余（中工资）	养老金结余（低工资）	养老金结余（高工资）	养老金结余（中工资）	养老金结余（低工资）
2015	-4198.30	-4120.55	-4081.68	-4007.29	-3933.08	-3895.98
2020	-8561.13	-7652.86	-7229.77	-7414.42	-6627.81	-6261.39
2025	-14860.85	-12081.71	-10877.47	-11796.32	-9590.28	-8634.37
2030	-22952.83	-16965.17	-14553.83	-16467.49	-12171.65	-10441.63
2035	-24087.61	-16799.45	-14273.09	-13310.53	-9283.18	-7887.14
2040	-15681.95	-10416.36	-8849.91	140.71	93.47	79.41
2045	-5716.35	-3616.18	-3072.36	16763.62	10604.70	9009.93
2050	2127.60	1281.84	1089.07	33371.11	20105.56	17082.01
年份	低缴费率—30%目标替代率—高覆盖率			低缴费率—25%目标替代率—高覆盖率		
	养老金结余（高工资）	养老金结余（中工资）	养老金结余（低工资）	养老金结余（高工资）	养老金结余（中工资）	养老金结余（低工资）
2015	-310.63	-304.87	-302.00	-83.15	-81.61	-80.84
2020	-8586.61	-7675.64	-7251.29	-7127.63	-6371.45	-6019.20
2025	-20550.21	-16707.09	-15041.82	-16632.61	-13522.13	-12174.32
2030	-37663.79	-27838.52	-23881.69	-29447.23	-21765.39	18671.77
2035	-50038.02	-34898.07	-29649.97	-36640.07	-25553.93	-21711.03
2040	-56119.64	-37276.14	-31670.42	-36960.95	-24550.43	-20858.45
2045	-64901.05	-41056.55	-34882.32	-38548.57	-24385.91	-20718.67
2050	-79324.45	-47791.71	-40604.62	-44020.49	-26521.64	-22533.22
年份	低缴费率—30%目标替代率—低覆盖率			低缴费率—25%目标替代率—低覆盖率		
	养老金结余（高工资）	养老金结余（中工资）	养老金结余（低工资）	养老金结余（高工资）	养老金结余（中工资）	养老金结余（低工资）
2015	-4519.86	-4436.15	-4394.30	-4295.99	-4216.43	-4176.65

续表

年份	低缴费率—30%目标替代率—低覆盖率			低缴费率—25%目标替代率—低覆盖率		
	养老金结余（高工资）	养老金结余（中工资）	养老金结余（低工资）	养老金结余（高工资）	养老金结余（中工资）	养老金结余（低工资）
2020	-10300.97	-9208.12	-8699.04	-8987.17	-8033.70	-7589.56
2025	-19121.93	-15545.92	-13996.38	-15689.68	-12755.54	-11484.14
2030	-31507.63	-23288.30	-19978.22	-24407.09	-18040.06	-15475.94
2035	-39233.35	-27362.56	-23247.68	-27698.52	-19317.81	-16412.73
2040	-41257.12	-27404.06	-23282.94	-24701.46	-16407.36	-13939.96
2045	-45514.52	-28792.59	-24462.66	-22519.91	-14246.15	-12103.76
2050	-54961.79	-33113.60	-28133.85	-23718.26	-14289.87	-12140.91

注：在假设条件下计算得出。

从测算结果来看，在延迟退休方案二模式下，如果财政补助比例保持在目前的20%，那么在部分假设条件下，部分年份的当年养老金缺口可以得到解决。例如，在“高缴费率—30%目标替代率—低覆盖率”的条件下，2040~2050年，各年养老金均有结余；在“高缴费率—30%目标替代率—高覆盖率”的条件下，2046~2050年将出现养老金结余。但在部分假设条件下，2015~2050年养老金缺口依然存在。测算结果说明，“延迟退休方案二+财政补助占当年缴费收入的20%”的方式，仅可以在一定程度上解决养老金缺口问题，但无法完全消除2015~2050年养老金缺口。

第二节　全国社会保障基金发展

为了应对人口老龄化高峰期养老保险基金的支出需求，在养老保险缴费体系之外，提前建立养老保险储备基金成为许多国家的政策选择，例如爱尔兰“国家养老储备基金”、挪威“政府全球养老基金”、法国“退休储备基金”、新西兰“超级年金基金”等都属于此种类型。2000年8月，中国建立了“全国社会保障基金”，主要用于未来人口老龄化高峰时期的社会保障需要。从建立初至今，尽管全国社会保障基金规模稳步增长、投资收益水平逐步提高、管理体制和治理结构不断完善，但其还存在着规模较低、投资限定过严、资金来源缺乏稳定性等一些问题，并且其未来发展方向也不尽明确。上述问题的解决对于全国社会保障基金的进一步发展具有重要的作用和意义。

一　全国社会保障基金发展概况

全国社会保障基金由全国社会保障基金理事会受托管理，主要资金来源渠道为国有股减持划入资金及股权资产、中央财政拨入资金、经国务院批准以其他方式筹集的资金及其投资收益。财政性净拨入和投资收益是目前全国社会保障基金资产规模增长的两个主要资金来源。从建立至今，全国社会保障基金规模稳步增长，资本总额从初期的 200 亿元增加至 2009 年底的 7766.22 亿元。目前全国社会保障基金投资运营的主要法规是财政部、劳动和社会保障部于 2001 年 12 月以部长令形式颁布的《全国社会保障基金投资管理暂行办法》。按照该暂行办法的要求，全国社会保障基金采取由全国社会保障基金理事会直接运作与全国社会保障基金理事会委托投资管理人运作相结合的投资模式。全国社会保障基金理事会直接运作的社会保障基金的投资范围限于银行存款和一级市场国债，其他投资需委托社会保障基金投资管理人管理和运作并委托社会保障基金托管人托管。截至 2014 年末，全国社会保障基金资产总额为 15356.39 亿元，直接投资资产 7718.2 亿元，占基金资产总额的 50.26%；委托投资资产 7638.27 亿元，占基金资产总额的 49.74%①。全国社会保障基金收益率总体呈现上升趋势；2001 ~ 2009 年全国社会保障基金年均投资收益率为 8.36%，有力促进了全国社会保障基金的规模增长。

二　全国社会保障基金发展中存在的问题

（一）全国社会保障基金规模较低

尽管全国社会保障基金的规模自建立以来不断增长，但与未来人口老

① 《全国社会保障基金理事会基金年度报告（2014 年度）》，全国社会保障基金理事会网站，http://www.ssf.gov.cn/cwsj/ndbg/201505/t20150528_6578.html。

龄化等原因造成的养老金缺口的规模相比，目前全国社会保障基金规模尚不能完全满足弥补未来养老金缺口的历史任务。全国社会保障基金及部分国家的养老储备基金规模见表6－6。

表6－6　国外养老储备基金规模与全国社会保障基金规模比较

指标	爱尔兰“国家养老储备基金”	新西兰“超级年金基金”	挪威“政府全球养老基金”	法国“退休储备基金”	全国社会保障基金
成立时间	2000年	2001年	1990年	2001年	2014年
总规模	2004年，101亿欧元	2006年，670亿美元	2003年，1100亿美元	2003年，165.4亿欧元	2014年，15356.39亿元人民币
人均规模	2528欧元	16241美元	24096美元	273欧元	1122.69人民币（全国人均）；2409.81元（城镇人口平均）

资料来源：国外养老储备基金数据根据《养老储备基金管理》中相关数据整理；各年人均规模根据OECD网站中相应年份人口数据近似计算。

目前全国社会保障基金人均水平大约只有1122元人民币，低于国际同类基金的人均水平。因为我国人口总数较多、人口老龄化程度不断加深、养老保险制度转轨等，养老金支付需求未来将大幅度上升，这造成养老保险基金较大的支付压力，所以，全国社会保障基金必须在达到相当规模之后才可能完成保障养老保险制度持续健康运行的目标。目前全国社会保障基金的规模不足，在中国养老保险基金支付高峰期到来之前全力壮大基金规模将是全国社会保障基金发展的最核心问题。

（二）全国社会保障基金目标规模不明确、资金来源缺乏稳定性

全国社会保障基金尚未有明确的基金目标规模，这不利于全国社会保障基金功能的有效发挥。其他国家养老储备基金一般具有目标规模，例如，爱尔兰“国家养老储备基金”确定目标规模为养老金支付高峰期的1/3，新西兰“超级年金基金”目标规模确定为2030年1000亿美元，法国“退休储备基金”目标规模确定为2020年之前达到10000亿法郎。缺乏明确的规模目标，使得全国社会保障基金的各项资金来源不稳定。目前全国社会保障基金除了投资收益之外，主要依靠财政拨付（包括国有股减持和划转）。

而财政拨付目前没有建立定期规划，从各年数据来看，2001～2014年财政净拨入规模变化较大，最低仅为49.1亿元，最高达到825.9亿元，而财政净拨付的主要项目——国有资产充实全国社会保障基金的规模也同样具有不确定性。尽管2009年6月《境内证券市场转持部分国有股充实全国社会保障基金实施办法》的实施在一定程度上增加了国有股充实全国社会保障基金的力度，但划转的规模实际上要取决于国有企业IPO的规模，如果IPO规模过小或步伐过慢而不能满足全国社会保障基金的资金需要，那么划转方式依然不能完全解决全国社会保障基金规模增长的要求。

（三）全国社会保障基金尚未确定封闭期和支付期规划

封闭期和支付期可以在确定基金目标规模的基础上设定。封闭期是指不得用于任何支付的时期，以保证在预定时间内使基金达到目标规模；支付期是指基金功能实现的时期，即在基金达到预期规模之后，按规划逐期弥补养老金缺口。明确封闭期和支付期及相应的基金积累和支出规划是保障基金规模合理增长、促进执行基金长期投资理念和功能有效发挥的重要手段，很多国家的养老储备基金都有封闭期或支付期的规定。例如，爱尔兰“国家养老储备基金”封闭期为2025年之前，支付期为2025～2055年，并确定在封闭期每年GDP的1%用来充实基金、支付期结合65岁以上人口预计增长提取资金的规划；新西兰“超级年金基金”封闭期为2020年7月1日之前，并确定每年划入资金规模计算方式为某年之后40年每年划入相同比例GDP刚好确保基金支出要求；荷兰“养老储备基金”的封闭期为2020年之前，并且每年拨入资金不少于113445054欧元。目前全国社会保障基金尚没有这方面的规定，这使得基金发展缺乏规划，基金规模增长得不到制度保障，使资产流动性与支付需求之间可能不相协调。

（四）国家对全国社会保障基金的投资限定过严

根据《全国社会保障基金投资管理暂行办法》，目前全国社会保障基金资产组合中银行存款和国债的比例不能低于50%，而证券投资基金和股票的比例不能超过50%，投资产业基金和市场化股权投资基金不能超过10%。这种严格的规定尽管可以使全国社会保障基金规避风险，但不利于全国社会保障基金投资收益率的提高。从其他国家的养老储备基金投资监管来看，审慎监管模式是大多数国家采取的模式，以使基金能够根据实际条件的变化适时调整投资策略和资产组合，最大化规避风险和提高收益。例如，爱尔兰、新西兰、法国、挪威等国基于长期投资理念，均对养老储备基金投资运营采取审慎监管模式，没有对资产比例做严格限制，并取得了良好的效果。爱尔兰“国家养老储备基金”资产组合中股票接近80%；新西兰“超级年金基金”的80%资产配置为股票和实业投资，无风险资产仅占20%；法国“退休储备基金”除对投资区域和单一发行人的金融工具比例有规定之外，其他投资限制较少。随着投资渠道的逐步拓宽，全国社会保障基金投资收益率的总体提高也证明了灵活的投资策略有利于全国社会保障基金的保值增值。因此，在风险控制的基础上逐步放宽全国社会保障基金的种种投资限制，投资监管向审慎模式转变，增强全国社会保障基金理事会的投资管理自主权和投资地域、产品、业务等选择空间，将有利于全国社会保障基金提高投资收益率，以保证基金的保值增值。

三　全国社会保障基金未来发展思路

（一）完善全国社会保障基金发展的法规环境

关于全国社会保障基金发展的统一法规文件尚未出台。目前关于全国社会保障基金投资运营的主要相关规定有《全国社会保障基金投资管理暂行办法》和《全国社会保障基金境外投资管理暂行规定》，关于全国社会保障基金资金来源的主要相关规定有《国务院关于印发减持国有股筹集社会保障资金管理暂行办法的通知》、《国务院关于进一步规范彩票管理的通知》和《境内证券市场转持部分国有股充实全国社会保障基金实施办法》。这些规定由于立法层次较低、内容不尽完善等，已不能完全适应全国社会保障基金的发展需求。目前，除《国务院关于印发减持国有股筹集社会保障资金管理暂行办法的通知》之外，其他规定均由相关部门制定实施，而关于全国社会保障基金投资运营的两个规定均是以暂行办法的形式实施，随着时间的推移，这些规定中对于投资渠道和投资比例的限制等内容已不能完全适应发展环境的变化，全国社会保障基金发展的法规环境亟待完善。

为了确保全国社会保障基金的健康持续发展，国务院应出台一部统一的全国社会保障基金条例，以整合、完善目前各个单独的相关规定，同时明确全国社会保障基金的形式、目标规模、资金来源、支付方式等基础性问题，以为全国社会保障基金构建坚实的法制保障。

（二）合理确定并确保实现全国社会保障基金目标规模

全国社会保障基金目标规模的确定应该以未来养老金缺口的发生时间和规模为基础。目前对养老金缺口的测算研究较多，不同研究机构的测算结果基本在30000亿~90000亿元，这可以作为全国社会保障基金目标规模的参考。在2008年末，全国社会保障基金资产规模为5623亿元，即使将目前政策确定的划转国有股包括进来，其也只有6000多亿元，远远低于养老金缺口的测算规模。2004年，全国社会保障基金理事会表示在2010年左右实现基金规模10000亿元，2008年，这个目标规模又被提及，综合考虑全国社会保障基金的现期规模和增值能力，我们可以将10000亿元作为短期目标规模，将2020年基金规模再翻一番，将20000亿元作为中远期目标，并将这个目标规模以法规形式确定，制订在此基础之上充实全国社会保障基金的计划，以保障基金规模能够具备相应的弥补养老金缺口的能力。

目前全国社会保障基金的实际规模距离目标规模尚有一定差距，为了保证全国社会保障基金目标规模的实现，我们需要在充分利用现有各个资金来源渠道的基础上，开辟新的资金来源渠道。在现有资金来源渠道中，中央财政资金补助、国有资产以及投资收益具有较大潜力。同时，开辟其他资金来源渠道是确保全国社会保障基金规模合理增长的重要保证。从其他国家养老储备基金的发展来看，许多国家都设定了较多并且相对稳定的资金来源渠道，例如爱尔兰“国家养老储备基金”年度划入规模与GDP挂钩，挪威“政府全球养老基金”的来源除预算拨付之外还包括石油业务税收收入和二氧化碳排放税收收入等，法国“国家养老储备基金”来源包括不动产和投资收益的资本利得税的2%、储蓄银行和存款保险金的缴费和移动电话牌照拍卖收入等。结合中国的国情和国际经验，资源税、矿山开采金、土地出让金等资源性国有资产收入的一定比例及利息税等部分税种的一定比例收入，可以被考虑作为充实全国社会保障基金的新的资金渠道。

（三）科学设定基金封闭期和支付期及资金划入与支付规划

中国人口老龄化高峰期目前尚未到来，短期内对全国社会保障基金并没有支付要求。为了确保全国社会保障基金规模的稳定增长及弥补养老金缺口预期目标的实现，我国应该根据人口结构变化及养老金实际缺口确定全国社会保障基金的封闭期和支付期，以提高基金运营管理的科学性。关于中国养老金未来资金供求的研究较多，尽管每个研究对基金缺口的测算结果存在差异，但是对中国养老金缺口出现的时间的测算基本集中在2020年左右。结合中国养老保险基金收支缺口的测算结果，我国可以将全国社会保障基金封闭期设定在2020年之前，并确定在此阶段每年拨入全国社会保障基金的最低资金规模，以全力保证基金规模的增长。如果2010年全国社会保障基金规模能够达到10000亿元的短期目标规模，那么在5%的投资收益率假设条件下，为了在2020年达到20000亿元，每年大约只需要拨入资金200多亿元，这需要利用法规形式加以明确。从2021年开始，我国可以根据实际需求逐步利用全国社会保障基金弥补养老金缺口。从投资策略来看，在封闭期初始阶段，我国应坚持长期投资理念，资产组合可以涉及基础设施等长期资产，但随着支付期临近，我国要不断提高资产的流动性，以保证基金充足的支付能力。

（四）拓展投资渠道提高基金收益水平

从建立至今，全国社会保障基金的投资渠道不断拓宽。2003年，全国社会保障基金开展了债券回购业务，并以战略投资者身份申购新股；2004年，经国务院批准，全国社会保障基金开始了股权投资；2005年，全国社会保障基金开通了上证50ETF直接投资渠道；2006年，全国社会保障基金开展了境外投资业务；目前，实业投资和信托投资业务也已开始。从实际效果来看，投资渠道的拓展和投资方式的创新使全国社会保障基金投资收益显著增加，为全国社会保障基金的保值增值发挥了积极作用。从目前情况来看，由于资产比例限制规定等，全国社会保障基金配置在境内传统投资工具上的资产比重较高，而境外投资的风险相对较低，投资收益率稳定的实业投资、信托投资和产业基金等比例较小，这在一定程度上限制了全国社会保障基金投资收益的提高。随着全国社会保障基金的进一步发展，投资渠道的拓宽、投资比例的调整将是提高基金收益率、确保基金规模增长的必要手段。结合目前全国社会保障基金的资产配置情况，提高境外投资比重，加大参与实业投资、基础设施建设以及国有企业股份制改革的力度，有利于全国社会保障基金进一步分散风险、提高收益水平。

四　全国社会保障基金发展的未来展望

（一）利用国有资产进一步壮大全国社会保障基金

从全国社会保障基金建立之初，国有股减持收入就被确定为全国社会保障基金的资金来源之一。但是，目前国有资产充实全国社会保障基金的规模依然较低，范围也较为狭窄。如果能将划转至全国社会保障基金的国有股范围从目前“股权分置改革之后首次上市发行公司”扩大至“全部含有国有股的上市公司”，再进一步扩大至含有国有股份的全部国有企业，那么全国社会保障基金规模将得到大幅增长。

但是，因为扩大划转国有股的范围存在一定的困难，全国社会保障基金理事会管理大规模国有资产的能力也不确定，所以，除了目前的划转方式即利用国有资产存量之外，我国可以考虑逐步利用目前不适于划转股份的国有企业的国有股红利充实全国社会保障基金，《关于试行国有资本经营预算的意见》《中央企业国有资本收益收取管理暂行办法》等政策的颁布也使这种方式的现实可操作性提高。利用国有资产增量充实全国社会保障基金需要各级财政部门和国有资产监督管理部门的共同参与，国有资本经营预算及国有企业国有资本经营收益收取管理制度将集中部分国有资本收益，并将其中一定比例划拨至全国社会保障基金。这要求国有资本经营预算制度和国有企业收益收取制度尽快在全国范围统一实行，同时进一步提升国有企业经营管理水平，促进国有资产保值增值能力提高，以有效发挥国有资产收益对全国社会保障基金的补充作用。

（二）利用外汇储备建立外汇型养老储备基金

由于长期坚持出口导向战略和国际产业转移等，中国国际收支账户中经常项目与资本金融项目的双顺差格局持续扩大。中国较大规模的外汇储备及相应的国际投资行为，特别是中投公司逐步扩大的国际投资规模，引发了西方国家的关注，甚至出现了“中国威胁论”的观点。在这种背景之下，如果能够利用部分外汇储备充实养老保险基金，进而建立独立的主权型外汇养老基金，在国际资本市场上进行投资运营，那么这既可以实现对外汇储备的二次分流、提高外汇储备的投资效率，又可以防止国际上“中国威胁论”的论调，并同时提高养老保险基金的支付能力。

但是，利用外汇储备充实养老保险基金也面临着一些问题。一是在目前的结售汇制度下，外汇储备的增加意味着已经发行了相应数额的基础货币，因此，外汇储备在国内已经不再具有购买力；二是《全国社会保障基金境外投资管理暂行规定》规定，全国社会保障基金投资境外的资金按成本计算，其比例不得超过总资产的 20%，如果利用外汇储备充实全国社会保障基金，那么其势必要超过这个比例；三是因为外汇储备是基础货币的发行渠道之一，所以其不能直接利用外汇储备充实养老保险基金，如果利用外汇储备建立外汇型养老基金，那么也需要确定相应的购汇程序。

与俄罗斯政府可以从石油、天然气出口收入中直接获得美元税收不同，中国的外汇储备绝大部分来自贸易顺差和外商投资，政府直接获得的外汇收入较少。因此，为实现利用外汇储备建立主权型养老保险基金的目标，我国需要在确定外汇储备适度规模及完善现有法律法规、会计制度等基础之上，以发行特种国债等方式筹集资金或者直接利用全国社会保障基金进行购汇，建立主权型外汇养老基金以用于在国际资本市场上的投资运营。

（三）投资区域由境内向海外转变

全国社会保障基金主要由财政拨付构成，从国际惯例上讲，如果社会保障基金的资金来源主要是财政拨款或其他收益，而不是社保缴费，即与缴纳保险费的未来受益人没有任何内在联系的话，那么这种专门用于投资收益目的的社会保障基金就应该离开本国的资本市场到海外市场进行投资。这主要是为了避免给国内市场带来负面的影响，避免“与民争利”和陷入市场监管者与投资者之间利益冲突时的尴尬与矛盾，避免对上市公司的正常经营产生政治干预。例如，爱尔兰“国家养老储备基金”投资战略是完全面向国际资本市场的，挪威“政府全球养老基金”基本上全部用于投资国际资本市场。2006 年，全国社会保障基金开始了境外投资业务，但投资比例较低，这既不符合国际养老金投资的基本规律，也不利于全国社会保障基金提高收益率水平。将全国社会保障基金投资重点向境外转移，使全国社会保障基金顺应国际趋势的发展方向。

从法律体系来看，目前实行的《全国社会保障基金境外投资管理暂行规定》已不能够完全适应全国社会保障基金海外投资的需求，因此，加快暂行办法的修订工作，对全国社会保障基金海外投资的范围、品种、比例以及投资风险控制进行制度层面的建设，对全国社会保障基金海外投资未来的发展具有基础性作用。从投资规模来看，全国社会保障基金海外投资应该遵循循序渐进的原则，具体可以分为三个阶段：第一阶段为目前利用国有股海外减持划入资金进行委托投资阶段，此阶段全国社会保障基金投资区域依然以境内为主；第二阶段为逐步利用全国社会保障基金购汇阶段，此阶段全国社会保障基金投资区域向海外逐步扩展；第三阶段为利用外汇储备充实养老保险基金阶段，此阶段全国社会保障基金投资区域以海外投资为主。从投资方式来看，全国社会保障基金海外投资可以结合海外投资规模的逐步提高，采取从委托投资向自设机构直接投资转变的方式。从投资区域来看，全国社会保障基金海外投资应该以成熟市场为主，之后逐步谨慎考虑新兴市场。从投资品种来看，全国社会保障基金海外投资应该以债券等固定收益产品为主，逐步向股票和金融衍生品过渡。全国社会保障基金海外投资还可以考虑一些金融衍生工具，特别是一些对冲工具，以进一步控制全国社会保障基金的投资风险。

（四）整合基金资源，向主权养老保险基金过渡

目前中国养老保险基金主要分为三类。第一类是个人账户基金，主要分为个人缴费形成的基金及中央政府为做实个人账户的补助金；第二类是企业缴费形成的社会统筹基金；第三类是作为养老储备基金的全国社会保障基金。这三类养老保险基金的所属层次及运营主体不同，其中，全国社会保障基金和中央政府为做实个人账户的补助金属于中央一级的养老保险基金，由全国社会保障基金理事会负责运营，而个人缴费形成的个人账户基金及企业缴费形成的社会统筹基金，由于目前统筹层次的限制，属于地方一级的养老保险基金，由全国各个不同级别的地方政府负责管理运营，投资渠道较为狭窄、投资收益率较低。

地方政府运营养老保险基金具有种种弊端，有可能由于监管不力等造成社会风险和经济损失，也不利于资源整合及社会统筹，这样长期持续下去还可能导致制度的扭曲和变形，影响全国统筹目标的实现。尽快提高养老保险基金的管理层次是充分有效利用养老保险基金资源、提高养老保险支付能力的必然要求，更是中国养老保险制度改革完善的基础制度建设。随着养老保险制度统筹层次的逐步提高，我国可以将上述三类养老保险基金逐步统一交由全国社会保障基金理事会负责管理运营。这既可以为提高养老保险制度统筹层次提供必要的基金管理运营保障，也可以降低基金管理成本，还可以通过整合养老保险基金资源来壮大基金规模，从而更加有利于养老保险基金的保值增值。随着全国社会保障基金理事会管理结构的完善、资产管理能力的提高以及投资经验的积累，全国社会保障基金理事会也有能力逐步成为负责中国全部养老保险基金的托管人和投资管理人，并负责全国养老保险基金的管理运营，从而成为真正意义上的“全国社会保障基金”。在由全国社会保障基金理事会统一管理、分账运营各类养老保险基金的条件下，中央政府通过全国社会保障基金可以较为容易地实现各个分类基金之间的资金调剂使用，全国社会保障基金对养老保险基金的监管能力和风险的控制能力将显著提高，实现以较低成本提高养老保险基金统筹层次的能力。

在养老保险基金全部交由全国社会保障基金管理运营的基础上，随着国有资产充实全国社会保障基金步伐的加快及外汇型养老储备基金的建立，全国社会保障基金将逐步成为同时包括外汇养老储备基金、本币养老储备基金以及养老保险缴费形成基金在内的综合性主权养老基金，全国社会保障基金的功能也将从运营养老储备基金以保障人口老龄化高峰期养老保险基金支出的单一职能，向全面负责养老保险基金保值增值、负责部分外汇储备运营以降低国家外汇储备持有成本、形成与主权财富基金并行的主权养老基金等综合性职能转变。综合性全国社会保障基金发展设想如图 6 - 1 所示。

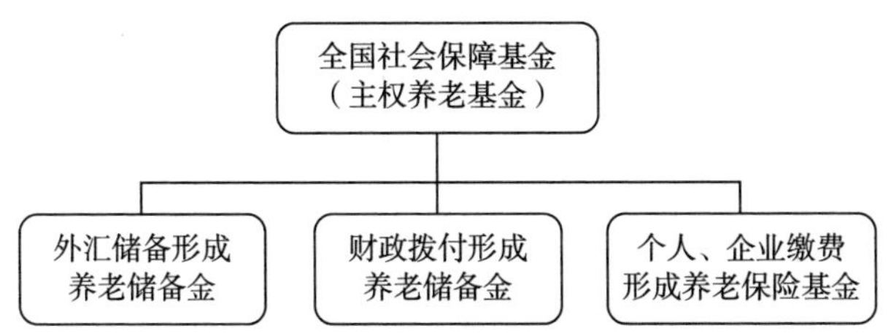

图 6-1　综合性全国社会保障基金发展设想

第三节　国有资产充实企业职工养老保险基金

中国养老保险制度改革与中国经济体制转轨进程紧密相连。在养老保险制度转轨过程中，国有企业性质、就业工资制度以及养老金权益积累方式等在经济体制转轨前后的变化，产生了养老保险制度从与计划经济相适应的企业保障模式向与市场经济相适应的社会保障模式转轨的成本。在渐进式的经济体制改革中，养老保险制度改革也显示出渐进式的特征，突出表现为“老人老办法、新人新办法”的增量改革，即仅在制度转轨之后建立个人账户，而“老人”和“中人”并没有建立在养老保险制度改革之前的工作期间的个人账户。养老保险制度的渐进式转轨方式确保了在最低增量资金需求的条件下实现养老保险制度的转轨，但这使养老保险制度在转轨之后面临着较大的基金压力。

养老保险实质上是一种契约关系，参保者是契约的投资方，通过缴费（隐性或显性）在工作期间进行投资，养老保险的组织者是契约的支付方，通过对符合条件的参保者给付养老金进行支付。养老保险制度改革就是养老契约的变更。斯蒂格利茨提出，转轨国家变革过程的前提是以新的福利契约替代旧的福利机制，最终把过去政府与全体社会公民事实上存在的社会契约“转化”掉。中国养老保险制度改革之始正是以打破企业养老契约、建立社会养老契约为标志的；也正是在新旧契约交替的过程中，契约主体、契约责任等发生变化，形成了与国有资产紧密相连的养老契约变更成本。

一　不完全契约视角的养老契约变更成本

（一）经济体制转轨中的养老契约变更

养老契约的形式与内容是与特定的经济体制相适应的。在计划经济体制下，中国追求的目标是内部稳定和赶超发达国家，国有企业被确定为提供国家福利制度的载体，由企业提供必要的福利制度，国家统一对企业配置资源，并对企业盈亏负责。个人接受低工资为国家发展做必要积累，国家给予工人包括养老在内的福利待遇以补偿低工资对个人消费水平和风险应对能力的影响。随着经济体制转轨进程的推进，国有企业进行了相应改革，现代企业制度的建立使国有企业成为自主经营、自负盈亏的法人实体，不再承担福利提供的功能。与国有企业改革相伴的是包括养老在内的职工各项福利契约的变更。利用社会保障替代企业保障，即解除计划经济体制下企业养老契约、建立社会养老契约，使养老保险制度与经济体制转轨相适应。

从新中国成立至今，中国养老保险制度变迁可以划分为四个阶段。第一阶段是企业保障阶段（隐性缴费），采取从职工工资隐性扣除养老及保险缴费的方式，并由企业支付给退休人员；第二阶段是社会统筹阶段（现收现付制），与国有企业改革及解决非国有经济组织中职工养老保险权益缺失问题相适应，开始从“企业化”向“社会化”的改革，确定国家、企业、个人三方共同负担的改革目标，并基本实现社会统筹；第三阶段是名义统账结合阶段（统账结合探索），由于从现收现付制向统账结合制转轨的成本没有及时得到解决，空账问题出现；第四阶段是实际统账结合阶段，实现社会统筹基金同个人账户基金管理运营的完全分离。经过上述四个阶段，养老契约实现了从企业养老契约向社会养老契约的转变，契约双方由职工—企业转变为职工—社会保障部门，养老金权益积累方式由从个人工资中隐性扣除转变为个人和企业达到一定年限的显性缴费。经济体制转轨过程中的养老契约变更见表6－7。

表 6-7 经济体制转轨过程中的养老契约变更

经济体制类型	养老契约类型	养老契约特点	养老契约内容	养老契约功能
计划经济体制	企业养老契约	隐性缴费、企业保障	养老金权益积累采取从职工工资中隐性扣除的方式，职工接受在职期间经过各项扣除（包括养老金权益积累）之后的低工资；国家对企业盈亏负责、统一配置资源，承诺在职工退休时由职工所在企业负责养老金给付	为国家发展提供必要积累
市场经济体制	社会养老契约	显性缴费、社会保障	养老金权益积累采取职工和企业显性缴费的方式，职工通过缴费积累自身养老金权益，退休时由政府部门对履行了必要缴费条件的参保者统一给付养老金；国有企业自负盈亏，不再承担福利功能	适应经济转轨的要求，为市场经济建立与发展提供必要制度保障

（二）不完全的企业养老契约调整

企业保障时期的养老保障契约属于“不能充分描述各种可能机会”的不完全契约，“不可预见的可能性”是契约不完全性的本质原因。在确立企业养老契约时，国家和社会成员都没有预见未来经济体制转轨的可能性，更没有对经济体制转轨时养老保障的具体实现方式做出规定。但是，经济体制的转轨使国家按照企业养老契约为社会成员提供养老保障的成本极高，国家必须解除原契约，并和社会成员之间重新确立一个适应新经济体制的新养老契约，市场化的社会养老契约成为政府的选择。由于社会成员并没有和政府讨价还价的能力，社会成员都成为新的社会养老契约的接受者。这相当于对原契约的违约，并使新契约替代原契约。

养老契约也是一种长期契约，因为养老契约要经历一个人年轻和年老时期，时间跨越几十年。契约理论认为，长期契约存在的原因在于激励契约投资方为建立资产专属性关系进行投资，而只有支付和投资方形成跨期支付的契约，才会有沉淀型投资。这种理论也暗示，在投资方得到充分的回报机会以弥补投资成本之前，应该禁止支付方违约。在企业养老保障契约下，作为契约投资方的职工以低工资方式做沉淀型投资（自身养老金权益积累）并可以在退休期收回投资（获得养老金权益）。职工按照劳动边际报酬应得的工资与实际工资之间的差距是对国家的投资，其中包括为自身的养老保障所做的投资；政府在社会成员年老时给予其一定的养老保障是政府的支付行为。养老契约变更就要求政府对职工在企业养老契约下以隐性缴费方式积累的自身养老金权益进行弥补，弥补的目标是职工已经积累的养老金权益在养老契约变更后的连续性，即职工在企业养老契约下对自身养老金权益的投资在社会养老契约下可以收回。从精算的角度来说，这种弥补就是社会养老保险制度建立的精算初始债务。

（三）国有资产对养老契约变更成本负债的产生与显性化

当现收现付模式的社会养老契约与企业养老契约更替时（养老保险改革的第二阶段），在更替发生的时刻，就已经意味着养老契约变更成本的产生及国有资产对契约变更成本的负债。原因是：在社会养老契约下，参保人员的养老保障来源于在职职工的当期缴费，而与其个人前期以低工资形式进行的养老金权益积累不再发生任何关系，在这种情况下，这相当于老职工原来的养老积累固化为国有资产，而养老保障来自政府实施的现收现付制度。但是，国有资产对养老保险的负债并不一定意味着必须要将国有资产转化为养老保险基金，因为只要新的现收现付制养老保险能够确保原契约覆盖职工的养老保障，或者说，如果社会养老契约自身可以偿付企业养老契约下职工的养老金权益积累，那么养老契约变更成本和国有资产对其的负债就不会显性化，其也就没有必要将国有资产转化为养老基金，所以，现收现付制社会养老契约的建立是养老契约变更成本和国有资产对其负债产生的时期，但因为这一时期社会养老保险制度采取现收现付制的形式，所以只要资金充足，成本和负债就不会显性化，其也不必要求国有资产转化为养老保险基金。

现收现付制向统账结合制的改革（养老保险改革的第三阶段）使养老契约变更成本和国有资产对其负债显性化，表现为新旧契约更替之后社会养老契约下“中人”和“老人”个人账户的缺失。在统账结合制下，参保人员若要享受养老保障就必须符合两个条件：一是进行了现收现付制的缴费；二是具备个人账户的积累。对于原企业养老契约覆盖的职工来说，因为个人账户前期并没有积累，所以第二个条件得不到满足，这需要对个人账户进行补充，即建立“中人”和“老人”的个人账户。如果账户不能得到补充，那么本应该从个人账户中领取的养老金就只能通过其他渠道的资金弥补，这也是空账问题产生的原因。在企业养老保障契约向社会养老保障契约转化时，相当部分的社会成员已经进行了养老保障投资，但还没有或没有完全得到政府的充分回报以弥补社会成员的养老保障投资，即这部分社会成员没有领取养老金或没有领取到全部养老金，在这种情况下，这部分社会成员的养老保障转由社会养老保障提供。在企业养老契约时期，社会成员由于国家养老保障承诺，以低工资形式对政府进行了沉淀型投资，投资所形成的国有资产属于全体社会成员。如果企业养老契约解除，那么国家应该支付与社会成员所做的沉淀型投资形成的专属性资产价值相等的养老保障。这说明，企业养老契约的解除应该由国家开辟资金筹集渠道，履行该契约的支付责任，以实现企业养老契约向社会养老契约的完全转换。从专属性投资角度分析，如果国家其他筹资方式没有将属于原养老契约覆盖的社会成员投资形成的国有资产变现方式效率高，那么变现国有资产支付社会成员从企业养老契约向社会养老契约的变更成本就是可行的。这实质上是国家与社会成员之间由于企业养老契约不完全而采取重新签订契约的方式对不完全契约进行的调整，保证原契约覆盖的投资方的利益是重新签订合同的必要条件，而将原契约投资方投资形成的专属性资产返还投资方是保证投资方利益的有效方式。

二　国有资产对养老契约变更成本负债规模的测算

（一）测算模型

本书将把在企业养老契约解除时按照实现个人账户合意替代率的目标充实“中人”和“老人”个人账户的资金规模定义为养老契约变更成本，将养老契约变更成本扣除社会统筹阶段个人账户理论规模[①]定义为国有资产

① 国有资产对养老保险的负债仅仅发生在企业养老契约阶段，职工在工资中被扣除的养老金积累留在了企业，并固化在企业的国有资产中；从社会养老契约建立开始（现收现付），职工的养老金积累已经脱离了企业，因此，从企业保障向社会保障转轨之后，国有资产不再对养老保险负债，即从1991年之后，国有资产对社会养老保险的负债没有增加。因此，计算国有资产对养老契约变更成本的负债，需要对1991年之后至个人账户建立（1997年）之间个人账户的理论规模予以扣除。

对养老契约变更成本的负债。测算计算区间确定为1991年之前；养老保险计发办法按照《国务院关于完善企业职工基本养老保险制度的决定》（国发〔2005〕38号）的相关规定；个人账户支付年限假设为10年①；个人账户合意替代率确定为22%②；“中人”年龄范围确定为1997年的27～57岁；“老人”年龄范围确定为1997年的58～67岁。

国有资产对“中人”养老契约变更成本负债规模的测算方法：“中人”退休时个人账户在10年支付期内实现合意替代率所要求的理论规模减去1997年至退休阶段个人账户可积累规模为养老保险的转轨成本，再减去1991～1997年按照现行制度规定个人账户可积累规模为国有资产对养老契约变更成本的负债规模。

国有资产对“老人”养老契约变更成本负债规模的测算方法：“老人”退休时统账结合制尚未建立，按照个人账户支付期10年的规定，从1997年到“老人”退休10年为止个人账户实现合意替代率所要求的规模为“老人”的制度转轨成本③，再减去1991年至“老人”退休年份按照现行制度规定个人账户可积累规模为国有资产对养老契约变更成本的负债规模。

假设条件：个人账户投资运营年名义收益率为5%；人口数据根据王晓军《中国养老金制度及其精算评价》中1996年在职职工人数估计；实际平均工资年增长率为3%。

（二）测算结果

1. 国有资产对“中人”养老契约变更成本负债规模

国有资产对“中人”养老契约变更成本负债规模见表6－8。

---

① 按照现行规定，个人账户支付年限由各地区根据实际情况分别确定。为了估算全国个人账户整体情况，本书按照1997年国务院颁布的《关于建立统一的企业职工基本养老保险制度的决定》将全国个人账户支付平均时间假设为10年。

② 按照现行规定，现收现付制基础养老金使参保人按照参加工作年限每年领取当年指数化平均工资的1%，一个标准的参保人（不考虑性别，假设20岁参加工作，58岁退休，工作38年）通过现收现付制养老保险可以实现38%的平均替代率，如果合意替代率为60%，那么个人账户应该实现22%的平均替代率。

③ 假设某“老人”1992年退休，到2001年退休10年。按照个人账户支付期规定，1992～2001年为个人账户的支付期（10年），因此，在1997年养老保险制度转轨时，1997～2001年个人账户实现合意替代率的规模为制度转轨成本，并且也是国有资产对该“老人”转轨成本的负债规模。

表 6-8　国有资产对“中人”养老契约变更成本负债规模

1997 年初年龄	1997 年初人数（万人）	每人养老契约变更成本（元）	养老契约变更成本总额（亿元）	国有资产对每人养老契约变更成本负债规模（元）	国有资产对养老契约变更成本总额负债规模（亿元）
54	143	20384	291	18102	259
49	220	17342	382	15059	331
44	344	10454	360	8172	281
39	457	4198	192	1915	88
34	319	0	0	0	0
29	561	0	0	0	0
28	482	0	0	0	0
27	607	0	0	0	0
总计	—	—	6238	—	4848

注：①1991 ~ 1997 年个人账户每人按照新制度可以积累的养老金规模在 1997 年的现值为 2282.5 元；②表中 0 值说明这些年龄段的老职工个人账户可以实现目标合意替代率，从合意替代率的角度出发，他们从参加工作时建立个人账户便可以满足实现合意替代率的需求，因此不存在转轨成本，也不需要国有资产进行弥补，即新制度可以保证其获得足额的个人账户资金；这同时说明，新制度的设计决定了转轨成本的规模，如果对个人账户实现替代率的要求较低，那么转轨成本较小；反之，如果对个人账户实现的替代率设计要求较高，那么转轨成本较大；③测算结果为 1997 年现值。

2. 国有资产对“老人”养老契约变更成本负债规模

国有资产对“老人”养老契约变更成本负债规模见表 6-9。

表 6-9　国有资产对“老人”养老契约变更成本负债规模

1997 年初年龄	1997 年初人数（万人）	退休时间	每人养老契约变更成本（元）	国有资产对每人养老契约变更成本欠账规模（元）	养老契约变更成本总额（亿元）	国有资产对养老契约变更成本负债规模总额（亿元）
58	227	1996	10884	8602	247	195
59	225	1995	9266	7505	208	169
60	224	1994	7800	6525	175	146
61	207	1993	6430	5575	133	115
62	217	1992	5141	4613	112	100
63	187	1991	3970	3719	74	70
64	172	1990	2790	2790	48	48

续表

1997 年初年龄	1997 年初人数（万人）	退休时间	每人养老契约变更成本（元）	国有资产对每人养老契约变更成本欠账规模（元）	养老契约变更成本总额（亿元）	国有资产对养老契约变更成本负债规模总额（亿元）
65	184	1989	1692	1692	31	31
66	153	1988	742	742	11	11
67	154	1987	已过支付期	已过支付期	0	0
总计	—	—	—	—	1040	886

注：①1997 年，58、59、60、61、62、63 岁的退休职工在 1991 年之后退休，因此，这部分人的养老契约变更成本应该再减去 1991 年至退休时个人账户按照新制度缴费规定具有的规模，它们分别为每人 2282.5、1760.8、1275.7、855.5、527.7、250.9 元，表中数据已为调整之后数据；②测算结果为 1997 年现值。

三　国有资产充实养老保险基金的规模测算与方式选择

（一）国有资产充实养老保险基金的最低规模——偿还对“养老契约变更成本”的欠账

国有资产充实养老保险制度的最低规模是偿还对“养老契约变更成本”欠账所需要的资金规模。本书利用在企业养老契约解除时按照实现个人账户合意替代率的目标充实“中人”和“老人”个人账户的资金规模来测算养老契约变更成本，利用养老契约变更成本扣除社会统筹阶段个人账户理论规模来测算国有资产对养老契约变更成本的负债。

参数设定及假设条件：1991 年养老保险制度社会化改革，1997 年全国建立个人账户；养老保险计发办法按照《国务院关于完善企业职工基本养老保险制度的决定》（国发〔2005〕38 号）相关规定；个人账户支付 10 年，个人账户合意替代率假定为 22%[①]；不分性别，20 岁参加工作，58 岁退休；以 1997 年为测算时间点，“中人”年龄范围确定为 1997 年的 27～57 岁，“老人”年龄范围确定为 1997 年的 58～67 岁；合意替代率假定为 60%；个人账户投资运营年收益率为 5%；人口数据根据王晓军《中国养老

① 按照现行规定，标准的参保人（不考虑性别，假设 20 岁参加工作，58 岁退休，工作 38 年）通过现收现付制养老保险可以实现 38% 的平均替代率，如果养老保险合意替代率为 60%，那么个人账户应该实现 22% 的平均替代率。

制度及精算评价》（王晓军，2002）中1996年在职工人数估计；实际平均工资年增长率为3%。测算结果见表6－10。

表6－10 国有资产对变更成本负债规模的测算结果

单位：亿元

指标	负债规模
"中人"养老契约变更成本	6238
"老人"养老契约变更成本	1040
养老契约变更成本	7278
国有资产对"中人"养老契约变更成本负债	4848
国有资产对"老人"养老契约变更成本负债	886
国有资产对养老契约变更成本负债	5734

注：测算结果为1997年现值。

（二）国有资产充实养老保险基金的最高规模——确保养老保险制度支付能力充足

国有资产充实养老保险基金的最高规模是弥补各年养老金缺口以确保养老保险制度支付能力充足所需要的资金规模。用中国社会养老保险制度各年实际可支出养老金规模与实现目标替代率之间的差距来表示国有资产充实养老保险基金的最高规模，这样我们可以直接利用名义账户制模式下的测算结果。表6－11列出了不同条件下按照高工资假设和3%利率假设测算的企业职工养老保险基金总缺口2015年现值。

表6－11 高工资、3%利率假设下企业职工养老保险基金总缺口2015年现值测算

单位：亿元

条件＼指标	现行退休年龄条件下养老保险基金收支缺口总额2015年现值	延迟退休方案一条件下养老保险基金收支缺口总额2015年现值	延迟退休方案二条件下养老保险基金收支缺口总额2015年现值
高缴费率 60%目标替代率—高覆盖率	－1614110	－509269	－975572
高缴费率—60%目标替代率—低覆盖率	－1855940	－330287	－754690

续表

条件 \ 指标	现行退休年龄条件下养老保险基金收支缺口总额 2015 年现值	延迟退休方案一条件下养老保险基金收支缺口总额 2015 年现值	延迟退休方案二条件下养老保险基金收支缺口总额 2015 年现值
低缴费率—50% 目标替代率—高覆盖率	-1749492	-852926	-1227810
低缴费率—50% 目标替代率—低覆盖率	-1131753	-675230	-1014635

注：根据名义账户制模式下测算结果整理。

根据测算结果，缺口规模的 2015 年现值之和最高为 1614110 亿元，最低为 330287 亿元。

（三）国有资产充实养老保险基金的方式选择——国有资本经营预算

2001 年至今，随着股权分置改革、国有资本经营预算、央企国有资本收益收取等工作的推进，国有资产充实社会保障基金的配套制度环境已经得到极大改善，政策选择空间获得扩展，在此情况下利用国有资产增量方式充实养老保险基金的可操作性提高。利用国有资产增量充实养老保险基金是指在目前存量国有资产（包括国有股）所有权不发生转移的前提下，以国有资本经营预算制度为工具、以社会保障预算制度为保障，利用部分国有资产分红收入充实养老保险基金的方式。国有资产增量充实养老保险基金可以采用以下运作模式：财政部门通过国有资本经营预算及国有企业国有资本经营收益收取管理制度集中部分的国有资本收益，同时建立社会保障基金预算制度确定当年充实养老保险基金的规模。这为国有资产分红收入充实社会保障基金建立了刚性约束和制度保障。具体参见图 6－2。

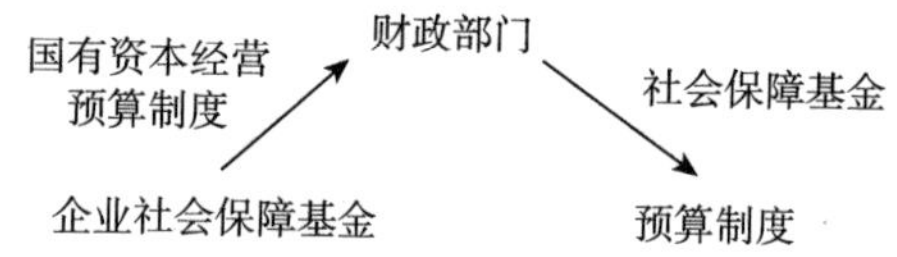

图 6－2　国有资产增量充实养老保险基金运作模式

国有股增量充实养老保险基金的优势包括以下五个方面：一是可以避免变现国有股对股市造成冲击；二是不改变国有股所有权可以避免划转国有股方式带来的资产管理和基金运作方面的各类问题；三是国有资产所有

权与社会保障基金统筹层次基本一致可以避免中央与地方的利益冲突；四是与划转国有股方式原理相同，利用国有资产红利可以实现在不降低社会福利水平条件下充实社会保障基金；五是在目前部分国有企业尚未上市的条件下，国有资本经营预算制度可以利用未上市国有企业利润充实社会保障基金。为实现利用国有资产存量充实养老保险基金，要逐步推进国有资本经营预算制度在全国范围的实行，同时建立各级社会保障基金预算制度，并强化国有资本经营预算制度与社会保障基金预算制度的联动，以科学有效的方法和完备的制度保障确保利用国有资产充实社会保障基金的实现。

第四节　小结

本章主要分析了财政补助、全国社会保障基金以及国有资产充实养老保险基金可能的效应及可行的方式。

一　财政补助

目前财政补助占当年缴费收入的比重约为20%。在假设财政补助比例不变的条件下，我们测算了企业职工养老保险基金收支情况，从测算结果来看，尽管财政补助可以在一定程度上缓解企业职工养老保险基金的支付压力，特别是在延迟退休方案一条件下的部分年份养老金结余明显，但是，目前的财政补助力度依然无法完全解决各年的养老金缺口问题。同时，因为财政补助并不是常态的企业职工养老保险基金收入，所以，其未来还存在着一定的不确定性。

二　全国社会保障基金

2000年8月，中国建立了“全国社会保障基金”，主要用于满足今后人口老龄化高峰时期的社会保障需要。2014年末，全国社会保障基金资产规模为15356.39亿元，与养老基金缺口规模相比较，资产规模较低。同时，全国社会保障基金还存在着目标规模不明确、资金来源缺乏稳定性、尚未确定封闭期和支付期规划、投资限定过严等问题。完善发展环境、扩大资产规模、科学设定封闭期和支付期、拓展投资渠道、提高收益水平等，可以有效促进全国社会保障基金的发展。

三　国有资产充实养老保险基金

养老保险制度改革是养老契约的变更，国家转轨变革过程的前提是以新的福利契约替代旧的福利机制，最终把过去政府与全体社会成员事实上存在的社会契约“转化”掉。中国养老保险制度改革之初正是以打破企业养老契约、建立社会养老契约为标志；也正是在新旧契约交替的过程中，契约主体、契约责任等发生变化，使与国有资产紧密相连的养老契约变更成本形成。国有资产充实养老保险基金的最低成本为对养老保险契约变更成本的弥补，最高成本为对养老保险基金总缺口的弥补。实现国有资产充实养老保险基金的有效方式是通过国有资本经营预算制度，利用国有股分红，逐步对养老保险基金进行补充。

第七章　研究结论与政策建议

第一节　主要研究结论

一　2015～2050年企业职工养老保险基金参数测算与假设

（一）人口结构预测

人口数量与结构是企业职工养老保险基金收支的主要影响因素，为了能够准确预测企业职工养老保险基金情况，我们首先对城镇2050年之前各年的分年龄、分性别的人口数量进行预测。人口预测使用了以下参数设定。①生育模式：选择每5年赋值的总和生育率为生育模式指标，采用晚育模式模拟分年龄生育率，考虑到未来生育政策放开可能带来的生育率回升，假定总和生育率从2010年的1.3逐年上调，至2045年，达到2.1的世代更替水平，以后各年保持不变。②出生性别比：男女出生性别比设定为1.06。③死亡水平：用预期寿命结合死亡模式作为死亡水平的参数，以全国第六次人口普查的城镇预期寿命作为基年数据，并根据联合国不同水平的出生预期寿命每5年的变化情况确定未来的平均预期寿命，进而确定死亡水平。④人口迁移：依据城乡增长率差法预测中国城市化率将由2015年的54.01%逐渐提高到2050年71.14%，2010～2050年农村向城镇的迁移人口总量为2.2亿人，各年迁移人口呈金字塔状分布。在上述假定的基础上，我们结合预测模型和全国第六次人口普查数据，使用People软件，利用生命表技术进行年龄推移，预测2013～2050年的分城乡、分性别、分年龄人口数据。

按照现行退休年龄规定，我们列出了2015～2050年城镇工作人口数、退休人口数以及制度赡养率。其中，男性工作人口数为20～59岁城镇男性人口数，女性工作人口数为20～49岁城镇女性人口数。按照现行退休年龄规定估算的2015～2050年城镇处于工作年龄人口和达到退休年龄人口的数据见表3－1。

表3－1中数据显示，2015年制度赡养率仅为34%，2050年制度赡养率将提高至93%，这意味着大约1.1个工作人口负担1个退休人口的养老金。在养老保险制度替代率和缴费率等参数不发生变化的条件下，制度赡养率的提高将使现收现付制养老保险基金支付压力大幅增加。

（二）制度覆盖率假设

目前中国城镇就业人口占劳动力人口比重大约为85%，我们假设未来城镇就业人口占劳动力人口的比重保持85%不变。根据《2009年地方财政统计年鉴》中的数据，2009年各省、自治区、直辖市财政供养人员数为5143万，2009年中国城镇人口数约为6.45亿，考虑到地方财政供养人数中尚未包括中央财政供养人员，并且，城镇人口还包括了20岁之前未达到参保缴费年龄的人口，因此，我们假设2009年机关事业单位工作人员占城镇20岁及以上人口的比例为10%；同时假设，机关事业单位工作人员占城镇20岁及以上人口的比重不变，并且，机关事业单位工作人员年龄分布与城镇总人口的年龄分布相同。在前述假定下，我们做出如下假设：城乡居民养老保险制度的覆盖率为15%，主要覆盖城镇非就业人口（包括达到退休年龄的在工作期未曾就业的人口）；企业职工养老保险和机关事业单位工作人员养老保险覆盖率之和为85%，主要覆盖城镇就业人口（包括达到退休年龄的在工作期就业的人口），其中，机关事业单位工作人员养老保险的覆盖率为10%，企业职工养老保险的覆盖率为75%。

企业职工养老保险覆盖率的目标为75%，但其在现实中不可能一步到位实现目标。具体来看，2012年，企业职工养老保险制度在缴费适龄人口中的覆盖率约为53.13%，在退休年龄人口中的覆盖率约为57.75%，我们将2015年作为测算基期，并假设退休人口覆盖率均为60%，在此基础上，我们对企业职工养老保险制度的覆盖率共做了两组假设。第一组假设，缴费人口覆盖率在2015年直接提高至75%并一直保持至2050年，由于退休人口的覆盖率只能通过每年新达到退休年龄人口覆盖率的提高而提高①，我们按照男60岁、女50岁作为各年新退休人口年龄②，逐年计算了各年的退休人口实际覆盖率；第二组假设，缴费人口覆盖率从2015年的60%匀速提高至2050年的75%，我们也计算了在此情况下各年退休人口的实际覆盖率。两组假设条件下覆盖率情况见表3-2。

根据测算结果，在第一组假设件下，退休人口覆盖率将从2015年的60.00%提高至2050年的72.45%，在第二组假设条件下，退休人口覆盖率将从2015年的60.00%提高至2050年的66.01%。

（三）缴费率的假设

近年来，企业职工养老保险实际缴费率在14%左右，并且有下降的趋势。目前实际缴费率偏低主要是由中断缴费人员及缴费工资较低引起的，随着中断缴费人员的减少及缴费工资管理力度的加大，未来实际缴费率的趋势应该是逐步提高至相对合理水平。以2012年为基期，我们对实际缴费率做了两组假设。第一组假设：假设实际缴费率匀速提高至2050年的15%，即假设实际缴费率目前没有大的变动。第二组假设：假设实际缴费率匀速提高至2050年25%的合理水平，即假设没有中断缴费人员，基本上全部工资均被纳入缴费工资。其中，25%的合理水平假设基础是目前个体工商户和灵活就业人员的缴费率被规定为20%，企

① 在现实中，覆盖率的提高只能针对缴费人口主动进行，即不可能将未参保的退休人口重新纳入企业职工养老保险覆盖范围之内，因此，退休人口覆盖率的变动，是由新退休人口覆盖率与之前退休人口覆盖率不一致引起的，如果新退休人口覆盖率较高，那么随着之前退休人口的死亡，所有退休人口的覆盖率会逐步提高。

② 在现实中，其应该还将55岁女干部作为新退休人口，由于该部分人口比例较少，不会对结果产生大的影响，为了简化分析，此处，我们仅使用男60岁、女50岁作为各年新退休人口，并在缴费人口覆盖率在各年龄均衡的假设下，逐年计算新退休人口在按照缴费人口覆盖率退休情况下的退休人口实际覆盖率。

业人员缴费率被规定为28%，2014年，个体工商户和灵活就业人员等人群占参保人群的比重为22.9%，考虑到未来经济体制改革的深入和市场经济的进一步发展，我们假设个体工商户和灵活就业人员的比例在2015~2020年为22.9%，2021~2050年上升为25%，按照这个比例计算，总缴费率应为28%×0.75+20%×0.25=26%，因此，我们将合理水平确定为25%。

同时，我们测算的主要是现收现付制社会统筹基金的收支平衡，因此，还需从总缴费率中分离出社会统筹基金的缴费率。我们根据各年总缴费率的假设值计算实际缴费系数，设实际缴费系数为A，同时假设灵活就业人员和企业职工的缴费工资占工资收入的比例相同，因此，实际平均缴费率为：

$$A \times \frac{\text{平均工资} \times 28\% \times \text{企业职工缴费人数} + \text{平均工资} \times 20\% \times \text{灵活就业人员缴费人数}}{\text{平均工资} \times \text{总人数}} = \text{实际平均缴费率} \quad (7-1)$$

经整理可得：

$$A = \frac{\text{实际平均缴费率}}{28\% - 8\% \times \text{灵活就业人员缴费人数占比}} \quad (7-2)$$

其中，实际平均缴费率为各年我们假设的平均缴费率，灵活就业人员缴费人数占比为各年我们假设的灵活就业人员数占总人数的比例。在计算出实际缴费系数A之后，我们可以进一步分离出现收现付制社会统筹基金的实际缴费率C：

$$C = A \times (12\% \times \text{自由职业者缴费人数占比} + 20\% \times \text{企业职工缴费人数占比}) \quad (7-3)$$

其中，企业职工缴费人数占比为企业职工人数占总人数的比例，12%为灵活就业人员现收现付制养老金缴费规定比例，20%为企业职工现收现付制养老保险缴费规定比例。按照该方法，我们计算的各年实际缴费率、实际缴费系数、现收现付制养老保险实际缴费率数据见表7-1。

表 7-1 缴费率假设及计算的现收现付制实际缴费率

单位：%

年份	总缴费率假设		灵活就业人员比例	实际缴费系数（A）		现收现付制实际缴费率（C）	
	低	高		高缴费率的实际缴费系数	低缴费率的实际缴费系数	低缴费率	高缴费率
2015	13.73	14.11	0.229	0.54	0.52	9.53	9.80
2020	13.90	15.31	0.229	0.59	0.53	9.65	10.63
2025	14.08	16.62	0.250	0.64	0.54	9.75	11.50
2030	14.26	18.03	0.250	0.69	0.55	9.87	12.48
2035	14.44	19.57	0.250	0.75	0.56	10.00	13.55
2040	14.63	21.23	0.250	0.82	0.56	10.13	14.70
2045	14.81	23.04	0.250	0.89	0.57	10.25	15.95
2050	15.00	25.00	0.250	0.96	0.58	10.38	17.31

注：根据总缴费率假设值计算。

从表 7-1 中数据来看，在低缴费率假设下，现收现付制养老保险实际缴费率将从 2015 年的 9.53% 上升至 2050 年的 10.38%，而在高缴费率假设下，现收现付制养老保险实际缴费率将从 2015 年的 9.80% 上升至 2050 年的 17.31%。然而，缴费率并不能完全决定养老保险基金的收支水平，原因是，在现行养老金计发办法条件下，不同的缴费率水平会产生不同的替代率水平，因此，我们还需进一步对未来养老金实际替代率水平做出假设。

（四）替代率假设

替代率是养老保险基金支出的决定性因素之一。目前，企业职工养老保险实际替代率在 45% 左右。未来养老保险替代率水平的变化，将直接影响养老保险基金的收支状况。我国养老保险制度替代率的设计是缴费 35 年人员的替代率为 59.2%①。我们对企业职工养老保险未来实际平均替代率做了两组假设。第一组假设：假设企业职工养老保险平均替代率匀速提高至 2050 年的 50%，即假设养老保险平均替代率在目前水平基础上小幅提高。第二组假设：假设企业职工养老保险平均替代率匀速提高至 2050 年的 60%，

① 《中国养老金替代率超国际标准，不必忧退休生活》，《人民日报》2014 年 12 月 12 日。

即假设养老保险平均替代率在目前水平上有15个百分点左右的涨幅。

在总平均替代率基础上，我们继续分离出基础养老保险替代率。理论上，现收现付社会统筹基金实现的替代率将一直下降至“老人”和“中人”全部死亡时为止，至此，全部转轨成本分摊完毕，过渡性养老金不再有存续的必要。从现实数据来看，基础养老金与过渡性养老金实现的替代率之和逐年下降，从2009年的45.93%下降至2013年的42.88%。结合对企业职工养老保险总平均替代率的两组假设，我们进一步对社会统筹基金支出要实现的替代率水平做出假设。①在企业职工养老保险平均替代率匀速提高至2050年的50%条件下，假设社会统筹基金2050年所要实现的替代率水平为30%或25%；②在企业职工养老保险平均替代率匀速提高至2050年的60%条件下，假设社会统筹基金2050年所要实现的替代率水平为35%或30%。

在同一总平均替代率水平下，我们对社会统筹基金所要实现的替代率水平都做了高、低两种假设，原因是个人账户养老金所能实现的替代率水平将由个人账户积累额决定。按照目前缴费35年替代率为59.2%的制度设计目标推算，社会统筹基金与个人账户基金将要实现的替代率之比大致为35:25[①]，因为目前基本养老保险基金投资管理办法即将出台，这可能会显著提高个人账户基金的投资收益水平，所以，个人账户基金实现的收益率有可能提高。因为我们假设总替代率水平确定，所以，我们对社会统筹基金所要实现的替代率水平做了高、低两种假设。我们假设社会统筹基金所要实现的替代率水平在现有水平上匀速提高至2050年的目标替代率水平，不同假设条件下各年社会统筹基金所要实现的替代率水平见表3-5。

需要指出的是，社会统筹基金目标替代率是在一定假设条件下推算的，现实情况发展可能与此有出入，但是，我们推算的目标替代率比较符合实际发展趋势，这可以在一定程度上反映社会统筹基金目标替代率的变化轨迹，并作为分析养老保险基金变动的基础。

---

① 按照现行规定，缴费35年可获得35%的平均替代率，其余24.2%的平均替代率将由个人账户实现。

二 现行退休年龄条件下2015～2050年企业职工养老保险现收现付制社会统筹基金收支测算

（一）高缴费率—高目标替代率—高覆盖率条件下的测算结果

高缴费率假设是指缴费率水平从2015年的14.11%提高至2050年的25%，同时社会统筹基金缴费率从2015年的9.80%提高至2050年的17.31%，具体数据见表7－1；高目标替代率假设是指基础养老金和过渡性养老金的替代率之和从2015年的41.41%下降至2050年的35%或30%；高覆盖率假设是指缴费人口覆盖率在2015年提高至75%并一直保持到2050年，同时退休人口覆盖率从2015年的60%提高至2050年的72.45%。

从测算结果来看，在高缴费率—高目标替代率—高覆盖率条件下，2015～2050年现收现付制社会统筹基金将一直存在收支缺口，并且各年基金缺口在总体上有逐年增加的趋势，具体数据见表7－2。

表7－2 高缴费率—高目标替代率—高覆盖率条件下社会统筹基金收支测算结果

单位：亿元

年份	2050年社会统筹基金35%目标替代率			2050年社会统筹基金30%目标替代率		
	高工资增长率条件下基金结余	中工资增长率条件下基金结余	低工资增长率条件下基金结余	高工资增长率条件下基金结余	中工资增长率条件下基金结余	低工资增长率条件下基金结余
2015	－3784.94	－3714.85	－3679.81	－3590.86	－3524.36	－3491.11
2020	－12688.31	－11342.18	－10715.12	－11414.89	－10203.86	－9639.73
2025	－29943.32	－24343.59	－21917.15	－26252.71	－21343.17	－19215.80
2030	－54343.81	－40167.25	－34458.08	－46187.83	－34138.90	－29286.58
2035	－76526.27	－53371.80	－45345.56	－62448.38	－43553.44	－37003.72
2040	－98703.32	－65561.34	－55701.99	－77010.15	－51152.16	－43459.72
2045	－117000.00	－74014.47	－62883.91	－86034.67	－54425.73	－46240.99
2050	－129604.95	－78084.91	－66342.22	－88000.24	－53018.74	－45045.59

注：在假设条件下根据公式3－4、3－5和3－6计算。

（二）高缴费率—高替代率—低覆盖率条件下的测算结果

高缴费率与高替代率假设与前面测算中使用的假设条件一致，低覆盖率假设见表 3－2 中假设二，即工作人口覆盖率从 2015 年的 60% 匀速提高至 2050 年的 75%，相应的退休人口覆盖率从 2015 年的 60% 提高至 2050 年的 67.04%。如表 7－3 所示，在不同条件下，2015～2050 年养老金缺口依然存在。

表 7－3　高缴费率—高替代率—低覆盖率条件下社会统筹基金收支测算结果

单位：亿元

年份	2050 年社会统筹基金 35% 目标替代率			2050 年社会统筹基金 30% 目标替代率		
	高工资增长率条件下基金结余	中工资增长率条件下基金结余	低工资增长率条件下基金结余	高工资增长率条件下基金结余	中工资增长率条件下基金结余	低工资增长率条件下基金结余
2015	－7335.05	－7199.22	－7131.30	－7144.04	－7011.75	－6945.60
2020	－13783.59	－12321.26	－11640.07	－12636.88	－11296.21	－10671.69
2025	－27166.24	－22085.86	－19884.46	－23939.68	－19462.70	－17522.76
2030	－45843.29	－33884.25	－29068.11	－38800.10	－28678.40	－24602.20
2035	－62098.09	－43309.14	－36796.15	－49956.51	－34841.23	－29601.68
2040	－78471.26	－52122.67	－44284.28	－59621.90	－39602.43	－33646.87
2045	－90808.69	－57445.78	－48806.88	－63625.77	－40249.81	－34196.90
2050	－96866.11	－58360.28	－49583.85	－59938.38	－36111.91	－30681.27

注：在假设条件下根据公式 3－4、3－5 和 3－6 计算。

（三）低缴费率—低替代率—高覆盖率条件下的测算结果

低缴费率假设是指企业职工养老保险总缴费率从 2015 年的 13.73% 匀速提高至 2050 年的 15.00%，相应社会统筹基金缴费率从 2015 年的 9.53% 提高至 2050 年的 10.38%，具体数据见表 7－1；高覆盖率假设与前面一致；低替代率假设是指 2050 年养老金总替代率为 50%，相应现收现付制统筹养老金替代率为 30% 或 25%。表 7－4 显示，假设条件下各年统筹养老保险基金缺口依然存在。

表 7－4　低缴费率—低替代率—高覆盖率条件下社会统筹基金收支测算结果

单位：亿元

年份	2050 年社会统筹基金 30% 目标替代率			2050 年社会统筹基金 25% 目标替代率		
	高工资增长率条件下基金结余	中工资增长率条件下基金结余	低工资增长率条件下基金结余	高工资增长率条件下基金结余	中工资增长率条件下基金结余	低工资增长率条件下基金结余
2015	－4124.78	－4048.40	－4010.21	－3897.31	－3825.14	－3789.05
2020	－14327.37	－12807.35	－12099.29	－12868.39	－11503.15	－10867.20
2025	－33235.72	－27020.28	－24327.04	－29102.28	－23659.83	－21301.55
2030	－59772.43	－44179.72	－37900.24	－50842.76	－37579.52	－32238.16
2035	－84507.42	－58938.10	－50074.78	－69439.70	－48429.41	－41146.42
2040	－109743.89	－72894.77	－61932.59	－87045.76	－57818.08	－49123.19
2045	－132849.61	－84040.97	－71402.58	－101175.37	－64003.77	－54378.66
2050	－152651.47	－91970.06	－78139.27	－111046.75	－66903.89	－56842.64

注：在假设条件下根据公式 3－4、3－5 和 3－6 计算。

（四）低缴费率—低替代率—低覆盖率条件下的测算结果

低缴费率、低替代率与低覆盖率假设均与前面测算一致。表 7－5 中数据显示，假设条件下 2015～2050 年均存在社会统筹基金缺口。

表 7－5　低缴费率—低替代率—低覆盖率条件下社会统筹基金收支测算结果

单位：亿元

年份	2050 年社会统筹基金 30% 目标替代率			2050 年社会统筹基金 25% 目标替代率		
	高工资增长率条件下基金结余	中工资增长率条件下基金结余	低工资增长率条件下基金结余	高工资增长率条件下基金结余	中工资增长率条件下基金结余	低工资增长率条件下基金结余
2015	－7571.18	－7430.98	－7360.87	－7347.31	－7211.25	－7143.22
2020	－15042.34	－13446.46	－12703.07	－13728.54	－12272.05	－11593.58
2025	－29893.85	－24303.37	－21880.95	－26280.13	－21365.45	－19235.86
2030	－50758.41	－37517.17	－32184.67	－43047.10	－31817.49	－27295.11
2035	－70003.72	48822.77	－41480.62	－57008.46	－39759.47	－33780.30
2040	－90333.82	－60002.09	－50978.76	－70611.24	－46901.84	－39848.57
2045	－108971.89	－68935.87	－58569.05	－81166.66	－51346.22	－43624.59
2050	－124589.60	－75063.24	－63774.96	－87661.86	－52814.87	－44872.38

注：在假设条件下根据公式 3－4、3－5 和 3－7 计算。

三 延迟退休条件下 2015～2050 年企业职工养老保险基金收支预测

（一）推迟退休年龄的具体方案的设计

遵循先女后男、先工人后干部、分阶段调整、男女同龄退休和渐进式推进的原则，结合合理的延迟退休起始点和目标退休年龄，我们设计了两个不同的延迟退休方案。两个延迟退休方案都将政策实施确定在 2021 年，调整目标均为男女同龄 65 岁退休，但实现男女同龄 65 岁退休目标的调整速度存在差异。

方案一为较快调整方案，政策实施区间为 2021～2050 年。2021～2030 年，主要对女工人退休年龄进行调整，每年提高女工人退休年龄 6 个月，2030 年女工人退休年龄达到 55 岁；2031～2040 年调整对象为所有女职工，每年提高女职工退休年龄 6 个月，至 2040 年，男女职工退休年龄均为 60 岁；2041～2050 年，其调整对象为男女所有职工，每年提高退休年龄 6 个月，至 2050 年，男女退休年龄同时达到 65 岁。

方案二为较慢调整方案，政策实施区间为 2021～2060 年。2021～2035 年主要提高女工人的退休年龄，每年提高女工人退休年龄 4 个月，至 2015 年，女工人退休年龄提高至与女干部相同的 55 岁；2036～2050 年，对所有女职工的退休年龄进行调整，每年提高女职工退休年龄 4 个月，至 2050 年，女职工退休年龄提高至 60 岁，与男职工退休年龄相同；2051～2060 年，其同时提高男职工与女职工的退休年龄，每年提高退休年龄 4 个月，至 2060 年，男女职工退休年龄同时提高至 65 岁。

（二）基于延迟退休方案的社会统筹基金收支预测

1. 延迟退休方案一——高缴费率—高目标替代率—高覆盖率条件下的测算结果

延迟退休方案一内容见表 4－6；高缴费率与高目标替代率假设与现行退休年龄测算中使用的假设一致；延迟退休方案一高覆盖率假设是指工作人口覆盖率在 2015 年提高至 75% 并将其保持至 2050 年，退休人口覆盖率从 2015 年的 60.97% 提高至 2050 年的 71.58%。测算结果显示，延迟退休方案一可以在一定程度上缓解各年养老金缺口规模；在35%目标替代率条件下，从2046年开始，养老金出现结余；在30%目标替代率条件下，从2043年开始，养老金结余出现。尽管其不能完全消除各年的养老金缺口，但各年养老金缺口规模均有所减少，见表7－6。

表7－6　延迟退休方案一——高缴费率—高覆盖率—高目标替代率条件下社会统筹基金收支测算结果

单位：亿元

年份	2050年社会统筹基金35%目标替代率			2050年社会统筹基金30%目标替代率		
	高工资增长率条件下基金结余	中工资增长率条件下基金结余	低工资增长率条件下基金结余	高工资增长率条件下基金结余	中工资增长率条件下基金结余	低工资增长率条件下基金结余
2015	－7327.32	－7191.63	－7123.78	－3590.86	－3524.36	－3491.11
2020	－13695.85	－12242.83	－11565.98	－11414.89	－10203.86	－9639.73
2025	－20488.15	－16656.64	－14996.40	－18816.38	－15297.51	－13772.74
2030	－29195.08	－21579.02	－18511.89	－28052.63	－20734.60	－17787.49
2035	－31710.76	－22116.07	－18790.18	－28805.44	－20089.81	－17068.63
2040	－27279.90	－18120.03	－15395.07	－18429.97	－12241.67	－10400.72
2045	－9164.38	－5797.41	－4925.57	14129.30	8938.23	7594.07
2050	14209.53	8561.01	7273.58	58388.85	35178.35	29888.10

注：在假设条件下根据公式3－4、3－5和3－6计算。

2. 延迟退休方案一——高缴费率—高目标替代率—低覆盖率条件下的测算结果

高缴费率与高目标替代率假设与前述假设一致；低覆盖率假设是指工作人口覆盖率从2014年的60%匀速提高至2050年的75%，退休人口覆盖率从2015年的60%提高至2050年的66.03%。测算结果显示，延迟退休方案一可以在一定程度上缓解各年养老金缺口规模；在35%目标替代率条件下，从2044年开始，养老金出现结余，在30%目标替代率条件下，从2041年开始，养老金结余出现。在延迟退休方案一下，各年养老金缺口规模均有一定减少，见表7－7。

表 7－7 延迟退休方案一—高缴费率—高覆盖率—高替代率条件下社会统筹基金收支测算结果

单位：亿元

年份	2050 年社会统筹基金 35% 目标替代率			2050 年社会统筹基金 30% 目标替代率		
	高工资增长率条件下基金结余	中工资增长率条件下基金结余	低工资增长率条件下基金结余	高工资增长率条件下基金结余	中工资增长率条件下基金结余	低工资增长率条件下基金结余
2015	－7335.05	－7199.22	－7131.30	－7144.04	－7011.75	－6945.60
2020	－13783.59	－12321.26	－11640.07	－12636.88	－11296.21	－10671.69
2025	－20648.19	－16786.75	－15113.54	－17666.76	－14362.88	－12931.27
2030	－29355.42	－21697.53	－18613.56	－23155.39	－17114.89	－14682.27
2035	－30337.37	－21158.23	－17976.38	－20212.58	－14096.88	－11976.94
2040	－21027.53	－13967.04	－11866.63	－6461.35	－4291.80	－3646.38
2045	10126.71	6406.18	5442.79	28824.84	18234.66	15492.46
2050	54416.29	32784.94	27854.63	77466.60	46672.38	39653.62

注：在假设条件下根据公式 3－4、3－5 和 3－6 计算。

3. 延迟退休方案一—低缴费率—低目标替代率—高覆盖率条件下的测算结果

低缴费率、低目标替代率与高覆盖率假设与前述一致。测算结果显示，延迟退休方案一可以在一定程度上缓解各年养老基金缺口规模，在延迟退休方案一下，各年养老金缺口规模均有一定降低，见表 7－8。但在此条件下，各年养老金缺口在 2050 年之前将一直存在。

表 7－8 延迟退休方案一—低缴费率—低目标替代率—高覆盖率条件下社会统筹基金收支测算结果

单位：亿元

年份	2050 年社会统筹基金 30% 目标替代率			2050 年社会统筹基金 25% 目标替代率		
	高工资增长率条件下基金结余	中工资增长率条件下基金结余	低工资增长率条件下基金结余	高工资增长率条件下基金结余	中工资增长率条件下基金结余	低工资增长率条件下基金结余
2015	－4124.78	－4048.40	－4010.21	－3897.31	－3825.14	－3789.05
2020	－14327.37	－12807.35	－12099.29	－12868.39	－11503.15	－10867.20
2025	－26066.40	－21191.69	－19079.42	－22259.51	－18096.74	－16292.95

续表

年份	2050 年社会统筹基金 30% 目标替代率			2050 年社会统筹基金 25% 目标替代率		
	高工资增长率条件下基金结余	中工资增长率条件下基金结余	低工资增长率条件下基金结余	高工资增长率条件下基金结余	中工资增长率条件下基金结余	低工资增长率条件下基金结余
2030	-42625.05	-31505.54	-27027.50	-34773.23	-25702.01	-22048.85
2035	-53381.71	-37230.06	-31631.27	-40783.11	-28443.41	-24165.98
2040	-56863.35	-37770.13	-32090.12	-39181.04	-26025.07	-22111.33
2045	-44836.14	-28363.45	-24098.05	-22810.44	-14429.94	-12259.91
2050	-27918.53	-16820.47	-14290.94	-1688.60	-1017.35	-864.36

注：在假设条件下根据公式 3-4、3-5 和 3-6 计算。

4. 延迟退休方案一——低缴费率—低目标替代率—低覆盖率条件下的测算结果

低缴费率、低目标替代率、低覆盖率假设与前述一致。测算结果显示，延迟退休方案一可以在一定程度上减少各年养老金缺口规模，在延迟退休方案一下，各年养老金缺口规模均有所减少，见表 7-9。在 30% 目标替代率条件下，各年养老金缺口在 2050 年之前也将一直存在；在 25% 目标替代率条件下，从 2048 年开始，养老金结余出现。

表 7-9 延迟退休方案一——低缴费率—低目标替代率—高覆盖率条件下社会统筹基金收支测算结果

单位：亿元

年份	2050 年社会统筹基金 30% 目标替代率			2050 年社会统筹基金 25% 目标替代率		
	高工资增长率条件下基金结余	中工资增长率条件下基金结余	低工资增长率条件下基金结余	高工资增长率条件下基金结余	中工资增长率条件下基金结余	低工资增长率条件下基金结余
2015	-7571.18	-7430.98	-7360.87	-7347.31	-7211.25	-7143.22
2020	-15042.34	-13446.46	-12703.07	-13728.54	-12272.05	-11593.58
2025	-23848.60	-19388.65	-17456.10	-20509.43	-16673.94	-15011.98
2030	-35983.25	-26596.38	-22816.10	-29195.08	-21579.02	-18511.89
2035	-42547.43	-29673.90	-25211.43	-31710.76	-22116.07	-18790.18
2040	-42520.88	-28243.48	-23996.13	-27279.90	-18120.03	-15395.07
2045	-28290.57	-17896.68	-15205.31	-9164.38	-5797.41	-4925.57

续表

年份	2050年社会统筹基金30%目标替代率			2050年社会统筹基金25%目标替代率		
	高工资增长率条件下基金结余	中工资增长率条件下基金结余	低工资增长率条件下基金结余	高工资增长率条件下基金结余	中工资增长率条件下基金结余	低工资增长率条件下基金结余
2050	-8840.78	-5326.43	-4525.42	14209.53	8561.01	7273.58

注：在假设条件下根据公式3-4、3-5和3-6计算。

5. 延迟退休方案二—高缴费率—高目标替代率—高覆盖率条件下的测算结果

延迟退休方案二具体内容见表4-6。高缴费率和高目标替代率假设与前述一致；在延迟退休方案二条件下，高覆盖率假设是指工作人口覆盖率从2015年提高至75%以后一直保持至2050年，在延迟退休方案二条件下，退休人口覆盖率从2015年的60.97%提高至2050年的72.24%。从测算结果来看，延迟退休方案二可以在一定程度上减少各年养老金缺口规模，在延迟退休方案二下，各年养老金缺口规模均有所减少，见表7-10。在假设条件下，2050年之前各年养老金将一直存在缺口。

表7-10 延迟退休方案二—高缴费率—高目标替代率—高覆盖率条件下社会统筹基金收支测算结果

单位：亿元

年份	2050年社会统筹基金35%目标替代率			2050年社会统筹基金30%目标替代率		
	高工资增长率条件下基金结余	中工资增长率条件下基金结余	低工资增长率条件下基金结余	高工资增长率条件下基金结余	中工资增长率条件下基金结余	低工资增长率条件下基金结余
2015	-3784.94	-3714.85	-3679.81	-3590.86	-3524.36	-3491.11
2020	-12688.31	-11342.18	-10715.12	-11414.89	-10203.86	-9639.73
2025	-24835.33	-20190.85	-18178.34	-21337.44	-17347.10	-15618.04
2030	-41695.06	-30818.15	-26437.82	-34190.39	-25271.22	-21679.29
2035	-52180.71	-36392.45	-30919.62	-39662.90	-27662.14	-23502.21
2040	-53939.67	-35828.15	-30440.18	-35629.23	-23665.87	-20106.91
2045	-56374.87	-35662.87	-30299.76	-30612.19	-19365.34	-16453.11
2050	-63100.89	-38017.28	-32300.10	-27796.93	-16747.20	-14228.70

注：在假设条件下根据公式3-4、3-5和3-6计算。

6. 延迟退休方案二—高缴费率—高目标替代率—低覆盖率条件下的测算结果

高缴费率与高目标替代率假设与前面一致。在延迟退休方案二条件下，低覆盖率假设是指工作人口覆盖率从 2015 年的 60% 匀速提高至 2050 年 75%，退休人口覆盖率从 2015 年的 60% 提高至 2050 年的 67.16%。从测算结果来看，延迟退休方案二可以在一定程度上减少各年养老金缺口规模，在延迟退休方案二下，各年养老金缺口规模均有所减少，见表 7－11。在假设条件下，2050 年之前各年养老金也将一直存在缺口。

表 7－11　延迟退休方案二—高缴费率—高目标替代率—低覆盖率条件下社会统筹基金收支测算结果

单位：亿元

年份	2050 年社会统筹基金 35% 目标替代率			2050 年社会统筹基金 30% 目标替代率		
	高工资增长率条件下基金结余	中工资增长率条件下基金结余	低工资增长率条件下基金结余	高工资增长率条件下基金结余	中工资增长率条件下基金结余	低工资增长率条件下基金结余
2015	－7335.05	－7199.22	－7131.30	－7144.04	－7011.75	－6945.60
2020	－13783.59	－12321.26	－11640.07	－12636.88	－11296.21	－10671.69
2025	－22857.70	－18583.06	－16730.80	－19793.17	－16091.63	－14487.71
2030	－34935.39	－25821.87	－22151.68	－28450.05	－21028.34	－18039.48
2035	－40581.55	－28302.83	－24046.55	－29804.46	－20786.56	－17660.60
2040	－37854.97	－25144.26	－21362.98	－22032.31	－14634.44	－12433.66
2045	－34781.45	－22002.83	－18693.96	－12301.48	－7781.95	－6611.67
2050	－34677.78	－20892.81	－17750.87	－3434.26	－2069.09	－1757.93

注：在假设条件下根据公式 3－4、3－5 和 3－6 计算。

7. 延迟退休方案二—低缴费率—低目标替代率—高覆盖率条件下的测算结果

低缴费率、高覆盖率、低目标替代率与前述一致。测算结果显示，延迟退休方案二可以在一定程度上减少各年养老金缺口规模，在延迟退休方案二下，各年养老金缺口规模均有所减少，见表 7－12。在假设条件下，2050 年之前各年养老金也将一直存在缺口。

表 7－12　延迟退休方案二—低缴费率—低目标替代率—高覆盖率条件下社会统筹基金收支测算结果

单位：亿元

年份	2050 年社会统筹基金 30% 目标替代率			2050 年社会统筹基金 25% 目标替代率		
	高工资增长率条件下基金结余	中工资增长率条件下基金结余	低工资增长率条件下基金结余	高工资增长率条件下基金结余	中工资增长率条件下基金结余	低工资增长率条件下基金结余
2015	－4124.78	－4048.40	－4010.21	－3897.31	－3825.14	－3789.05
2020	－14327.37	－12807.35	－12099.29	－12868.39	－11503.15	－10867.20
2025	－28496.96	－23167.71	－20858.48	－24579.35	－19982.74	－17990.98
2030	－48428.36	－35794.95	－30707.24	－40211.79	－29721.83	－25497.32
2035	－63433.15	－44240.25	－37587.24	－50035.21	－34896.11	－29648.31
2040	－72398.50	－48088.98	－40857.19	－53239.81	－35363.28	－30045.22
2045	－84191.70	－53259.86	－45250.45	－57839.22	－36589.22	－31086.81
2050	－101407.68	－61096.50	－51908.59	－66103.71	－39826.43	－33837.19

注：根据公式 4－1、4－2 和 4－3 计算。

8. 延迟退休方案二—低缴费率—低目标替代率—低覆盖率条件下的测算结果

低缴费率—低覆盖率—低目标替代率假设与前述一致。测算结果显示，延迟退休方案二可以在一定程度上缓解各年养老金缺口规模，在延迟退休方案二下，各年养老金缺口规模均有所减少，见表 7－13。在假设条件下，在 2050 年之前，各年养老金也将一直存在缺口。

表 7－13　延迟退休方案二—低缴费率—低目标替代率—低覆盖率条件下社会统筹基金收支测算结果

单位：亿元

年份	2050 年社会统筹基金 30% 目标替代率			2050 年社会统筹基金 25% 目标替代率		
	高工资增长率条件下基金结余	中工资增长率条件下基金结余	低工资增长率条件下基金结余	高工资增长率条件下基金结余	中工资增长率条件下基金结余	低工资增长率条件下基金结余
2015	－7571.18	－7430.98	－7360.87	－7347.31	－7211.25	－7143.22
2020	－15042.34	－13446.46	－12703.07	－13728.54	－12272.05	－11593.58
2025	－25897.84	－21054.66	－18956.05	－22465.60	－18264.29	－16443.80

续表

年份	2050 年社会统筹基金 30% 目标替代率			2050 年社会统筹基金 25% 目标替代率		
	高工资增长率条件下基金结余	中工资增长率条件下基金结余	低工资增长率条件下基金结余	高工资增长率条件下基金结余	中工资增长率条件下基金结余	低工资增长率条件下基金结余
2030	-40983.50	-30292.22	-25986.64	-33882.96	-25043.98	-21484.36
2035	-51406.81	-35852.71	-30461.05	-39871.99	-27807.96	-23626.10
2040	-56530.51	-37549.05	-31902.29	-39974.85	-26552.34	-22559.31
2045	-64199.93	-40613.03	-34505.49	-41205.32	-26066.58	-22146.59
2050	-77045.01	-46418.38	-39437.82	-45801.49	-27594.66	-23444.88

注：根据公式 4-1、4-2 和 4-3 计算。

四 名义账户制条件下企业职工养老保险基金收支预测

我们按照全账户模式，估算了名义账户制对企业职工养老保险基金收支的影响效应及“延迟退休+名义账户”模式下养老保险基金的收支状况。我们在测算中将制度模式假设为：名义账户制为全账户形式，即将现行的现收现付制与完全积累制全部转为名义账户制，个人与企业缴费全部进入个人账户，按照名义记账利率进行名义积累，全部缴费可以用于当期养老金支付。对实际缴费率、实际替代率与覆盖率的假设为：实际缴费率和实际替代率与“现行退休年龄条件下社会统筹基金收支预测”和“延迟退休年龄条件下社会统筹基金收支预测”中所使用的养老保险总缴费率与总替代率相同；实际总缴费率有高、低两种假设，高假设为匀速提高至 2050 年的 25%，低假设为匀速提高至 2050 年的 15%；实际替代率也有高、低两种假设，与高缴费率假设相对应的是实际替代率高假设，即匀速增长至 2050 年的 60%；与低缴费率假设相对应的是实际替代率低假设，即匀速增长至 2050 年的 50%；覆盖率假设与前面测算中使用的假设相同。

（一）“现行退休年龄+全账户”条件下企业职工养老保险基金收支预测

1. 高缴费率—60% 目标替代率—高低两种覆盖率条件下的测算结果

高缴费率、2050 年实现 60% 替代率以及高低两种不同覆盖率假设下的测算结果见表 7-14。从测算结果来看，在高覆盖率条件下，全账户 2019

年之前养老金当年收支会有结余，从 2019 年开始养老金当年收支出现缺口；在低覆盖率条件下，各年养老金缺口在 2050 年之前将一直存在。

表 7－14　高缴费率—60％目标替代率—高低两种覆盖率条件下企业职工养老保险基金收支测算结果

单位：亿元

年份	高覆盖率假设			低覆盖率假设		
	高工资增长率条件下养老金结余	中工资增长率条件下养老金结余	低工资增长率条件下养老金结余	高工资增长率条件下养老金结余	中工资增长率条件下养老金结余	低工资增长率条件下养老金结余
2015	4156.21	4079.24	4040.76	－1724.68	－1692.74	－1676.77
2020	－3522.79	－3149.05	－2974.96	－10033.04	－8968.61	－8472.78
2025	－24072.14	－19570.38	－17619.72	－31072.80	－25261.85	－22743.89
2030	－59001.66	－43610.02	－37411.51	－66656.11	－49267.67	－42265.01
2035	－99824.76	－69620.89	－59151.05	－109414.65	－76309.18	－64833.53
2040	－150207.59	－99771.83	－84767.78	－164344.13	－109161.69	－92745.56
2045	－206068.78	－130359.58	－110755.64	－229208.88	－144998.06	－123192.73
2050	－265793.85	－160136.54	－136054.63	－303055.21	－182585.91	－155127.98

注：在假设条件下根据公式 3－4、3－5 和 3－6 计算。

2. 低缴费率—50％目标替代率—高低两种覆盖率条件下的测算结果

高缴费率、2050 年实现 50％替代率以及高低两种不同覆盖率假设下的测算结果见表 7－15。从测算结果来看，在高覆盖率条件下，全账户 2018 年之前养老金当年收支会有结余，从 2019 年开始，养老金出现当年收支缺口；在低覆盖率条件下，各年养老金缺口在 2050 年之前将一直存在。

表 7－15　高缴费率—50％目标替代率—高低两种覆盖率条件下企业职工养老保险基金收支测算结果

单位：亿元

年份	高覆盖率假设			低覆盖率假设		
	高工资增长率条件下养老金结余	中工资增长率条件下养老金结余	低工资增长率条件下养老金结余	高工资增长率条件下养老金结余	中工资增长率条件下养老金结余	低工资增长率条件下养老金结余
2015	3623.34	3556.24	3522.69	－1492.27	－1464.63	－1450.81

续表

年份	高覆盖率假设			低覆盖率假设		
	高工资增长率条件下养老金结余	中工资增长率条件下养老金结余	低工资增长率条件下养老金结余	高工资增长率条件下养老金结余	中工资增长率条件下养老金结余	低工资增长率条件下养老金结余
2020	-6054.33	-5412.01	-5112.80	-8535.15	-7629.63	-7207.83
2025	-28983.31	-23563.11	-21214.47	-22817.85	-18550.66	-16701.63
2030	-66345.34	-49037.96	-42067.96	-46441.48	-34326.39	-29447.41
2035	-108934.84	-75974.54	-64549.22	-70531.04	-49190.54	-41793.09
2040	-159848.71	-106175.71	-90208.63	-94731.67	-62923.26	-53460.64
2045	-216006.21	-136646.03	-116096.71	-127275.98	-80515.07	-68406.93
2050	-275969.52	-166267.21	-141263.35	-172357.58	-103842.68	-88226.44

注：在假设条件下根据公式3-4、3-5和3-6计算。

（二）“延迟退休方案一+全账户”模式下企业职工养老保险基金收支预测

1. 高缴费率—60%目标替代率—高低两种覆盖率条件下的测算结果

延迟退休方案一、高缴费率、2050年实现60%替代率以及高低两种不同覆盖率假设下的测算结果见表7-16。从测算结果来看，在高覆盖率条件下，全账户2018年之前养老金当年收支会有结余，从2019年开始，养老金出现当年收支缺口；在低覆盖率条件下，各年养老金缺口在2050年之前将一直存在。

表7-16　高缴费率—60%目标替代率—高低两种覆盖率条件下企业职工养老保险基金收支测算结果

单位：亿元

年份	高覆盖率假设			低覆盖率假设		
	高工资增长率条件下养老金结余	中工资增长率条件下养老金结余	低工资增长率条件下养老金结余	高工资增长率条件下养老金结余	中工资增长率条件下养老金结余	低工资增长率条件下养老金结余
2015	4156.21	4079.24	4040.76	-1109.46	-860.80	-852.68
2020	-3522.79	-3149.05	-2974.96	-6568.38	-4532.55	-4281.96
2025	-14424.84	-11727.24	-10558.33	-14331.30	-8252.16	-7429.63
2030	-33737.50	-24936.46	-21392.12	-27582.55	-13488.15	-11571.01

续表

年份	高覆盖率假设			低覆盖率假设		
	高工资增长率条件下养老金结余	中工资增长率条件下养老金结余	低工资增长率条件下养老金结余	高工资增长率条件下养老金结余	中工资增长率条件下养老金结余	低工资增长率条件下养老金结余
2035	-49652.75	-34629.37	-29421.68	-36115.75	-13775.56	-11703.94
2040	-56980.05	-37847.65	-32155.98	-35500.49	-6792.35	-5770.89
2045	-36470.82	-23071.52	-19601.95	-7756.16	17128.26	14552.45
2050	-3093.65	-1863.88	-1583.58	35061.84	48899.08	41545.46

注：在假设条件下根据公式3-4、3-5和3-6计算。

2. 低缴费率—50%目标替代率—高低两种覆盖率假设下的测算结果

延迟退休方案一、低缴费率、2050年实现50%替代率以及高低两种不同覆盖率假设下的测算结果见表7-17。从测算结果来看，在高覆盖率条件下，全账户2018年之前养老金当年收支会有结余，从2019年开始，养老金出现当年收支缺口；在低覆盖率条件下，各年养老金缺口在2050年之前将一直存在。

表7-17　低缴费率—50%目标替代率—高低两种覆盖率条件下企业职工养老保险基金收支测算结果

单位：亿元

年份	高覆盖率假设			低覆盖率假设		
	高工资增长率条件下养老金结余	中工资增长率条件下养老金结余	低工资增长率条件下养老金结余	高工资增长率条件下养老金结余	中工资增长率条件下养老金结余	低工资增长率条件下养老金结余
2015	3623.34	3556.24	3522.69	-1492.27	-1464.63	-1450.81
2020	-6054.33	-5412.01	-5112.80	-8535.15	-7629.63	-7207.83
2025	-20130.58	-16365.94	-14734.67	-19079.72	-15511.61	-13965.49
2030	-43990.08	-32514.47	-27893.03	-36777.77	-27183.63	-23319.89
2035	-66127.30	-46119.23	-39183.66	-52013.30	-36275.69	-30820.42
2040	-83171.86	-55244.93	-46937.00	-62311.93	-41389.22	-35164.96
2045	-81530.61	-51576.45	-43820.20	-55424.17	-35061.46	-29788.79
2050	-75300.00	-45367.05	-38544.59	-43503.76	-26210.32	-22268.72

注：在假设条件下根据公式3-4、3-5和3-6计算。

（三）“延迟退休方案二+全账户”模式下企业职工养老保险基金收支预测

1. 高缴费率—60%目标替代率—高低两种覆盖率条件下的测算结果

延迟退休方案二、高缴费率、2050年实现60%替代率以及高低两种不同覆盖率假设下的测算结果见表7-18。从测算结果来看，在高覆盖率条件下，全账户2018年之前养老金当年收支会有结余，从2019年开始，养老金出现当年收支缺口；在低覆盖率条件下，在高工资水平下各年养老金缺口将一直存在，到2050年，在中工资和高工资条件下，从2044年开始，养老金出现结余。

表7-18　高缴费率—60%目标替代率—高低两种覆盖率条件下企业职工养老保险基金收支测算结果

单位：亿元

年份	高覆盖率假设			低覆盖率假设		
	高工资增长率条件下养老金结余	中工资增长率条件下养老金结余	低工资增长率条件下养老金结余	高工资增长率条件下养老金结余	中工资增长率条件下养老金结余	低工资增长率条件下养老金结余
2015	4156.21	4079.24	4040.76	-1109.46	-860.80	-852.68
2020	-3522.79	-3149.05	-2974.96	-6568.38	-4532.55	-4281.96
2025	-17695.45	-14386.20	-12952.27	-17090.96	-8845.73	-7964.04
2030	-42288.06	-31256.46	-26813.83	-34960.55	-14990.70	-12860.00
2035	-65846.16	-45923.16	-39017.07	-50416.50	-16592.66	-14097.40
2040	-84358.25	-56032.96	-47606.53	-60249.07	-11606.38	-9860.97
2045	-112271.02	-71022.90	-60342.22	-77150.77	3779.64	3211.24
2050	-157831.01	-95090.65	-80790.58	-109105.67	21275.83	18076.29

注：在假设条件下根据公式3-4、3-5和3-6计算。

2. 低缴费率—50%目标替代率—高低两种覆盖率条件下的测算结果

延迟退休方案二、低缴费率、2050年实现50%替代率以及高低两种不同覆盖率假设下的测算结果见表7-19。从测算结果来看，在高覆盖率条件下，全账户2018年之前养老金当年收支会有结余，从2018年开始，养老金出现当年收支缺口；在低覆盖率条件下，到2050年，各年养老金收支缺口将一直存在。

表 7－19 低缴费率—50%目标替代率—高低两种覆盖率条件下企业职工养老保险基金收支测算结果

单位：亿元

年份	高覆盖率假设			低覆盖率假设		
	高工资增长率条件下养老金结余	中工资增长率条件下养老金结余	低工资增长率条件下养老金结余	高工资增长率条件下养老金结余	中工资增长率条件下养老金结余	低工资增长率条件下养老金结余
2015	3623.34	3556.24	3522.69	－1492.27	－1464.63	－1450.81
2020	－6054.33	－5412.01	－5112.80	－8535.15	－7629.63	－7207.83
2025	－23131.82	－18805.92	－16931.45	－21611.38	－17569.82	－15818.56
2030	－51556.02	－38106.70	－32690.41	－43300.99	－32005.15	－27456.10
2035	－79949.43	－55759.22	－47373.95	－64201.75	－44776.30	－38042.68
2040	－105698.01	－70207.39	－59649.35	－82625.08	－54881.75	－46628.43
2045	－141671.32	－89621.60	－76143.99	－110238.12	－69736.89	－59249.61
2050	－193549.71	－116610.60	－99074.28	－152945.27	－92147.07	－78289.66

注：在假设条件下根据公式 3－4、3－5 和 3－6 计算。

第二节 政策建议

一 完善现行制度的政策建议

（一）提高实际缴费率

目前，企业职工养老保险实际缴费率偏低，这可以从两个方面来说明。第一，平均缴费基数明显低于城镇单位就业人员平均工资水平。2009 年，全国个人平均缴费基数为 1860 元/月，即 22320 元/年；2014 年，个人平均缴费基数为 3037 元/月，即 36444 元/年。2009 年，城镇单位就业人员平均工资为 32244 元/年，缴费基数约为当年平均工资的 69.22%；2014 年，城镇单位就业人员平均工资为 56339 元/年，当年缴费基数约为当年平均工资的 64.68%。从数据来看，平均缴费基数占平均工资的比例不到 70%，并且增长幅度也低于平均工资的增长幅度。第二，按照城镇单位就业人员平均工资计算，实际缴费率明显偏低。2014 年，企业职工养老保险征缴收入为 18720 亿元，参保职工人数为 25531 万人，人均征缴收入为 7332.26 元，其占同年平均工资的比例仅为 13.01%，即使与个体工商户和灵活就业人员 20% 的缴费比例相比较也明显偏低。缴费率是征缴收入、基金收入的主要决定因素之一，有效提高实际缴费率是缓解养老保险基金收支压力的有效手段。

提高实际缴费率水平可以从以下几个方面入手。

一是加强社会保险监管力度。目前，部分单位存在着逃缴、少缴、晚缴等各种情况，这在一定程度上造成目前实际缴费率较低的情况。在实际工作中，我国应严格执行《社会保险费征缴条例》，确保缴费主体按时足额缴纳社会保险费，对违规情况严厉查处。

二是强化缴费与待遇的联动机制，并加强宣传力度。尽管现行制度设定了个人缴费年限与基础养老金待遇确定的联动机制，但是，因为个人待遇要同时受到社会平均缴费水平的较大影响，所以，这在一定程度上影响了主体选择较高缴费水平的意愿。同时，由于养老保险待遇确定机制宣传力度不够，部分缴费主体对缴费与待遇的关联机制并不完全清楚。我国要进一步改革基础养老金待遇确定机制，在实现一定程度收入再分配功能的前提下，进一步强化缴费水平与待遇水平的精算平衡程度，提高主体的缴费积极性；同时，加强待遇确定机制的宣传，使缴费主体深入了解缴费对待遇确定的影响，以增强缴费主体选择较高缴费档次的积极性。

三是有效解决目前断缴或中断缴费问题。养老保险转移接续机制尚不完善，部分缴费主体跨行业、跨地域工作而不能顺利地转移养老保险关系，这造成断缴现象。同时，现行制度规定了 15 年的最低缴费年限，部分工作人群在达到最低缴费年限之后选择放弃继续缴费。这些情况都是引起实际缴费水平较低的原因。为了解决上述问题，我国应尽快完善养老保险关系转移接续机制，同时强化制度吸引力，从而解决制度运行中出现的断缴和停缴情况。

值得关注的是，缴费水平与养老保险给付水平之间存在关联，缴费水平的提高必然意味着养老保险待遇的提高，因此，缴费水平提高对于养老保险基金收支情况的影响需要利用精算技术科学测定，不能简单地一概而论。

（二）逐步提高覆盖率

目前企业职工养老保险覆盖率总体偏低，未来提高空间较大。一是提高缴费主体的参保能力。要进一步完善市场经济体制，改善投资环境，提高企业经济效益，保持经济持续健康发展，以促进就业率的上升，减少失业和贫困人口，有效扩大参保的覆盖面；调整收入分配政策，缩小贫富差距，提高低收入人群的工资待遇，对该部分群体设定合理的缴费标准，并可进行适度的缴费补贴，以提高他们参加企业职工养老保险的能力。二是加强对企业职工养老保险的宣传力度，加强法律监督和执法力度。应该采取更主动的执行方式和程序确保所有养老保险覆盖的企业都注册，所有注册企业如实报告其缴费基数并缴纳所有保费，联合工商、税务部门，对参保的企业给予减免一定税负的奖励。通过思想上引导、制度上约束，确保提高企业职工养老保险的覆盖率。我国可适时推出“费改税”，用社会养老保障税代替缴费，使之成为一种义务被广泛实施，使企业职工养老保险的强制性得到完全的体现。

从我们的实际测算结果来看，在假设条件下，因为覆盖率的提高会快速提高退休人口的覆盖率，所以，覆盖率对养老保险基金收支的影响实际上要取决于工作人口与退休人口覆盖率的相对变动。因此，在养老保险扩面过程中，如果从养老保险基金收支角度出发，那么我国需要对扩面的对象与步骤做出合理安排。在扩面过程中，为了确保老年人口退休之后的生活，我国可以适度允许之前未参保或断保的接近退休年龄人口进行补缴，但对养老保险基金收支更有意义的是相对年轻人口覆盖率的提高，因为这部分人口未来缴费期较长，不会对退休人口覆盖率产生快速影响，从而具有缓解养老保险基金收支压力的效应；而如果覆盖率提高主要依靠接近退休年龄人口，那么由于这会引起老年人口覆盖率的快速提高，进而可能提高养老保险基金的支出压力。

（三）审慎调整平均替代率

如前所述，企业职工养老保险的平均替代率水平在45%左右，与企业职工养老保险社会化改革之初相比较，其出现了一定程度的下降，适度提高企业职工养老保险平均替代率，有效发挥企业职工养老保险的保障功能，是企业职工养老保险制度未来发展的趋势。但是，企业职工养老保险替代率并没有统一的和公认的标准，替代率的调整应该兼顾各种因素，以同时实现保障功能与养老保险的可持续发展。

一是建立科学合理的养老金调整机制，综合物价、工资等因素的变动，对养老金水平进行动态适时的调整。二是建立养老金调整预算机制，为养老金调整储备足额资金，确保养老金水平的提高不会对养老保险基金总体收支造成大的冲击。三是将目前各年养老金等额计算的方式转变为按照一定比例增长的年金形式进行发放，以解决退休人口养老金实际替代率逐年下降的问题。四是避免养老金调整的惯性，防止养老金水平非理性提高给养老保险基金支出带来压力。

二 适时改革现行制度

（一）有步骤地推行延迟退休政策

一是选择合适的改革时机和步骤。从改革时机上来看，推迟退休主要应考虑劳动力的供求状况和社会统筹基金的收支结构。从测算结果来看，改革进行得越早，越有利于缓解养老金收支缺口，对就业状况的冲击也就越大。反之，改革进行得晚，虽然可能有利于保障困难群体就业，但是增收节支的效果也会相应差一些。因而，未来退休年龄的改革时机应在平衡劳动力供求和养老金收支的基础上审慎选择，本书研究后认为2021～2026年为延迟退休较为合理的起始点。从延迟退休的步骤来看，一方面，延迟退休毫无疑问是应该渐进的。国外实践证明，通过循序渐进的方式进行退休年龄改革，即在一个较长时期内逐步将其推迟至目标退休年龄，这是减小改革阻力的有效方式。因为触及了不少中下层民众的切身利益，所以当前改革的建议招致了不少反对的声音。考虑到民众的心理因素，延迟退休只能逐步推行，即采取每年推迟几个月的方式，将其逐步延长至目标退休年龄。另一方面，延迟退休的速度应兼顾民众的适应能力与改善收支结构的目标的达成。测算结果显示，先快后慢式的延迟退休方案的增收节支效果明显优于先慢后快式的改革方案。但后一个改革方案的优点在于，延迟退休的速度是逐步加快的，这更有利于民众逐渐适应改革的节奏。而前一个方案在一开始就大踏步前进，可能会使不少民众感到难以接受。总之，未来延迟退休的步骤与进度，应在坚持循序渐进原则的基础上，尽可能地在民众的适应能力与财务平衡目标的达成中寻找一个平衡点。

二是应以实现男女同龄退休为目标。从国内比较来看，女性的平均预期寿命比男性高了约 5 岁，而退休年龄比男性低 5 ~ 10 岁；从国际比较来看，中国男性退休年龄与世界平均水平相当，而女性退休年龄则是世界上最低的国家之一，女性健康预期寿命与法定退休年龄的差值，位列世界第 4，而女性法定退休年龄与平均余命的差值，位列世界第 8，同样远超许多发达国家的水准。① 从职业性质来看，男女退休的政策源于计划经济时代，过去对劳动者体力的要求较高，但随着我国产业结构的升级转型，劳动者的工作环境不断改善，体力劳动者与脑力劳动者、工人与干部之间的工作性质差别不断缩小。因而，中国女性退休年龄的调整空间很大，尤其是女工人的退休年龄亟待调整。女性偏低的就业年龄的弊端是显而易见的，一方面，它损害了男女平等的就业权利，造成了女性的不充分就业。尤其是缩短了高学历女性的人力资本投资回报年限，这不仅缩短了其职业生涯，不利于其事业的进一步发展，而且造成了人力资本的浪费。另一方面，过早退休使我国女性的自我赡养率居高不下，工作期间的积累不足以支付退休后的支出，这严重影响了女性退休后的生活水平，同时还加大了社会统筹基金的支付压力。总之，对女性退休年龄进行微调，不仅有利于实现男女就业的权利平等，而且对提高女性晚年生活水平、解决中国当前的养老金支付危机具有较大的现实意义。故而，当前应优先延迟女性退休年龄以使男女退休年龄同步，进而再通过同时推迟男女退休年龄的方式对法定退休年龄进行调整。

三是需要灵活弹性的制度设计和相应的配套措施。现在的社会是一个

① 高庆波、邓汉：《关于提高女性劳动者退休年龄的探讨》，《妇女研究论丛》2009 年第 6 期，第 32 ~ 37 页。

群体分化、利益和诉求多元的社会，社会人群的结构复杂，诉求亦各不相同。对于退休来说，体力劳动者倾向于早退休，脑力劳动者则希望晚退休；低收入者倾向于早退休，高收入者则希望晚退休；灵活就业者倾向于早退休，工作稳定者则希望晚退休……因而，延迟退休需要有灵活弹性的制度设计，通过提供灵活选择空间以满足不同人群的诉求。建立在最低退休年龄基础上的弹性退休制度，在坚持了最低法定退休年龄的同时，在一定程度上将退休的决策权还给了劳动者。它使劳动者可以根据自身的情况，在给定的退休年龄区间内自主选择何时退休。这样做不仅可以满足不同劳动者的偏好、减轻改革对社会的冲击及减少改革阻力，而且还适应了我国经济社会发展不均衡的现状，弥补了“一刀切”式的退休政策可能导致的经济效率损失。我国可以先渐进实现男女 60 岁同龄退休。在坚持 60 岁的最低退休年龄的基础上，我国可将 60 ~ 65 岁作为弹性退休区间，从而既实现了延迟退休又确保了制度有一定的灵活选择空间。同时，弹性退休制度应该体现对提前退休的惩罚和对延迟退休的奖励，因而它需要有相应的补偿激励机制。西方多数国家已经建立了与提前或延迟退休相对应的养老金增减机制。通过这种利益诱导手段，将养老金给付与退休年龄相挂钩，在提高参保人员缴费积极性、减轻社会养老压力的同时，还能有效避免劳动人口的提前退休。总之，要通过合理的制度设计，使选择延迟退休的收益大于提前退休的收益。在权衡利弊之后，理性的劳动者会选择提高退休年龄，以提高自己退休后的养老金收入。我国在保障合法提前退休的前提下，可考虑提高延迟退休劳动者的养老金待遇，根据其延迟退休的年限，提供相应的奖励性待遇，反之，则需要适当降低养老金给付待遇，从而实现个人养老金积累给付的权利义务对等，保障弹性退休制度的顺利实施。

（二）适时向名义账户制转变

一是尽快明确名义账户制作为养老保险制度的基本形式之一，适时向名义账户制转轨。由于转轨成本未得到弥补、人口老龄化日益严重等，实账运行的养老保险制度难以持续，在此条件下，我国应尽快明确名义账户制，并实现制度模型向名义账户制转变。在具体模式选择上，我国可以选择全账户模式，也可以保留一定比例的完全积累制，但考虑到中国现实情况，全账户模式可能是更适合的选择。

二是科学测定名义账户制的关键参数：记账利率与养老金调整指数。记账利率的设定一般有两种方法。第一，历史数据法，即根据历史数据计算养老保险的实际内部收益率，以内部收益率作为记账利率的基准值并进行微调。其不足之处在于，以历史数据得到的内部收益率没有考虑到未来经济环境等因素的变化，不能及时地对突发情况做出调整。第二，指数法，即以某种外生参数为基准，将记账利率与外生参数挂钩，通常采用的参数为当地社会平均工资增长率、GDP 增长率等数据。这种方法的特点是方便直接，不足之处在于，很难保证与养老保险制度的内部收益率完全一致，因而收支不平衡现象难以完全避免，这也是缓冲基金设立的主要原因之一。养老金调整指数设定也有两种方法。第一，将养老金调整指数作为外生变量独立于记账利率，通常设定为 CPI 指数或其他政府规定的指标，以保证每一期养老金的实际购买力不会出现明显差异。第二，建立养老金调整指数与记账利率之间的关系。上述方法各有利弊，需要在实际中进行权衡与选择。

三是有效应对名义账户制管理的要求。第一，自动平衡机制的建立。名义账户制并不能自发实现基金收支平衡，因此，制度参数的设定对于名义账户制具有极其重要的意义。中国经济的波动性和不确定性较大，这进一步增加了测算长期财务平衡利率水平的难度。在这种情况下，自动平衡机制就显得尤为重要，在建立名义账户制模式之初，我国可以选择较为保守的估算方式来确定名义账户积累利率，以保证财务稳定。第二，强化名义账户制的信息管理。在名义账户制模式下，账户不存在实际资金积累，只是纯粹的账面记录，因此，这对信息的自动管理系统提出了更高的要求，降低了人工操作在日常运行中的比重，同时提供了一个公开的信息查询系统，让参保群体来监督账户信息管理机构，这将具有重要的作用。

三　改革相关配套制度

（一）尽快实现养老保险基金全国统筹

一是立法先行，从法律层面界定养老保险基金全国统筹的形式，打破地方政府因地方利益不均而产生的改革阻力，为养老保险基金全国统筹奠定必要的法律和制度基础。目前，养老保险基金全国统筹最大的阻力来自养老金有较大结余的经济发达地区不愿承担养老金亏损地区的成本，人口结构和经济发展水平的差异在短期内不可能完全解决，养老保险基金收支状况的差异也将长期存在，这个改革阻力只能通过立法的形式有效解决。

二是建立全国统一集中的基本养老保险经办体制，并实现垂直管理，奠定全国统筹的组织基础。目前，我国养老保险经办机构实行的是地区分割的属地管理体制，经办机构向地方政府负责，而不向上级经办机构负责。在这种管理体制下，地方养老保险基金一旦出现缺口，就会形成向上级财政倒逼的机制，这不利于养老保险制度的自我完善和自我发展。同时，属地管理体制也很容易造成基金的地域分割，不利于基金安全。因此，我们建议按照实现全国统筹的要求，建立全国统一集中的经办机制，在统一经办机构性质、名称的基础上，实现组织和人事上的垂直管理，下级经办机构对上级经办机构负责，地方经办机构对中央经办机构负责，地方经办机构负责征缴养老保险费，中央经办机构负责制定全国范围内养老保险基金的收支预算。

三是实行新旧财务分离和遵循增量改革原则，减少全国统筹的阻力。我国可以采取新旧财务分离和遵循增量改革原则，明确全国统筹之日前已经积累的养老保险基金为地方所有，不上调中央；对全国统筹之日前出现的收支亏空，由中央政府与地方政府按照一定比例分担。对新账建立从严，自全国统筹之日起，全国各地必须完全按照中央的统一制度、统一管理、统一经办、统一缴费比率、统一计发办法等征缴基本养老保险，切实保证制度的统一性。中央政府还应限制地方基本养老保险基金结余的使用方向，其可被用来发展区域性补充养老金等，以确保将其用于劳动者养老保险领域。根据这一办法处理旧账、新账的关系，再运用增量推进全国统筹将要涉及的管理及运行成本问题，以确保改革顺利推进。

四是建立养老保险全国统筹大数据平台，为养老保险基金全国统筹提供必要的技术支持。养老保险基金全国统筹，将涉及不同地区养老保险待遇的确定、养老保险关系转移接续、养老保险基金跨地区划转等各种情况，这些都需要完备的数据存储、调用、分析、测算、记录、整合等信息技术与信息系统，并建立与之相适应的全国统筹信息平台，这也是实现养老保险基金全国统筹的必要条件之一。

五是养老保险待遇确定的调整。现行制度规定基础养老金的计算基数包括个人缴费工资和社会平均工资，个人缴费工资体现了效率原则，社会平均工资体现了公平原则。在各地区在岗职工平均工资差距很大的情况下，实现基本养老保险全国统筹，如果基本养老金计发基数按全国在岗职工平均工资和本人指数化平均缴费工资的平均值来计算的话，那么这可能会引起较大幅度的地区间的收入再分配，会直接影响到职工退休后的基本养老待遇水平，对经济发展水平较高的地区和职工来讲，这会直接导致利益的损失，不利于全国统筹的实现和各地区间协调发展。为了使基本养老保险能顺利实现全国统筹，而又不影响各地区间的发展，我国需对基础养老金计发基数进一步研究。

（二）发展壮大全国社会保障基金

一是强化全国社会保障基金的筹集力度。全国社会保障基金的主要来源有中央财政拨款、国有股减持收入等。为了稳定、持续的资金来源，我国应建立储备基金即全国社会保障基金。从国际经验来看，一些建立社会保障储备基金的国家，资金主要来自财政预算，并以法律形式来予以规定。近年来，我国中央财政收入大幅度增长，这正是增强国家财力储备的大好时机。我国应该加大国家财政拨款补充全国社会保障基金，并使其规范化、制度化。由于目前财政对养老保险基金都有补助，我们可以考虑将全国社会保障基金作为承接和发放财政补助的载体，尽快发挥全国社会保障基金补充养老保险基金的功能。

二是建立健全有关社会保险投资法规，保证养老保险基金运用的各项原则得以实现，保障养老保险基金投资所获得的利益不因其他因素而受侵害。同时，国家以法规形式对社会保险基金的投向、范围、项目投资比例做出原则规定，这是社会保险基金规范运作和良性发展的基石。同时，建立和完善资本市场及发展多种金融工具，为社会保险基金从储蓄顺利地向投资转化，或从闲置资金向生产资金转化提供优越的外部环境，这是社会保险基金运营的关键条件。

三是确立保险基金运用载体。如今，多数国家社会保险基金的运用载体主要有两个。①由有关部门和人员组成的各种投资管理委员会。如美国由财政部部长、社会保障署署长和劳工部部长等人组成的社会保障信托基金委员会，瑞典、巴哈马、多哥等许多国家由政府、雇主和职工代表组成的基金管理委员会。②设立专门的社会保险基金投资机构。如日本的信托基金局、加拿大魁北克的投资储蓄银行、荷兰的养老基金投资公司、智利和阿根廷等国家的养老基金管理公司等。在国外，社会保险基金就是通过以上投资载体进行专管和运行的。为实现社会保险基金运用的预期目的，各投资载体内部或外部还应成立社会保险基金运用的监察机构，对资金投向、投资方式、投资利益的处理和投资原则的执行情况等进行监督和稽核，以保证社会保险基金安全、高效运行。

四是坚持基金多元化投资原则。多元化投资原则是现代资产管理的基础。资产管理的实质是在高收益与低风险之间寻求一种平衡。从当前的角度来看，人们并不知道哪些资产形式将来的收益率会更高，因此，拥有多种形式的资产通常是风险与收益的最佳组合。基于多元化投资的原则，养老保险基金在进行投资时，应该注意适度的分散，特别的是，这既需要购买长期债券等风险小的金融品种又要购买股票，甚至衍生工具等风险较高的金融品种。同时，对养老保险基金的投资工具及资产组合实施严格的限制。除英美等少数国家外，其余各国对养老保险基金的投资都实施了严格的限制。只是由于对投资的安全性、流动性及盈利性的不同认识及各国社会经济条件的不同，限制的方式及程度各有不同。基于对我国社会文化背景和经济发展，养老保险基金的投资限制逐步放宽，并且，随着养老保险基金投资金额的进一步积累，养老保险基金也在不断寻找新的投资领域。在中国的养老保险基金管理过程中，法律和规则必须适时修订，以反映养老保险基金保值增值的需要。

（三）利用国有股份及收益充实养老保险基金

一是建立国有股权型养老保障实施的组织架构和具体流程。在目前国有资产管理体制和养老保险管理模式下，国有股权型养老保障的实现至少要涉及以下政府机构与部门。国有资产出资人：中央与地方政府、代表各级政府履行出资人职责的政府部门、各级国有资产管理部门。证券行业主管机构：中国证券监督管理委员会、国有资本经营预算主管部门、各级财政部门。国有资产经营机构：各类国有企业、养老保险管理部门、各级劳动和社会保障部门、国有股权型养老保障实现机构、全国社会保障基金理事会。在国有股权型养老保障实施的过程中，作为国有资产出资人代表的各级政府将国有股权划转至全国社会保障基金，但具体操作需要中国证券监督管理委员会、国资委等部门参与并制定相关具体措施；全国社会保障基金理事会接收国有股权并在进行适度股权结构调整之后，对企业持股并享受企业分红；股份制企业按照股东持股比例对国有股东进行分红，国有独资企业通过国有资本经营预算制度向国家交纳一定比例利润；财政部门在必要时对养老金进行补充；全国社会保障基金按照各年养老金缺口规模对养老金进行补充。我们建议明确各级政府及相关部门职责分工，构建有效的国有股权型养老保障运行组织体系，建立中央与地方及各政府部门之间协调有序的工作机制，以确保国有股权型养老保障实现。

二是通过全国社会保障基金实现国有股权型养老保障的具体实施。全国社会保障基金长期持股不变现，在迭代生命周期情况下，下一期的劳动者无须购买全国社会保障基金持有的股权，只需购买退休者的股权就拥有该企业的部分所有权和全部使用权、支配权，从而减少了资产代际转移的成本，新投资因而加大，物资资本积累、劳动者收入和社会福利也相应增加。由全国社会保障基金长期持股并利用股利收入充实养老金在福利方面优于变现国有股做实个人账户或直接补充养老基金的方式，在合意的条件下，国有股权型养老保障还可以实现社会整体福利的增进。因此，在国有资产充实全国社会保障基金的具体方式选择上，其应该利用国有股划转和全国社会保障基金长期持有的方式替代之前采取的直接变现国有股的方式，以在降低国有资产充实全国社会保障基金成本的同时，尽量减少对社会福利的影响。建议采取划转国有股方式充实全国社会保障基金，合理确定划转比例，全国社会保障基金在适度调整持股结构基础上长期持股，利用股权分红收益补充各年养老金缺口以实现国有股权型养老保障。

三是实现国有股权型养老保障与国有资本经营预算联动。人口结构变化使各年养老金需求规模差异较大，在退休人员相对较少的阶段养老金需求较低，而在退休人员相对较多的阶段养老金需求较高。保障基金持股比例存在上限，即全国社会保障基金不可能获得过高比例的国有股划转。如果全国社会保障基金不能获得高比例的国有股划转，进而通过持股获得高比例的分红，那么在养老金支出压力较大的阶段，其可以通过国有资本经营预算获得分红，即在全国社会保障基金按照持有国有股比例获得分红不能满足养老金支付需求的条件下，国有资本经营预算可以对全国社会保障基金进行资金弥补；同时，在养老金支付压力较小的阶段，全国社会保障基金也可以通过国有资本经营预算将多余的国有企业分红用于其他用途。并且，目前，在国有企业中特别是中央一级国有企业中，国有独资型企业占有相当比例，它们尚未实行股份制，这部分企业的利润上缴将通过国有资本经营预算进行，而这部分企业在股份制改革之前如果不能将产权划拨全国社会保障基金，那么在国有资本经营预算制度中明确规定，这部分企业利润按照股份制企业相同比划转至全国社会保障基金是尤为必要的。建立全国社会保障基金预算制度并强化其与国有资本经营预算的联动是国有资本经营预算弥补全国社会保障基金缺口的制度基础，也是国有股权型养老保障顺利实施的必要条件。我们建议深入推进国有资本经营预算制度，建立全国社会保障基金预算制度，加强国有资本经营预算与全国社会保障基金预算的联动，灵活调整国有企业分红率及分红划转全国社会保障基金比例，确保国有股权型养老保障功能和作用的有效发挥。

四是明确全国社会保障基金层次设计。中国目前实行的国有资产管理体制为中央和地方政府分别代表国家履行出资人的分级代表国有资产管理体制，在这种管理体制下，国务院和地方人民政府分别代表国家履行出资人职责，分别享有国有资产产权及与产权相对应的所有、占有、使用、收益和处置的权利。而全国社会保障基金是中央政府所有的基金，因此划转地方国有股充实全国社会保障基金会影响到地方政府的利益，这相当于将地方政府拥有产权的资产无偿划拨给中央政府，将造成地方政府的抵触及由此带来的在划拨政策出台之前提前变现国有资产以保护地方利益的行为。

2007 年《国务院关于试行国有资本经营预算的意见》也指出，国有资本经营预算实行分级管理、分级编制，根据条件逐步实施。因此，划拨国有股充实全国社会保障基金的政策制定必须要以中国目前的国有资产管理体制为基础，以合理确定中央与地方的权责，确保制度的顺利实施。我们建议明确划分中央与地方补充全国社会保障基金的责任，有效解决国有资产分级管理体制与全国社会保障基金中央一级所属的矛盾。

五是普通股转优先股以充实全国社会保障基金。全国社会保障基金可以考虑利用普通股转优先股方式而进一步降低国有股比重，使全国社会保障基金可以获得固定的收益以用于弥补养老金缺口。优先股是指股份公司发行的在分配红利和剩余财产时比普通股具有优先权的股份，与普通股股东相比，其在投资收益获取方面具有不同的权力，这主要体现为股息固定、享受优先。优先股有权先于普通股分红获得股息，并且优先股股息率事先固定，一般不会根据公司经营情况而增减，但优先股一般不参与公司的分红。对优先股具体形式的合理设计，可以使全国社会保障基金获得稳定收益率，从而降低全国社会保障基金的投资风险，以在优先股与普通股转换之间获得更大主动性，更加灵活地享受企业收益，并且还可以降低全流通对股票市场造成的扩容压力，从而具有比普通股更多的优势，以更加符合全国社会保障基金和国有股权型养老保障的需求。利用普通股转优先股的形式，全国社会保障基金可以根据优先股类型灵活选择是否参与公司管理，并可以获得稳定的现金流。但是，优先股也可能对全国社会保障基金带来负面影响，主要是：在企业盈利能力提高的时期不能相应获取更高的分红收益、流动性与普通股相比较低。因此，普通股转流通股的方式应该充分利用优先股的特点及中国证券市场的现实条件，并有选择地进行，以逐步建立优先股交易市场，充分利用优先股特点，促进国有股权型养老保障实现。

四　建立养老保险基金预测与预警制度

（一）定期进行养老保险基金收支预测

一是定期根据人口结构变动趋势、养老保险制度参数变化、宏观经济运行变动等对养老保险基金短期、中期和长期收支情况进行预测，提前掌握未来养老保险基金收支情况的变化特征。

二是将养老保险基金短期预测结果作为基金收支制度参数和相关配套制度调整与制定的基础。根据基金未来收支情况，对养老保险给付水平、财政补助水平、养老保险缴费率等相关制度参数和配套制度进行调整。在未来养老保险基金收支比较理想时，我国可以适度提高养老保险给付水平、调低养老保险缴费率、降低财政补助水平等；在养老保险基金支付压力较大时，我国则可以通过减缓养老金提高幅度、适度提高缴费水平、增加财政补助水平等方法加以解决。

三是将养老保险基金收支中长期预测结果作为养老保险制度改革的基础。养老保险制度未来改革的空间较大，例如，延迟退休政策的实施、不同养老保险制度的衔接与整合等。制度改革必然涉及不同方面，而养老保险基金收支也是其中极为重要的一个方面。养老保险制度改革必须要充分考虑对基金收支平衡的影响，这也是养老保险制度改革能否成功的关键因素，而养老保险基金的中长期收支预测可以为制度改革提供必要的精算分析基础。

（二）建立养老保险基金预警机制

一是确定养老保险基金预警方法。常用的养老保险基金预警方法有景气指数预警法、专家评估预警法和模型预警法。根据养老保险基金收支的特性，其可选用专家评估预警法或模型预警法。专家评估预警法是指通过组织各个领域和学科的专家，运用他们掌握的知识、经验，通过对过去和现在情况的综合分析，对养老保险基金收支未来可能出现的各种问题做出确定或推测，包括德尔菲法、专家函询法、专家会议法、图像法等；模型预警法是指借鉴国内外预警领域的先进理论与方法，结合人口、经济、养老保险政策特点，建立基本养老保险基金收支预测模型，并根据预测结果、警限判断其警度，提出防范措施。由于养老保险是一项中长期制度安排，其收支宜采用模型预警法，其模型基础为中国养老保险基金精算模型。对警情、警限、警度的确定可采用专家评估预警法中的德尔菲法。

二是以我国人口、就业、经济工资与养老保险政策为基础，结合现有基础数据支持程序设计出中国养老保险基金精算模型，其主要应由人口、经济、工资、养老保险筹资与养老保险给付五个模块构成，以分别预测城镇分年龄、性别人口，城镇分单位、年龄、性别、身份的在职与退休人数；预测分单位、年龄、性别、身份的职工工资与缴费工资；预测参保职工人数、缴费职工人数及当年养老保险统筹基金收入与个人账户积累额；预测退休老人养老金，中人基础性养老金、过渡性养老金与个人账户养老金，新人基础性养老金、个人账户养老金，抚恤金。中国养老保险基金精算模型考虑国家所制订的人口计划、经济发展、劳动就业、社会保险政策特点，以分年份、地区、单位类型、性别、年龄、就业状态、养老状态的同一参保群体为最小单元进行预测，并采用存量加增量的方式逐年递推，其具有处理行政区划调整、人口迁移与城乡流动、就业状况改变、参保职工跨统筹地区流动、单位所有制改革引起的参保职工在不同类型单位间流动等功能。

四是确定预警系统及关键指标。预警系统可以主要包括预警期末基金支付能力、赡养率、成本率、养老金率四个预警指标，以年度为预警的基本时间单位，预警若干个年度。其中，预警期末基金支付能力（以月数表示）是预警系统中的主要指标，综合反映养老保险基金的收支缺口及结余状况；赡养率是制度赡养率，即在企业职工养老保险制度下，离退休人数与在职职工人数之比，这直接关系到养老保险基金的收支、在职职工的负担水平、退休职工的生活保障等问题；成本率是指预警后首月基金支持总额与预警后首月缴费工资总额之比，该指标反映当期养老金支出与当期缴费工资的比例关系。在缴费率保持不变的情况下，如果养老金支出增长速度快于缴费工资增长速度，则预示基金余额会下降，反之，则上升。因而成本率的变化在一定程度上反映了养老保险基金支付能力的变化；养老金率是指预警后首月人均养老金与预警后首月人均缴费工资之比，这一指标反映同一时期离退休人员收入与在职职工收入的关系。

五是确定警限。警限可根据国际、国内经验和统筹地区的实际确定。一般地，基本养老保险预警系统的主要预警指标——预警期末基金支付能力，其警限可确定为：支付能力不足3个月者，属第一预警范围；支付能力在3个月及以上但不足6个月者，属第二预警范围；支付能力在6个月及以上但不足9个月者，属第三预警范围；支付能力在9个月及以上但不足1年者，属第四预警范围；支付能力在1年及以上者，属第五预警范围。根据警限的级别，对养老保险基金做出相应的制度安排。

附　录

附表 1　制度参数假设

单位：%

年份	高缴费率			低缴费率			替代率			现行退休年龄高覆盖率		现行退休年龄低覆盖率		延迟退休方案一高覆盖率		延迟退休方案一低覆盖率		延迟退休方案二高覆盖率		延迟退休方案二低覆盖率	
	缴费率	缴费系数	统筹养老金缴费率	缴费率	缴费系数	统筹养老金缴费率	35%目标替代率	30%目标替代率	25%目标替代率	工作人口覆盖率	退休人口覆盖率	工作人口覆盖率	退休人口覆盖率	工作人口覆盖率	退休人口覆盖率	工作人口覆盖率	退休人口覆盖率	工作人口覆盖率	退休人口覆盖率	工作人口覆盖率	退休人口覆盖率
2015	14.11	0.54	9.80	13.73	0.54	9.53	42.41	42.06	41.65	75	61	60	60	75	61	60	60	75	61	60	60
2016	14.35	0.55	9.96	13.76	0.55	9.56	42.18	41.66	41.04	75	62	60	60	75	62	60	60	75	62	60	60
2017	14.58	0.56	10.12	13.80	0.56	9.58	41.95	41.26	40.45	75	63	61	60	75	63	61	60	75	63	61	60
2018	14.82	0.57	10.29	13.83	0.57	9.60	41.72	40.86	39.86	75	63	61	60	75	63	61	60	75	63	61	60
2019	15.07	0.58	10.46	13.87	0.58	9.63	41.49	40.47	39.29	75	64	62	60	75	64	62	60	75	64	62	60

续表

年份	高缴费率			低缴费率			替代率			现行退休年龄高覆盖率		现行退休年龄低覆盖率		延迟退休方案一高覆盖率		延迟退休方案一低覆盖率		延迟退休方案二高覆盖率		延迟退休方案二低覆盖率	
	缴费率	缴费系数	统筹养老金缴费率	缴费率	缴费系数	统筹养老金缴费率	35%目标替代率	30%目标替代率	25%目标替代率	工作人口覆盖率	退休人口覆盖率	工作人口覆盖率	退休人口覆盖率	工作人口覆盖率	退休人口覆盖率	工作人口覆盖率	退休人口覆盖率	工作人口覆盖率	退休人口覆盖率	工作人口覆盖率	退休人口覆盖率
2020	15.31	0.59	10.63	13.90	0.59	9.65	41.26	40.08	38.72	75	65	62	60	75	65	62	60	75	65	62	60
2021	15.57	0.60	10.78	13.94	0.60	9.65	41.04	39.69	38.16	75	65	62	60	75	65	62	60	75	65	62	60
2022	15.82	0.61	10.95	13.97	0.61	9.67	40.81	39.31	37.61	75	66	63	61	75	66	63	61	75	66	63	61
2023	16.08	0.62	11.14	14.01	0.62	9.70	40.59	38.93	37.06	75	66	63	61	75	66	63	61	75	66	63	61
2024	16.35	0.63	11.32	14.05	0.63	9.72	40.37	38.56	36.53	75	67	64	61	75	66	64	61	75	67	64	61
2025	16.62	0.64	11.50	14.08	0.64	9.75	40.15	38.19	36.00	75	67	64	61	75	67	64	61	75	67	64	61
2026	16.89	0.65	11.69	14.12	0.65	9.77	39.93	37.82	35.48	75	68	64	61	75	67	64	61	75	67	64	61
2027	17.17	0.66	11.89	14.15	0.66	9.80	39.71	37.46	34.96	75	68	65	61	75	68	65	61	75	68	65	61
2028	17.45	0.67	12.08	14.19	0.67	9.82	39.49	37.10	34.46	75	69	65	62	75	68	65	61	75	68	65	61
2029	17.74	0.68	12.28	14.22	0.68	9.85	39.28	36.74	33.96	75	69	66	62	75	68	66	62	75	68	66	62
2030	18.03	0.69	12.48	14.26	0.69	9.87	39.06	36.39	33.47	75	69	66	62	75	68	66	62	75	69	66	62
2031	18.33	0.70	12.69	14.30	0.70	9.90	38.85	36.04	32.98	75	69	66	62	75	69	66	62	75	69	66	62
2032	18.63	0.72	12.90	14.33	0.72	9.92	38.63	35.69	32.50	75	70	67	62	75	69	67	62	75	69	67	62
2033	18.94	0.73	13.11	14.37	0.73	9.95	38.42	35.35	32.03	75	70	67	63	75	69	67	62	75	69	67	62
2034	19.25	0.74	13.33	14.41	0.74	9.97	38.21	35.01	31.57	75	70	68	63	75	69	68	63	75	70	68	63
2035	19.57	0.75	13.55	14.44	0.75	10.00	38.00	34.67	31.11	75	70	68	63	75	70	68	63	75	70	68	63
2036	19.89	0.76	13.77	14.48	0.76	10.02	37.80	34.34	30.66	75	71	69	63	75	70	69	63	75	70	69	63

续表

年份	高缴费率			低缴费率			替代率			现行退休年龄高覆盖率		现行退休年龄低覆盖率		延迟退休方案一高覆盖率		延迟退休方案一低覆盖率		延迟退休方案二高覆盖率		延迟退休方案二低覆盖率	
	缴费率	缴费系数	统筹养老金缴费率	缴费率	缴费系数	统筹养老金缴费率	35%目标替代率	30%目标替代率	25%目标替代率	工作人口覆盖率	退休人口覆盖率	工作人口覆盖率	退休人口覆盖率	工作人口覆盖率	退休人口覆盖率	工作人口覆盖率	退休人口覆盖率	工作人口覆盖率	退休人口覆盖率	工作人口覆盖率	退休人口覆盖率
2037	20.22	0.78	14.00	14.51	0.78	10.05	37.59	34.01	30.22	75	71	69	64	75	70	69	63	75	70	69	63
2038	20.55	0.79	14.23	14.55	0.79	10.07	37.38	33.68	29.78	75	71	69	64	75	70	69	63	75	70	69	64
2039	20.89	0.80	14.46	14.59	0.80	10.10	37.18	33.36	29.35	75	71	70	64	75	70	70	64	75	71	70	64
2040	21.23	0.82	14.70	14.63	0.82	10.13	36.97	33.04	28.92	75	71	70	64	75	71	70	64	75	71	70	64
2041	21.58	0.83	14.94	14.66	0.83	10.15	36.77	32.72	28.51	75	71	71	65	75	71	71	64	75	71	71	64
2042	21.94	0.84	15.19	14.70	0.84	10.18	36.57	32.41	28.09	75	72	71	65	75	71	71	64	75	71	71	65
2043	22.30	0.86	15.44	14.74	0.86	10.20	36.37	32.10	27.69	75	72	72	65	75	71	72	64	75	71	72	65
2044	22.67	0.87	15.69	14.77	0.87	10.23	36.17	31.79	27.29	75	72	72	65	75	71	72	65	75	71	72	65
2045	23.04	0.89	15.95	14.81	0.89	10.25	35.97	31.48	26.89	75	72	73	66	75	71	73	65	75	72	73	65
2046	23.42	0.90	16.21	14.85	0.90	10.28	35.78	31.18	26.50	75	72	73	66	75	71	73	65	75	72	73	66
2047	23.80	0.92	16.48	14.89	0.92	10.31	35.58	30.88	26.12	75	72	74	66	75	71	74	65	75	72	74	66
2048	24.20	0.93	16.75	14.92	0.93	10.33	35.39	30.58	25.74	75	72	74	67	75	71	74	65	75	72	74	66
2049	24.59	0.95	17.03	14.96	0.95	10.36	35.19	30.29	25.37	75	72	75	67	75	71	75	66	75	72	75	67
2050	25.00	0.96	17.31	15.00	0.96	10.38	35.00	30.00	25.00	75	72	75	67	75	72	75	66	75	72	75	67

附表 2　制度参数假设

单位：%

年份	现行退休年龄高覆盖率		现行退休年龄低覆盖率		延迟退休方案一高覆盖率		延迟退休方案一低覆盖率		延迟退休方案二高覆盖率		延迟退休方案二低覆盖率	
	工作人口覆盖率	退休人口覆盖率	工作人口覆盖率	退休人口覆盖率	工作人口覆盖率	退休人口覆盖率	工作人口覆盖率	退休人口覆盖率	工作人口覆盖率	退休人口覆盖率	工作人口覆盖率	退休人口覆盖率
2015	75	61	60	60	75	61	60	60	75	61	60	60
2016	75	62	60	60	75	62	60	60	75	62	60	60
2017	75	63	61	60	75	63	61	60	75	63	61	60
2018	75	63	61	60	75	63	61	60	75	63	61	60
2019	75	64	62	60	75	64	62	60	75	64	62	60
2020	75	65	62	60	75	65	62	60	75	65	62	60
2021	75	65	62	60	75	65	62	60	75	65	62	60
2022	75	66	63	61	75	66	63	61	75	66	63	61
2023	75	66	63	61	75	66	63	61	75	66	63	61
2024	75	67	64	61	75	66	64	61	75	67	64	61
2025	75	67	64	61	75	67	64	61	75	67	64	61
2026	75	68	64	61	75	67	64	61	75	67	64	61
2027	75	68	65	61	75	68	65	61	75	68	65	61
2028	75	69	65	62	75	68	65	61	75	68	65	61
2029	75	69	66	62	75	68	66	62	75	68	66	62
2030	75	69	66	62	75	68	66	62	75	69	66	62
2031	75	69	66	62	75	69	66	62	75	69	66	62
2032	75	70	67	62	75	69	67	62	75	69	67	62

续表

年份	现行退休年龄高覆盖率		现行退休年龄低覆盖率		延迟退休方案一高覆盖率		延迟退休方案一低覆盖率		延迟退休方案二高覆盖率		延迟退休方案二低覆盖率	
	工作人口覆盖率	退休人口覆盖率	工作人口覆盖率	退休人口覆盖率	工作人口覆盖率	退休人口覆盖率	工作人口覆盖率	退休人口覆盖率	工作人口覆盖率	退休人口覆盖率	工作人口覆盖率	退休人口覆盖率
2033	75	70	67	63	75	69	67	62	75	69	67	62
2034	75	70	68	63	75	69	68	63	75	70	68	63
2035	75	70	68	63	75	70	68	63	75	70	68	63
2036	75	71	69	63	75	70	69	63	75	70	69	63
2037	75	71	69	64	75	70	69	63	75	70	69	63
2038	75	71	69	64	75	70	69	63	75	70	69	64
2039	75	71	70	64	75	70	70	64	75	71	70	64
2040	75	71	70	64	75	71	70	64	75	71	70	64
2041	75	71	71	65	75	71	71	64	75	71	71	64
2042	75	72	71	65	75	71	71	64	75	71	71	65
2043	75	72	72	65	75	71	72	64	75	71	72	65
2044	75	72	72	65	75	71	72	65	75	71	72	65
2045	75	72	73	66	75	71	73	65	75	72	73	65
2046	75	72	73	66	75	71	73	65	75	72	73	66
2047	75	72	74	66	75	71	74	65	75	72	74	66
2048	75	72	74	67	75	71	74	65	75	72	74	66
2049	75	72	75	67	75	71	75	66	75	72	75	67
2050	75	72	75	67	75	72	75	66	75	72	75	67

附表 3 现行退休年龄条件下企业养老保险基金收支测算结果

单位：亿元

年份	高缴费率—高覆盖率—35%目标替代率			高缴费率—高覆盖率—30%目标替代率			高缴费率—低覆盖率—35%目标替代率			高缴费率—低覆盖率—30%目标替代率			低缴费率—高覆盖率—30%目标替代率			低缴费率—高覆盖率—25%目标替代率			低缴费率—低覆盖率—30%目标替代率			低缴费率—低覆盖率—25%目标替代率		
	高工资	中工资	低工资	高工资	中工资	低工资	高工资	中工资	低工资	高工资	中工资	低工资	高工资	中工资	低工资	高工资	中工资	低工资	高工资	中工资	低工资	高工资	中工资	低工资
2015	-3785	-3715	-3680	-3591	-3524	-3491	-7335	-7199	-7131	-7144	-7012	-6946	-4125	-4048	-4010	-3897	-3825	-3789	-7571	-7431	-7361	-7347	-7211	-7143
2016	-5036	-4851	-4760	-4705	-4532	-4447	-7589	-7310	-7173	-7278	-7011	-6879	-5582	-5377	-5276	-5196	-5005	-4911	-7985	-7692	-7547	-7622	-7343	-7205
2017	-6502	-6147	-5975	-6001	-5674	-5515	-8792	-8312	-8079	-8328	-7874	-7653	-7280	-6883	-6690	-6698	-6333	-6156	-9364	-8853	-8605	-8825	-8344	-8110
2018	-8226	-7634	-7350	-7517	-6976	-6716	-10195	-9461	-9109	-9545	-8858	-8528	-9263	-8596	-8276	-8443	-7835	-7543	-10969	-10179	-9800	-10217	-9481	-9128
2019	-10268	-9352	-8919	-9305	-8474	-8082	-11844	-10787	-10288	-10969	-9990	-9528	-11592	-10557	-10069	-10482	-9547	-9105	-12846	-11699	-11158	-11838	-10782	-10283
2020	-12688	-11342	-10715	-11415	-10204	-9640	-13784	-12321	-11640	-12637	-11296	-10672	-14327	-12807	-12099	-12868	-11503	-10867	-15042	-13446	-12703	-13729	-12272	-11594
2021	-15421	-13530	-12661	-13785	-12095	-11318	-15938	-13983	-13086	-14476	-12701	-11886	-17390	-15257	-14277	-15524	-13620	-12746	-17472	-15329	-14345	-15805	-13867	-12977
2022	-18307	-15759	-[illegible]4605	-16272	-14007	-12982	-18147	-15621	-14478	-16341	-14066	-13037	-20594	-17727	-16429	-18283	-15738	-14586	-19956	-17178	-15921	-17905	-15413	-14284
2023	-21692	-18320	-16816	-19187	-16205	-14874	-20757	-17531	-16092	-18547	-15664	-14378	-24305	-20527	-18842	-21474	-18136	-16647	-22856	-19303	-17718	-20357	-17193	-15781
2024	-25568	-21186	-19260	-22514	-18656	-16960	-23762	-19690	-17899	-21081	-17468	-15880	-28517	-23630	-21481	-25081	-20783	-18893	-26167	-21682	-19711	-23150	-19183	-17438
2025	-29943	-24344	-21917	-26253	-21343	-19216	-27166	-22086	-19884	-23940	-19463	-17523	-33236	-27020	-24327	-29102	-23660	-21302	-29894	-24303	-21881	-26280	-21365	-19236
2026	-34232	-27305	-2[illegible]347	-29846	-23807	-21228	-30463	-24299	-21666	-26642	-21251	-18949	-37891	-30224	-26950	-33001	-26323	-23471	-33545	-26758	-23859	-29285	-23359	-20829
2027	-38862	-30413	-2[illegible]858	-33689	-26365	-23283	-34020	-26624	-23512	-29527	-23107	-20406	-42906	-33578	-29653	-37164	-29085	-25685	-37487	-29337	-25908	-32499	-25434	-22461
2028	-43810	-33639	-29421	-37750	-28986	-25351	-37817	-29037	-25396	-32566	-25005	-21869	-48266	-37060	-32413	-41571	-31920	-27917	-41705	-32023	-28007	-35904	-27568	-24111
2029	-49015	-36925	-31985	-41962	-31612	-27382	-41796	-31487	-27274	-35696	-26892	-23293	-53925	-40625	-35189	-46168	-34780	-30127	-46161	-34775	-30122	-39452	-29721	-25744
2030	-54344	-40167	-34458	-46188	-34139	-29287	-45843	-33884	-29068	-38800	-28678	-24602	-59772	-44180	-37900	-50843	-37580	-32238	-50758	-37517	-32185	-43047	-31817	-27295
2031	-59415	-43087	-36507	-50079	-36316	-30855	-49637	-35996	-30583	-41583	-30155	-25620	-65438	-47455	-40318	-55263	-40076	-34049	-55190	-40023	-34004	-46412	-33657	-28596
2032	-63085	-45304	-38[illegible]91	-52723	-37863	-32169	-52239	-37515	-31873	-43305	-31100	-26423	-69581	-49970	-42455	-58339	-41896	-35595	-58336	-41894	-35594	-48643	-34933	-29680

续表

年份	高缴费率—高覆盖率—35%目标替代率			高缴费率—高覆盖率—30%目标替代率			高缴费率—低覆盖率—35%目标替代率			高缴费率—低覆盖率—30%目标替代率			低缴费率—高覆盖率—30%目标替代率			低缴费率—高覆盖率—25%目标替代率			低缴费率—低覆盖率—30%目标替代率			低缴费率—低覆盖率—25%目标替代率		
	高工资	中工资	低工资	高工资	中工资	低工资	高工资	中工资	低工资	高工资	中工资	低工资	高工资	中工资	低工资	高工资	中工资	低工资	高工资	中工资	低工资	高工资	中工资	低工资
2033	-67050	-47684	-40513	-55566	-39517	-33574	-55083	-39174	-33282	-45185	-32134	-27302	-74047	-52660	-44741	-61643	-43839	-37246	-61767	-43927	-37321	-51076	-36324	-30862
2034	-71484	-50344	-42773	-58766	-41387	-35163	-58326	-41078	-34900	-47364	-33357	-28340	-78983	-55625	-47260	-65309	-45995	-39078	-65620	-46214	-39264	-53833	-37913	-32211
2035	-76526	-53372	-45346	-62448	-43553	-37004	-62098	-43309	-36796	-49957	-34841	-29602	-84507	-58938	-50075	-69440	-48429	-41146	-70004	-48823	-41481	-57008	-39759	-33780
2036	-80652	-55703	-47326	-65237	-45057	-38281	-65109	-44968	-38206	-51802	-35778	-30397	-89190	-61600	-52336	-72766	-50257	-42699	-73709	-50908	-43252	-59531	-41115	-34932
2037	-85084	-58194	-49442	-68234	-46669	-39651	-68396	-46780	-39745	-53829	-36817	-31280	-94183	-64417	-54730	-76311	-52193	-44344	-77715	-53154	-45160	-62265	-42587	-36182
2038	-89707	-60760	-51623	-71323	-48308	-41044	-71849	-48664	-41346	-55932	-37883	-32186	-99388	-67317	-57194	-79977	-54170	-46023	-81929	-55492	-47147	-65123	-44109	-37476
2039	-94304	-63253	-53741	-74302	-49837	-42342	-75262	-50481	-42890	-57914	-38845	-33003	-104621	-70174	-59621	-83598	-56072	-47640	-86180	-57804	-49111	-67946	-45574	-38720
2040	-98703	-65561	-55702	-77010	-51152	-43460	-78471	-52123	-44284	-59622	-39602	-33647	-109744	-72895	-61933	-87046	-57818	-49123	-90334	-60002	-50979	-70611	-46902	-39849
2041	-101942	-67055	-56971	-78620	-51714	-43937	-80675	-53066	-45086	-60369	-39710	-33738	-113845	-74885	-63623	-89554	-58906	-50048	-93631	-61588	-52326	-72480	-47676	-40506
2042	-105287	-68583	-58269	-80237	-52266	-44406	-82926	-54017	-45894	-61070	-39781	-33798	-118121	-76943	-65372	-92147	-60023	-50997	-97070	-63231	-53722	-74409	-48469	-41180
2043	-108821	-70197	-59640	-81932	-52852	-44904	-85287	-55016	-46742	-61779	-39851	-33858	-122640	-79111	-67214	-94885	-61207	-52002	-100709	-64964	-55195	-76444	-49311	-41896
2044	-112699	-71992	-61166	-83842	-53559	-45504	-87892	-56146	-47702	-62611	-39996	-33981	-127529	-81466	-69215	-97877	-62524	-53122	-104658	-66856	-56802	-78681	-50262	-42703
2045	-117000	-74014	-62884	-86035	-54426	-46241	-90809	-57446	-48807	-63626	-40250	-34197	-132850	-84041	-71403	-101175	-64004	-54379	-108972	-68936	-58569	-81167	-51346	-43625
2046	-119351	-74769	-63525	-86465	-54167	-46021	-92009	-57640	-48972	-63077	-39515	-33573	-136476	-85497	-72639	-102989	-64518	-54816	-111828	-70056	-59521	-82367	-51600	-43840
2047	-121963	-75663	-64284	-87040	-53998	-45878	-93367	-57923	-49212	-62578	-38822	-32984	-140404	-87104	-74005	-105005	-65143	-55346	-114932	-71301	-60579	-83722	-51939	-44128
2048	-124697	-76608	-65088	-87631	-53837	-45740	-94766	-58220	-49465	-62016	-38100	-32370	-144529	-88792	-75439	-107126	-65813	-55916	-118193	-72613	-61693	-85146	-52310	-44443
2049	-127323	-77462	-65813	-88022	-53552	-45498	-96002	-58407	-49623	-61201	-37234	-31635	-148671	-90450	-76848	-109192	-66431	-56441	-121464	-73898	-62785	-86505	-52629	-44714
2050	-129605	-78085	-66342	-88000	-53019	-45046	-96866	-58360	-49584	-59938	-36112	-30681	-152651	-91970	-78139	-111047	-66904	-56843	-124590	-75063	-63775	-87662	-52815	-44872

附表 4 延迟退休方案一条件下企业养老保险基金收支测算结果

单位：亿元

年份	高缴费率—高覆盖率—35%目标替代率			高缴费率—高覆盖率—30%目标替代率			高缴费率—低覆盖率—35%目标替代率			高缴费率—低覆盖率—30%目标替代率			低缴费率—高覆盖率—30%目标替代率			低缴费率—高覆盖率—25%目标替代率			低缴费率—低覆盖率—30%目标替代率			低缴费率—低覆盖率—25%目标替代率		
	高工资	中工资	低工资	高工资	中工资	低工资	高工资	中工资	低工资	高工资	中工资	低工资	高工资	中工资	低工资	高工资	中工资	低工资	高工资	中工资	低工资	高工资	中工资	低工资
2015	-3785	-3715	-3680	-3591	-3524	-3491	-7335	-7199	-7131	-7144	-7012	-6946	-4125	-4048	-4010	-3897	-3825	-3789	-7571	-7431	-7361	-7347	-7211	-7143
2016	-5036	-4851	-4760	-4705	-4532	-4447	-7589	-7310	-7173	-7278	-7011	-6879	-5582	-5377	-5276	-5196	-5005	-4911	-7985	-7692	-7547	-7622	-7343	-7205
2017	-6502	-6147	-5975	-6001	-5674	-5515	-8792	-8312	-8079	-8328	-7874	-7653	-7280	-6883	-6690	-6698	-6333	-6156	-9364	-8853	-8605	-8825	-8344	-8110
2018	-8226	-7634	-7350	-7517	-6976	-6716	-10195	-9461	-9109	-9545	-8858	-8528	-9263	-8596	-8276	-8443	-7835	-7543	-10969	-10179	-9800	-10217	-9481	-9128
2019	-10268	-9352	-8919	-9305	-8474	-8082	-11844	-10787	-10288	-10969	-9990	-9528	-11592	-10557	-10069	-10482	-9547	-9105	-12846	-11699	-11158	-11838	-10782	-10283
2020	-12688	-11342	-10715	-11415	-10204	-9640	-13784	-12321	-11640	-12637	-11296	-10672	-14327	-12807	-12099	-12868	-11503	-10867	-15042	-13446	-12703	-13729	-12272	-11594
2021	-14182	-12443	-11644	-12579	-11036	-10327	-14912	-13083	-12243	-13477	-11824	-11065	-16210	-14222	-13309	-14381	-12618	-11808	-16495	-14472	-13543	-14859	-13036	-12199
2022	-15648	-13470	-[illegible]2484	-13690	-11785	-10922	-15934	-13716	-12712	-14192	-12216	-11322	-18078	-15562	-14423	-15855	-13648	-12649	-17862	-15376	-14251	-15884	-13673	-12672
2023	-17466	-14751	-13540	-15096	-12749	-11702	-17224	-14546	-13352	-15126	-12775	-11726	-20333	-17172	-15762	-17654	-14910	-13686	-19535	-16498	-15144	-17164	-14496	-13305
2024	-19644	-16277	-14797	-16796	-13913	-12652	-18786	-15567	-14151	-16278	-13488	-12262	-22985	-19046	-17314	-19781	-16391	-14901	-21521	-17833	-16211	-18699	-15494	-14085
2025	-22215	-18061	-15261	-18816	-15298	-13773	-20648	-16787	-15114	-17667	-14363	-12931	-26066	-21192	-19079	-22260	-18097	-16293	-23849	-19389	-17456	-20509	-16674	-15012
2026	-24607	-19628	-17502	-20612	-16441	-14660	-22309	-17794	-15867	-18817	-15009	-13383	-29021	-23149	-20641	-24566	-19595	-17472	-26033	-20765	-18516	-22140	-17660	-15747
2027	-27200	-21287	-1[illegible]798	-22532	-17634	-15572	-24097	-18858	-16653	-20031	-15676	-13844	-32230	-25223	-22275	-27050	-21169	-18695	-28407	-22231	-19632	-23895	-18700	-16514
2028	-29953	-22999	-20115	-24532	-18837	-16475	-25974	-19943	-17443	-21266	-16329	-14281	-35667	-27386	-23952	-29678	-22787	-19930	-30943	-23759	-20780	-25742	-19766	-17287
2029	-32682	-24621	-21326	-26426	-19908	-17244	-27775	-20924	-18125	-22356	-16842	-14588	-39175	-29513	-25564	-32295	-24329	-21074	-33508	-25243	-21865	-27547	-20752	-17976
2030	-35224	-26035	-22335	-28053	-20735	-17787	-29355	-21698	-18614	-23155	-17115	-14682	-42625	-31506	-27028	-34773	-25702	-22049	-35983	-26596	-22816	-29195	-21579	-18512
2031	-37100	-26904	-22358	-28972	-21010	-17850	-30300	-21973	-18669	-23284	-16885	-14346	-45563	-33042	-28073	-36704	-26617	-22615	-37983	-27545	-23402	-30337	-22000	-18691
2032	-37973	-27270	-23[illegible]69	-29035	-20851	-17716	-30374	-21813	-18533	-22670	-16281	-13832	-47371	-34019	-28903	-37673	-27055	-22986	-39018	-28021	-23807	-30660	-22018	-18707

续表

年份	高缴费率—高覆盖率—35%目标替代率			高缴费率—高覆盖率—30%目标替代率			高缴费率—低覆盖率—35%目标替代率			高缴费率—低覆盖率—30%目标替代率			低缴费率—高覆盖率—30%目标替代率			低缴费率—高覆盖率—25%目标替代率			低缴费率—低覆盖率—30%目标替代率			低缴费率—低覆盖率—25%目标替代率		
	高工资	中工资	低工资	高工资	中工资	低工资	高工资	中工资	低工资	高工资	中工资	低工资	高工资	中工资	低工资	高工资	中工资	低工资	高工资	中工资	低工资	高工资	中工资	低工资
2033	-38815	-27604	-23453	-29004	-20627	-17525	-30382	-21607	-18358	-21934	-15599	-13253	-49249	-35025	-29758	-38652	-27488	-23355	-40100	-28518	-24229	-30975	-22029	-18716
2034	-39688	-27951	-23747	-28933	-20376	-17312	-30376	-21393	-18175	-21121	-14875	-12638	-51256	-36098	-30669	-39692	-27954	-23750	-41280	-29072	-24700	-31329	-22064	-18746
2035	-40576	-28299	-24044	-28805	-20090	-17069	-30337	-21158	-17976	-20213	-14097	-11977	-53382	-37230	-31631	-40783	-28443	-24166	-42547	-29674	-25211	-31711	-22116	-18790
2036	-40030	-27647	-23489	-27319	-18868	-16031	-29031	-20051	-17035	-18099	-12500	-10620	-54273	-37484	-31847	-40730	-28131	-23900	-42751	-29526	-25086	-31102	-21481	-18251
2037	-39201	-26811	-22779	-25511	-17449	-14825	-27427	-18759	-15938	-15650	-10704	-9094	-55031	-37639	-31979	-40512	-27708	-23541	-42822	-29288	-24884	-30331	-20745	-17625
2038	-38103	-25808	-21927	-23393	-15844	-13462	-25529	-17291	-14691	-12869	-8716	-7405	-55679	-37712	-32041	-40147	-27192	-23103	-42776	-28973	-24616	-29409	-19919	-16924
2039	-36817	-24695	-20981	-21037	-14111	-11989	-23403	-15697	-13337	-9813	-6582	-5592	-56291	-37757	-32079	-39705	-26632	-22627	-42679	-28626	-24322	-28395	-19046	-16181
2040	-35329	-23467	-19938	-18430	-12242	-10401	-21028	-13967	-11867	-6461	-4292	-3646	-56863	-37770	-32090	-39181	-26025	-22111	-42521	-28243	-23996	-27280	-18120	-15395
2041	-29878	-19653	-16698	-12163	-8001	-6798	-15138	-9958	-8460	149	98	83	-54167	-35630	-30271	-35715	-23493	-19960	-39512	-25990	-22081	-23589	-15516	-13183
2042	-24379	-15880	-13492	-5796	-3775	-3207	-9100	-5928	-5036	6958	4532	3851	-51626	-33629	-28572	-32357	-21077	-17908	-36594	-23837	-20252	-19943	-12991	-11037
2043	-18837	-12151	-10324	674	435	369	-2912	-1879	-1596	13973	9013	7658	-49253	-31771	-26993	-29114	-18780	-15956	-33775	-21787	-18511	-16347	-10545	-8959
2044	-13200	-8432	-7164	7298	4662	3961	3481	2224	1889	21248	13573	11532	-47010	-30030	-25514	-25948	-16576	-14083	-31022	-19817	-16837	-12765	-8155	-6928
2045	-7403	-4683	-3979	14129	8938	7594	10127	6406	5443	28825	18235	15492	-44836	-28363	-24098	-22810	-14430	-12260	-28291	-17897	-15205	-9164	-5797	-4926
2046	174	109	93	22554	14129	12004	18422	11541	9805	37894	23739	20169	-41265	-25851	-21963	-18476	-11574	-9834	-24318	-15234	-12943	-4490	-2813	-2390
2047	7828	4856	4126	31099	19293	16392	26897	16686	14177	47189	29275	24873	-37842	-23476	-19946	-14252	-8842	-7512	-20446	-12684	-10777	124	77	65
2048	15822	9720	8258	40019	24586	20889	35825	22009	18699	56975	35003	29739	-34383	-21123	-17947	-9965	-6122	-5201	-16485	-10128	-8605	4857	2984	2535
2049	23703	14421	12252	48908	29755	25280	44778	27243	23146	66866	40681	34563	-31252	-19014	-16154	-5934	-3610	-3067	-12784	-7778	-6608	9404	5721	4861
2050	32159	19375	16462	58389	35178	29888	54416	32785	27855	77467	46672	39654	-27919	-16820	-14291	-1689	-1017	-864	-8841	-5326	-4525	14210	8561	7274

附表 5　延迟退休方案二条件下企业养老保险基金收支测算结果

单位：亿元

年份	高缴费率—高覆盖率—35% 目标替代率			高缴费率—高覆盖率—30% 目标替代率			高缴费率—低覆盖率—35% 目标替代率			高缴费率—低覆盖率—30% 目标替代率			低缴费率—高覆盖率—30% 目标替代率			低缴费率—高覆盖率—25% 目标替代率			低缴费率—低覆盖率—30% 目标替代率			低缴费率—低覆盖率—25% 目标替代率		
	高工资	中工资	低工资	高工资	中工资	低工资	高工资	中工资	低工资	高工资	中工资	低工资	高工资	中工资	低工资	高工资	中工资	低工资	高工资	中工资	低工资	高工资	中工资	低工资
2015	-7347	-7211	-7143	-3591	-3524	-3491	-7335	-7199	-7131	-7144	-7012	-6946	-4125	-4048	-4010	-3897	-3825	-3789	-7571	-7431	-7361	-7347	-7211	-7143
2016	-7622	-7343	-7205	-4705	-4532	-4447	-7589	-7310	-7173	-7278	-7011	-6879	-5582	-5377	-5276	-5196	-5005	-4911	-7985	-7692	-7547	-7622	-7343	-7205
2017	-8825	-8344	-8110	-6001	-5674	-5515	-8792	-8312	-8079	-8328	-7874	-7653	-7280	-6883	-6690	-6698	-6333	-6156	-9364	-8853	-8605	-8825	-8344	-8110
2018	-10217	-9481	-9128	-7517	-6976	-6716	-10195	-9461	-9109	-9545	-8858	-8528	-9263	-8596	-8276	-8443	-7835	-7543	-10969	-10179	-9800	-10217	-9481	-9128
2019	-11838	-10782	-10283	-9305	-8474	-8082	-11844	-10787	-10288	-10969	-9990	-9528	-11592	-10557	-10069	-10482	-9547	-9105	-12846	-11699	-11158	-11838	-10782	-10283
2020	-13729	-12272	-11594	-11415	-10204	-9640	-13784	-12321	-11640	-12637	-11296	-10672	-14327	-12807	-12099	-12868	-11503	-10867	-15042	-13446	-12703	-13729	-12272	-11594
2021	-15174	-13313	-12458	-12981	-11389	-10658	-15254	-13383	-12524	-13810	-12116	-11338	-16603	-14567	-13632	-14762	-12952	-12120	-16821	-14758	-13810	-15174	-13313	-12458
2022	-16558	-14253	-13210	-14552	-12527	-11610	-16672	-14352	-13301	-14908	-12833	-11894	-18918	-16285	-15093	-16666	-14346	-13296	-18561	-15977	-14807	-16558	-14253	-13210
2023	-18227	-15394	-14130	-16459	-13901	-12759	-18400	-15540	-14264	-16265	-13737	-12609	-21657	-18290	-16789	-18927	-15985	-14673	-20641	-17432	-16001	-18227	-15394	-14130
2024	-20195	-16734	-15212	-18719	-15511	-14101	-20458	-16952	-15411	-17892	-14826	-13477	-24845	-20587	-18715	-21563	-17868	-16243	-23082	-19126	-17387	-20195	-16734	-15212
2025	-22466	-18264	-16444	-21337	-17347	-15618	-22858	-18583	-16731	-19793	-16092	-14488	-28497	-23168	-20858	-24579	-19983	-17991	-25898	-21055	-18956	-22466	-18264	-16444
2026	-24584	-19610	-17485	-23771	-18961	-16907	-25098	-20020	-17851	-21494	-17144	-15287	-32056	-25569	-22799	-27452	-21897	-19525	-28603	-22815	-20344	-24584	-19610	-17485
2027	-26848	-21011	-18555	-26361	-20630	-18218	-27502	-21523	-19007	-23290	-18227	-16096	-35894	-28091	-24807	-30521	-23886	-21093	-31523	-24670	-21786	-26848	-21011	-18555
2028	-29228	-22443	-19628	-29066	-22318	-19519	-30037	-23063	-20171	-25143	-19306	-16885	-39988	-30704	-26854	-33757	-25920	-22670	-34636	-26594	-23260	-29228	-22443	-19628
2029	-31631	-23829	-20641	-31754	-23922	-20721	-32585	-24548	-21263	-26932	-20289	-17575	-44234	-33324	-28865	-37053	-27914	-24179	-37848	-28513	-24698	-31631	-23829	-20641
2030	-33883	-25044	-21484	-34190	-25271	-21679	-34935	-25822	-22152	-28450	-21028	-18039	-48428	-35795	-30707	-40212	-29722	-25497	-40984	-30292	-25987	-33883	-25044	-21484
2031	-35752	-25927	-22028	-36081	-26165	-22230	-36813	-26696	-22682	-29448	-21355	-18144	-52258	-37897	-32198	-42955	-31151	-26466	-43779	-31748	-26974	-35752	-25927	-22028
2032	-36669	-26334	-22374	-36949	-26535	-22545	-37680	-27060	-22990	-29565	-21232	-18039	-54793	-39350	-33432	-44579	-32014	-27200	-45474	-32657	-27746	-36669	-26334	-22374
2033	-37647	-26774	-22747	-37819	-26896	-22851	-38580	-27437	-23311	-29650	-21086	-17915	-57482	-40880	-34732	-46284	-32916	-27966	-47293	-33633	-28575	-37647	-26774	-22747

续表

年份	高缴费率—高覆盖率—35%目标替代率			高缴费率—高覆盖率—30%目标替代率			高缴费率—低覆盖率—35%目标替代率			高缴费率—低覆盖率—30%目标替代率			低缴费率—高覆盖率—30%目标替代率			低缴费率—高覆盖率—25%目标替代率			低缴费率—低覆盖率—30%目标替代率			低缴费率—低覆盖率—25%目标替代率		
	高工资	中工资	低工资	高工资	中工资	低工资	高工资	中工资	低工资	高工资	中工资	低工资	高工资	中工资	低工资	高工资	中工资	低工资	高工资	中工资	低工资	高工资	中工资	低工资
2034	-38708	-27261	-23161	-38715	-27266	-23166	-39539	-27846	-23658	-29723	-20933	-17785	-60352	-42504	-36112	-48095	-33872	-28778	-49262	-34694	-29476	-38708	-27261	-23161
2035	-39872	-27808	-23626	-39663	-27662	-23502	-40582	-28303	-24047	-29804	-20787	-17661	-63433	-44240	-37587	-50035	-34896	-29648	-51407	-35853	-30461	-39872	-27808	-23626
2036	-40073	-27677	-23514	-39295	-27139	-23058	-40413	-27912	-23714	-28730	-19842	-16858	-65307	-45105	-38322	-50852	-35122	-29840	-52521	-36274	-30819	-40073	-27677	-23514
2037	-40142	-27456	-23327	-38657	-26440	-22464	-40012	-27366	-23251	-27377	-18724	-15908	-67086	-45884	-38984	-51532	-35245	-29945	-53544	-36622	-31114	-40142	-27456	-23327
2038	-40097	-27158	-23074	-37767	-25580	-21733	-39389	-26678	-22666	-25752	-17442	-14819	-68795	-46596	-39588	-52097	-35286	-29979	-54495	-36910	-31359	-40097	-27158	-23074
2039	-40029	-26849	-22811	-36743	-24645	-20939	-38655	-25927	-22028	-23958	-16070	-13653	-70551	-47321	-40205	-52653	-35316	-30005	-55476	-37210	-31614	-40029	-26849	-22811
2040	-39975	-26552	-22559	-35629	-23666	-20107	-37855	-25144	-21363	-22032	-14634	-12434	-72398	-48089	-40857	-53240	-35363	-30045	-56531	-37549	-31902	-39975	-26552	-22559
2041	-39327	-25868	-21978	-33646	-22132	-18803	-36233	-23833	-20249	-19330	-12715	-10803	-73471	-48327	-41060	-53126	-34945	-29690	-56934	-37450	-31818	-39327	-25868	-21978
2042	-39072	-25451	-21624	-32069	-20890	-17748	-35028	-22817	-19386	-16933	-11030	-9371	-75111	-48927	-41569	-53469	-34829	-29591	-57834	-37673	-32007	-39072	-25451	-21624
2043	-39204	-25289	-21486	-30897	-19931	-16934	-34241	-22088	-18766	-14837	-9571	-8131	-77321	-49877	-42376	-54263	-35003	-29739	-59234	-38210	-32463	-39204	-25289	-21486
2044	-39853	-25458	-21630	-30327	-19373	-16460	-34067	-21762	-18489	-13211	-8439	-7170	-80274	-51279	-43568	-55657	-35554	-30207	-61283	-39148	-33261	-39853	-25458	-21630
2045	-41205	-26067	-22147	-30612	-19365	-16453	-34781	-22003	-18694	-12301	-7782	-6612	-84192	-53260	-45250	-57839	-36589	-31087	-64200	-40613	-34505	-41205	-26067	-22147
2046	-41634	-26082	-22160	-29591	-18537	-15750	-34243	-21452	-18226	-10255	-6424	-5458	-86839	-54401	-46220	-58919	-36910	-31360	-66061	-41385	-35161	-41634	-26082	-22160
2047	-42611	-26435	-22459	-29222	-18129	-15402	-34390	-21335	-18127	-8741	-5423	-4607	-90248	-55988	-47568	-60613	-37603	-31948	-68611	-42565	-36164	-42611	-26435	-22459
2048	-43845	-26936	-22886	-29106	-17882	-15192	-34826	-21395	-18178	-7388	-4539	-3856	-94074	-57795	-49103	-62606	-38462	-32678	-71532	-43946	-37337	-43845	-26936	-22886
2049	-44993	-27374	-23257	-28759	-17497	-14866	-35050	-21324	-18117	-5737	-3490	-2966	-97901	-59562	-50605	-64530	-39259	-33356	-74439	-45288	-38478	-44993	-27374	-23257
2050	-45801	-27595	-23445	-27797	-16747	-14229	-34678	-20893	-17751	-3434	-2069	-1758	-101408	-61097	-51909	-66104	-39826	-33837	-77045	-46418	-39438	-45801	-27595	-23445

附表 6　“名义账户制 + 现行退休年龄”条件下企业养老保险基金收支测算结果

单位：亿元

年份	高缴费率—高覆盖率—60% 目标替代率			高缴费率—低覆盖率—60% 目标替代率			低缴费率—低覆盖率—50% 目标替代率			低缴费率—低覆盖率—50% 目标替代率		
	高工资	中工资	低工资	高工资	中工资	低工资	高工资	中工资	低工资	高工资	中工资	低工资
2015	4156	4079	4041	-1725	-1693	-1677	3623	3556	3523	-1492	-1465	-1451
2016	3295	3174	3115	-2056	-1981	-1944	2440	2351	2307	-1673	-1612	-1582
2017	2163	2045	1987	-3475	-3286	-3194	947	896	871	-2894	-2737	-2660
2018	701	650	626	-5230	-4853	-4673	-914	-848	-816	-4405	-4087	-3935
2019	-1166	-1062	-1013	-7390	-6730	-6419	-3219	-2932	-2796	-6263	-5704	-5440
2020	-3523	-3149	-2975	-10033	-8969	-8473	-6054	-5412	-5113	-8535	-7630	-7208
2021	-6268	-5500	-5147	-13043	-11444	-10709	-9308	-8166	-7642	-10524	-9233	-8641
2022	-9616	-8277	-7671	-16495	-14199	-13160	-13123	-11296	-10469	-12806	-11023	-10216
2023	-13678	-11551	-10603	-20626	-17420	-15990	-17656	-14912	-13688	-15588	-13165	-12084
2024	-18481	-15314	-13921	-25469	-21104	-19185	-22930	-19000	-17272	-18913	-15671	-14246
2025	-24072	-19570	-17620	-31073	-25262	-22744	-28983	-23563	-21214	-22818	-18551	-16702
2026	-29815	-23782	-21206	-36872	-29411	-26225	-35198	-28075	-25034	-26774	-21357	-19043
2027	-36209	-28337	-25025	-43331	-33911	-29947	-42060	-32916	-29068	-31164	-24389	-21537
2028	-43254	-33212	-29047	-50471	-38753	-33894	-49576	-38066	-33293	-35978	-27625	-24161
2029	-50897	-38343	-33213	-58275	-43902	-38027	-57709	-43475	-37658	-41132	-30987	-26841
2030	-59002	-43610	-37412	-66656	-49268	-42265	-66345	-49038	-42068	-46441	-34326	-29447
2031	-67131	-48683	-41362	-75229	-54555	-46351	-75061	-54433	-46247	-51594	-37415	-31788
2032	-74027	-53162	-45167	-82428	-59195	-50293	-82329	-59124	-50233	-55680	-39987	-33973

续表

年份	高缴费率—高覆盖率—60% 目标替代率			高缴费率—低覆盖率—60% 目标替代率			低缴费率—低覆盖率—50% 目标替代率			低缴费率—低覆盖率—50% 目标替代率		
	高工资	中工资	低工资	高工资	中工资	低工资	高工资	中工资	低工资	高工资	中工资	低工资
2033	-81593	-58027	-49301	-90366	-64266	-54602	-90247	-64181	-54529	-60136	-42767	-36336
2034	-90111	-63462	-53919	-99290	-69927	-59411	-99049	-69757	-59267	-65057	-45818	-38927
2035	-99825	-69621	-59151	-109415	-76309	-64834	-108935	-75975	-64549	-70531	-49191	-41793
2036	-108664	-75050	-63764	-118928	-82139	-69786	-117993	-81493	-69238	-74932	-51753	-43970
2037	-118310	-80919	-68750	-129328	-88455	-75152	-127774	-87392	-74249	-79531	-54396	-46215
2038	-128629	-87122	-74021	-140513	-95171	-80859	-138161	-93579	-79506	-84327	-57116	-48527
2039	-139338	-93459	-79404	-152247	-102118	-86761	-148916	-99883	-84863	-89389	-59956	-50940
2040	-150208	-99772	-84768	-164344	-109162	-92746	-159849	-106176	-90209	-94732	-62923	-53461
2041	-159787	-105105	-89299	-175491	-115434	-98075	-169623	-111574	-94795	-99284	-65307	-55486
2042	-169968	-110715	-94066	-187386	-122062	-103706	-179970	-117231	-99601	-104673	-68183	-57930
2043	-180907	-116697	-99148	-200165	-129120	-109702	-191019	-123220	-104690	-110958	-71576	-60812
2044	-192884	-123215	-104685	-214057	-136740	-116177	-202989	-129670	-110170	-118386	-75625	-64253
2045	-206069	-130360	-110756	-229209	-144998	-123193	-216006	-136646	-116097	-127276	-80515	-68407
2046	-216637	-135715	-115305	-242241	-151755	-128933	-226736	-142041	-120680	-134673	-84367	-71680
2047	-228134	-141529	-120246	-256301	-159003	-135092	-238285	-147827	-125596	-143289	-88893	-75525
2048	-240386	-147682	-125473	-271278	-166661	-141598	-250516	-153906	-130761	-152754	-93845	-79732
2049	-253057	-153958	-130805	-286948	-174576	-148323	-263168	-160109	-136031	-162573	-98908	-84034
2050	-265794	-160137	-136055	-303055	-182586	-155128	-275970	-166267	-141263	-172358	-103843	-88226

附表 7 “名义账户制 + 延迟退休方案一”条件下企业养老保险基金收支测算结果

单位：亿元

年份	高缴费率—高覆盖率—60% 目标替代率			高缴费率—低覆盖率—60% 目标替代率			低缴费率—低覆盖率—50% 目标替代率			低缴费率—低覆盖率—50% 目标替代率		
	高工资	中工资	低工资	高工资	中工资	低工资	高工资	中工资	低工资	高工资	中工资	低工资
2015	4156	4079	4041	-1109	-861	-853	3623	3556	3523	-1492	-1465	-1451
2016	3295	3174	3115	-1039	-632	-620	2440	2351	2307	-1673	-1612	-1582
2017	2163	2045	1987	-1983	-1325	-1288	947	896	871	-2894	-2737	-2660
2018	701	650	626	-3179	-2184	-2103	-914	-848	-816	-4405	-4087	-3935
2019	-1166	-1062	-1013	-4686	-3242	-3092	-3219	-2932	-2796	-6263	-5704	-5440
2020	-3523	-3149	-2975	-6568	-4533	-4282	-6054	-5412	-5113	-8535	-7630	-7208
2021	-4793	-4205	-3935	-7494	-4906	-4592	-7914	-6943	-6497	-9952	-8732	-8171
2022	-6411	-5518	-5114	-8605	-5392	-4997	-10118	-8709	-8072	-11566	-9956	-9227
2023	-8523	-7198	-6607	-10090	-6107	-5605	-12858	-10859	-9967	-13599	-11485	-10542
2024	-11170	-9256	-8414	-11980	-7053	-6412	-16173	-13401	-12182	-16085	-13328	-12116
2025	-14425	-11727	-10558	-14331	-8252	-7430	-20131	-16366	-14735	-19080	-15512	-13965
2026	-17661	-14087	-12561	-16596	-9276	-8271	-24124	-19243	-17158	-22053	-17591	-15685
2027	-21312	-16679	-14729	-19149	-10396	-9181	-28587	-22372	-19757	-25382	-19864	-17542
2028	-25350	-19465	-17024	-21959	-11571	-10120	-33501	-25723	-22497	-29048	-22304	-19507
2029	-29555	-22265	-19286	-24828	-12644	-10952	-38686	-29144	-25244	-32892	-24779	-21463
2030	-33737	-24936	-21392	-27583	-13488	-11571	-43990	-32514	-27893	-36778	-27184	-23320
2031	-37317	-27061	-22992	-29722	-13785	-11712	-48870	-35440	-30111	-40241	-29182	-24793
2032	-40103	-28800	-24469	-31163	-13811	-11734	-52745	-37879	-32182	-42845	-30769	-26142

续表

年份	高缴费率—高覆盖率—60%目标替代率			高缴费率—低覆盖率—60%目标替代率			低缴费率—低覆盖率—50%目标替代率			低缴费率—低覆盖率—50%目标替代率		
	高工资	中工资	低工资	高工资	中工资	低工资	高工资	中工资	低工资	高工资	中工资	低工资
2033	-43032	-30603	-26001	-32662	-13790	-11716	-56862	-40438	-34357	-45630	-32451	-27571
2034	-46212	-32546	-27651	-34312	-13780	-11707	-61319	-43185	-36691	-48683	-34286	-29130
2035	-49653	-34629	-29422	-36116	-13776	-11704	-66127	-46119	-39184	-52013	-36276	-30820
2036	-51362	-35474	-30139	-36379	-12747	-10830	-69459	-47972	-40758	-54065	-37341	-31725
2037	-52894	-36177	-30737	-36409	-11509	-9778	-72772	-49773	-42288	-56075	-38353	-32585
2038	-54279	-36764	-31235	-36222	-10072	-8557	-76104	-51547	-43795	-58070	-39332	-33417
2039	-55643	-37322	-31709	-35925	-8503	-7224	-79571	-53371	-45345	-60150	-40345	-34278
2040	-56980	-37848	-32156	-35500	-6792	-5771	-83172	-55245	-46937	-62312	-41389	-35165
2041	-52681	-34652	-29441	-30085	-2092	-1777	-82175	-54053	-45924	-60468	-39774	-33793
2042	-48483	-31581	-26832	-24611	2642	2245	-81509	-53094	-45110	-58852	-38336	-32571
2043	-44421	-28654	-24345	-19102	7400	6287	-81209	-52386	-44508	-57498	-37090	-31512
2044	-40444	-25836	-21951	-13503	12219	10382	-81244	-51899	-44094	-56372	-36011	-30595
2045	-36471	-23072	-19602	-7756	17128	14552	-81531	-51576	-43820	-55424	-35061	-29789
2046	-29856	-18703	-15891	415	23309	19804	-79751	-49961	-42448	-52654	-32986	-28025
2047	-23323	-14469	-12293	8654	29497	25061	-78304	-48578	-41273	-50150	-31112	-26433
2048	-16491	-10131	-8608	17358	35923	30521	-76921	-47257	-40150	-47635	-29265	-24864
2049	-10108	-6149	-5225	25818	42205	35858	-76196	-46357	-39386	-45680	-27791	-23612
2050	-3094	-1864	-1584	35062	48899	41545	-75300	-45367	-38545	-43504	-26210	-22269

附表 8　“名义账户制 + 延迟退休方案二”条件下企业养老保险基金收支测算结果

单位：亿元

年份	高缴费率—高覆盖率—60% 目标替代率			高缴费率—低覆盖率—60% 目标替代率			低缴费率—低覆盖率—50% 目标替代率			低缴费率—低覆盖率—50% 目标替代率		
	高工资	中工资	低工资	高工资	中工资	低工资	高工资	中工资	低工资	高工资	中工资	低工资
2015	4156	4079	4041	-1109	-861	-853	3623	3556	3523	-1492	-1465	-1451
2016	3295	3174	3115	-1039	-632	-620	2440	2351	2307	-1673	-1612	-1582
2017	2163	2045	1987	-1983	-1325	-1288	947	896	871	-2894	-2737	-2660
2018	701	650	626	-3179	-2184	-2103	-914	-848	-816	-4405	-4087	-3935
2019	-1166	-1062	-1013	-4686	-3242	-3092	-3219	-2932	-2796	-6263	-5704	-5440
2020	-3523	-3149	-2975	-6568	-4533	-4282	-6054	-5412	-5113	-8535	-7630	-7208
2021	-5285	-4636	-4339	-7901	-4998	-4677	-8378	-7351	-6879	-10337	-9069	-8487
2022	-7481	-6439	-5968	-9495	-5590	-5180	-11121	-9573	-8872	-12400	-10674	-9893
2023	-10241	-8649	-7939	-11526	-6422	-5895	-14457	-12210	-11207	-14936	-12614	-11578
2024	-13629	-11293	-10266	-14044	-7502	-6820	-18445	-15284	-13894	-17993	-14909	-13553
2025	-17695	-14386	-12952	-17091	-8846	-7964	-23132	-18806	-16931	-21611	-17570	-15819
2026	-21819	-17404	-15518	-20121	-10026	-8940	-27913	-22264	-19853	-25263	-20151	-17968
2027	-26424	-20680	-18262	-23502	-11312	-9990	-33210	-25990	-22952	-29317	-22943	-20261
2028	-31491	-24180	-21148	-27212	-12665	-11077	-39015	-29957	-26200	-33762	-25924	-22673
2029	-36875	-27780	-24063	-31117	-13939	-12074	-45211	-34059	-29502	-38494	-28999	-25119
2030	-42288	-31256	-26814	-34961	-14991	-12860	-51556	-38107	-32690	-43301	-32005	-27456
2031	-47358	-34343	-29179	-38429	-15532	-13197	-57692	-41837	-35546	-47883	-34724	-29502
2032	-51438	-36940	-31385	-41037	-15783	-13409	-62631	-44978	-38214	-51448	-36947	-31391
2033	-55829	-39704	-33734	-43862	-16016	-13607	-67944	-48320	-41053	-55317	-39340	-33424

续表

年份	高缴费率—高覆盖率—60%目标替代率			高缴费率—低覆盖率—60%目标替代率			低缴费率—低覆盖率—50%目标替代率			低缴费率—低覆盖率—50%目标替代率		
	高工资	中工资	低工资	高工资	中工资	低工资	高工资	中工资	低工资	高工资	中工资	低工资
2034	-60607	-42684	-36265	-46968	-16284	-13835	-73696	-51901	-44096	-59550	-41939	-35632
2035	-65846	-45923	-39017	-50416	-16593	-14097	-79949	-55759	-47374	-64202	-44776	-38043
2036	-69462	-47975	-40760	-52438	-15903	-13512	-84795	-58564	-49757	-67650	-46723	-39697
2037	-73026	-49947	-42436	-54354	-15027	-12767	-89706	-61355	-52128	-71141	-48657	-41340
2038	-76580	-51869	-44069	-56191	-13978	-11876	-94725	-64159	-54510	-74709	-50602	-42992
2039	-80327	-53878	-45776	-58129	-12835	-10905	-100030	-67094	-57004	-78512	-52661	-44742
2040	-84358	-56033	-47607	-60249	-11606	-9861	-105698	-70207	-59649	-82625	-54882	-46628
2041	-87314	-57433	-48796	-61425	-8187	-6956	-110463	-72660	-61733	-85992	-56564	-48057
2042	-91373	-59520	-50569	-63516	-4916	-4177	-116285	-75747	-64356	-90294	-58817	-49972
2043	-96603	-62315	-52944	-66579	-1807	-1535	-123211	-79479	-67527	-95571	-61650	-52379
2044	-103399	-66052	-56119	-70959	1096	932	-131544	-84031	-71394	-102094	-65218	-55410
2045	-112271	-71023	-60342	-77151	3780	3211	-141671	-89622	-76144	-110238	-69737	-59250
2046	-119233	-74695	-63462	-81733	7469	6346	-150116	-94042	-79899	-117016	-73306	-62282
2047	-127944	-79374	-67437	-87843	10922	9280	-160061	-99298	-84366	-125163	-77649	-65972
2048	-137790	-84652	-71922	-94916	14351	12193	-171011	-105061	-89262	-134230	-82465	-70064
2049	-147973	-90025	-76487	-102202	17639	14987	-182342	-110935	-94252	-143640	-87389	-74247
2050	-157831	-95091	-80791	-109106	21276	18076	-193550	-116611	-99074	-152945	-92147	-78290

参考文献

1.〔英〕A. B. 阿特金森:《私人保险、社会保险及缴费原理》，载〔英〕尼古拉斯·巴尔、〔英〕大卫·怀恩斯主编《福利经济学前沿问题》，贺晓波、王艺译，中国税务出版社，2000。

2.〔英〕巴尔:《福利国家经济学》，郑秉文、穆怀中等译，中国劳动社会保障出版社，2003。

3. 北京大学中国经济研究中心宏观组等:《中国社会养老保险制度的选择：激励与增长》，《金融研究》2000 年第 5 期。

4. 边恕、穆怀中:《对我国养老金名义个人账户制及其财务可持续性的分析》，《经济与管理研究》2005 年第 5 期。

5. 蔡兴扬:《世界性养老保险制度改革评析》，《世界经济》1997 年第 5 期。

6. 财政部国库司:《2009 年地方财政统计资料》，经济科学出版社，2010

7. 曹信邦:《政府社会保障绩效评估指标体系研究》，《中国行政管理》2006 年第 7 期。

8. 陈工、谢贞发:《解决养老保险转轨成本实现个人账户“实账”运行》，《当代财经》2002 年第 10 期。

9. 陈华:《我国基本养老保险基金收支平衡的财务分析》，《华东经济管理》2003 年第 S1 期。

10. 陈建奇:《养老保险制度安排的模型分析与评价》，《华东师范大学学报》(哲学社会科学版) 2006 年第 3 期。

11. 陈宁、范凤桐:《企业职工统一养老保险的数学模型及分析》，《北京市经济管理干部学院学报》2004 年第 3 期。

12. 陈少晖：《清偿隐性负债：实现养老保险制度转型的首要前提》，《理论与改革》2001 年第 2 期。
13. 陈少强、姜宇、郭骊：《对我国养老保险基金投资问题的思考》，《财政研究》2004 年第 1 期。
14. 陈迅、韩林和、杨守鸿：《基本养老保险基金平衡测算及平衡状态分析》，《中国人口科学》，2005 年第 S1 期。
15. 程永宏：《现收现付制与人口老龄化关系定量分析》，《经济研究》2005 年第 3 期。
16. 邓大松、刘昌平：《论政府的养老保险基金监管职责》，《中国行政管理》2003 年第 10 期。
17. 邓大松、王增文：《我国人口死亡率与最优退休年龄的动态变化关系》，《统计与决策》2008 年第 2 期。
18. 邓大松、刘昌平：《中国养老社会保险基金敏感性实证研究》，《经济科学》2001 年第 6 期。
19. 邓飞：《我国受教育年限问题实证研究》，陕西师范大学硕士学位论文，2008。
20. 董存田：《对我国女职工退休年龄问题的思考》，《人力资源管理》2010 年第 4 期。
21. 董克用、王燕主编《养老保险》，中国人民大学出版社，2000。
22. 杜鹏：《中国人口老龄化过程研究》中国人民大学出版社，1994。
23. 杜智民、李文雄、雷晓康：《我国养老保险基金投资问题探析》，《甘肃社会科学》2010 年第 5 期。
24. 房海燕：《对我国隐性公共养老金债务的测算》，《统计研究》1998 年第 4 期。
25. 封进：《中国养老保险体系改革的福利经济学分析》，《经济研究》2004 年第 2 期。
26. 符齐华：《延长法定退休年龄利弊谈》，《中国保险》2004 年第 11 期。
27. 傅新平等《新政策下养老保险基金收支平衡影响因素分析》，《武汉理工大学学报》（社会科学版）2007 年第 2 期。

28. 高建伟、高明：《中国基本养老保险替代率精算模型及其应用》，《数学的实践与认识》2006 年第 5 期。

29. 高建伟、邱苑华：《现收现付制与部分积累制的缴费率模型》，《中国管理科学》2002 年第 4 期。

30. 高建伟：《中国隐性养老金债务精算模型及其应用研究》，《经济数学》2004 年第 2 期。

31. 龚经海：《开征社会保险税势在必行》，《广东财政》2000 年第 11 期。

32. 谷声洋：《论中国社会保障费改税》，《贵州财经学院学报》2003 年第 5 期。

33. 郭席四：《我国基本养老保险制度运行风险与对策分析》，《经济问题》2002 年第 2 期。

34. 国务院发展研究中心社会保障课题组：《分离体制转轨成本，建立可持续发展制度——世纪之交的中国养老保障制度改革研究报告》，《经济社会体制比较》2000 年第 5 期。

35. 国务院研究室课题组：《中国社会保险制度改革》，中国社会科学出版社，1993。

36. 韩克庆：《延迟退休年龄之争——民粹主义与精英主义》，《社会学研究》2014 年第 5 期。

37. 何平：《企业改革中的社会保障制度》，经济科学出版社，2000。

38. 何平：《我国社会保障体系构架研究》，《中国劳动》2001 年第 5 期。

39. 何平：《养老保险基金平衡及对策研究》，《经济研究参考》1998 年第 9 期。

40. 何平：《中国养老保险基金测算报告》，《社会保障制度》（中国人民大学复印报刊资料）2001 第 3 期。

41. 何新华：《养老保险体制改革成本的最小化研究》，《世界经济》2001 年第 2 期。

42. 何樟勇、陈巍：《两种社会养老保险模式运作的内在机制探析》，《浙江社会科学》2004 年第 1 期。

43. 胡继晔：《社会保险基金监管博弈分析》，《管理世界》2010 年第 10 期。
44. 胡秋明：《多层次养老保险制度协调发展探讨》，《财经科学》2000 年第 3 期。
45. 黄德鸿、姜永宏：《关于扩大社会养老保险覆盖面的几个问题》，《中国工业经济》2000 年第 2 期。
46. 黄进：《养老金投资风险管理研究》，《北京市计划劳动管理干部学院学报》2003 年第 1 期。
47. 黄晓、王成璋：《养老金制度转轨理论评述》，《西南交通大学学报》（社会科学版）2006 年第 4 期。
48. 黄晓：《我国养老保险隐性债务的精算模型》，《统计与决策》2006 年第 24 期。
49. 贾洪波、温源：《基本养老金替代率优化分析》，《中国人口科学》2005 年第 1 期。
50. 贾康、王瑞、杨良初：《调整财政支出结构是减少养老保险隐性债务的重要途径》，《财政研究》2000 年第 6 期。
51. 贾康、杨良初：《可持续养老保险体制的财政条件》，《管理世界》2001 年第 3 期。
52. 贾名清、马杰：《我国养老保险制度改革思路研究》，《中国软科学》2001 年第 3 期。
53. 匡晓理：《世界各国社会保险制度比较》，《世界经济文汇》2000 年第 4 期。
54. 劳动保障部社保所课题组：《中国养老保险基金收支预警系统》，《社会保险研究》2002 年第 5 期。
55. 雷勇、蒲勇健：《基于给付确定制的最优退休年龄经济模型分析》，《工业技术经济》2004 年第 1 期。
56. 李春根、朱国庆：《论我国社会保障基金监管体系的问题及重构》，《当代经济管理》2010 年第 2 期。
57. 李放、吴敏：《基本养老保险收支测算中职工人数模型的探讨》，《南方人口》2006 年第 3 期。

58. 李海明:《论退休自愿及其限制》,《中国法学》2013 年第 3 期。
59. 李洁明、许晓茵:《养老保险改革与资本市场发展》,复旦大学出版社,2003。
60. 李绍光:《划拨国有资产和偿还养老金隐性债务》,《经济学动态》2004 年第 10 期。
61. 李绍光:《养老保险的困境与出路》,《经济社会体制比较》2000 年第 3 期。
62. 李绍光:《养老金制度与资本市场》,中国发展出版社,1998。
63. 李文浩、王佳妮:《国内外养老保险基金运用比较分析及我国养老保险基金的投资选择》,《人口与经济》2005 年第 1 期。
64. 李珍、刘昌平:《论养老保险基金分权式管理和制衡式监督的制度安排》,《中国软科学》2002 年第 3 期。
65. 李珍、杨玲:《养老基金制度安排与经济增长的互动——以美国为研究对象》,《金融研究》2001 年第 2 期。
66. 梁君林、余涛:《养老保险基金模式选择的经济分析》,《江西财经大学学报》2004 年第 2 期。
67. 林东海、丁煌:《养老金新政:新旧养老保险政策的替代率测算》,《人口与经济》2007 年第 1 期。
68. 林义:《东欧国家养老保险基金管理的启示》,《经济学家》1999 年第 3 期。
69. 林义主编《社会保险基金管理》,中国劳动社会保障出版社,2002。
70. 林毓铭:《充分认识养老保险个人账户从“空账”向“实账”转化的长期性》,《市场与人口分析》2004 年第 3 期。
71. 林治芬:《中国社会保障的地区差异及其转移支付》,《财经研究》2002 年第 5 期。
72. 刘昌平、孙静:《再分配效应、经济增长效应、风险性——现收现付制与基金制养老金制度的比较》,《财经理论与实践》2002 年第 4 期。
73. 刘攀:《从交易成本的比较中寻找我国养老基金的管理模式》,《社会科学研究》2001 年第 2 期。

74. 刘玮：《对男女同龄退休的探讨》，《中南民族大学学报》（人文社会科学版）2005 第 S2 期。

75. 刘渝琳、曹华：《半基金制在我国养老保险基金模式选择中的适用性分析——基于“时间一致性”理论的均衡分析》，《数量经济技术经济研究》2005 年第 12 期。

76. 刘子兰、李珍：《养老社会保险管理成本问题研究——以英国为例》，《中国软科学》2002 年第 11 期。

77. 刘子兰：《养老社会保险制度国际比较》，《中国软科学》2003 年第 5 期。

78. 柳清瑞、苗红军：《人口老龄化背景下的推迟退休年龄策略研究》，《人口学刊》2004 年第 4 期。

79. 牛黎帆：《瑞典养老保障制度对中国的启示——名义账户制对养老保险个账做实的借鉴意义》，《劳动保障世界》2009 年第 7 期。

80. 牛文元：《中国未来五十年发展目标》，《发明与创新》2005 年第 12 期。

81. 人力资源和社会保障部社会保险事业管理中心编《中国社会保险发展年度报告 2014》，中国劳动社会保障出版社，2015。

82. 商江：《关于全国人均受教育年限的粗浅认识和理解》，《西华大学学报》（哲学社会科学版）2005 年第 S1 期。

83. 邵国栋：《基于生命周期理论的延迟退休年龄合理性研究》，《云南社会科学》2007 年第 5 期。

84. 申曙光、孟醒：《社会养老保险模式：名义账户制与部分积累制》，《行政管理改革》2014 年第 10 期。

85. 史潮、钱国荣：《企业基本养老保险基金安全性研究》，《社会保障研究》2008 年第 1 期。

86. 世界银行《老年保障：中国的养老金体制改革》编写组编《老年保障：中国的养老金体制改革》，童映华等译，中国财经出版社，1998。

87. 孙爱琳：《财政应加强对社会保障基金运用的风险管理》，《江苏商论》2003 年第 8 期。

88. 唐钧：《延迟退休实行条件尚未成熟》，《中国社会科学报》2011 年 5 月 3 日。

89. 万春:《我国混合制养老金制度的基金动态平衡研究》，中国财政经济出版社，2009。

90. 汪建强:《英国延迟退休年龄的现实考虑与启示》,《中国市场》2007 第35 期。

91. 王鉴岗:《社会养老保险平衡测算》，经济管理出版社，1999。

92. 王利军:《养老保险基金缺口的成因及对策分析》,《当代经济管理》2005 年第 5 期。

93. 王晓军:《对我国养老金制度债务水平的估计与预测》,《预测》2002 年第 1 期。

94. 〔美〕John B. Williamson、申策、房连泉:《东亚三国的公共养老金制度改革：名义账户制的应用前景评析》,《社会保障研究》2011 年第 5 期。

95. 文太林、吴中宇:《养老保险制度对劳动力供给的影响及其完善》,《广东行政学院学报》2008 年第 6 期。

96. 熊必俊:《中国养老基金缺口及对策研究》,《上海城市管理职业技术学院学报》2004 年第 6 期。

97. 徐锦文:《社保基金投资组合管理及模型探讨》,《投资研究》2004 年第9 期。

98. 徐晓雯、张新宽:《对延迟我国法定退休年龄的思考》,《山东财政学院学报》2011 年第 3 期。

99. 闫俊:《社保基金预算收支平衡实现路径》,《人民论坛》2011 年第6 期。

100. 颜旭若:《浅论减持国有股，充实社会保障基金的方案设计》,《中共中央党校学报》2000 年第 4 期。

101. 杨范:《社会保障基金投资运营风险预警防范问题研究》,《河北大学学报》(哲学社会科学版) 2004 年第 1 期。

102. 杨良初:《中国社会保障制度分析》，经济科学出版社，2003。

103. 杨仁君:《应用中国社会保障财政风险研究》,《市场周刊·财经论坛》2004 年第 4 期。

104. 杨燕绥、王魏、张曼:《社会保险基金安全运营机制研究——做实个人账户的思考》，《中国行政管理》2010 年第 5 期。

105. 杨宜勇：《中国养老保险基金的收缴与投资》，载徐滇庆等主编《中国社会保障体制改革》，经济科学出版社，1999。

106. 姚春辉：《我国社会保障基金监管体系存在的问题与对策》，《陕西理工学院学报》（社会科学版）2009 年第 2 期。

107. 叶晓倩、韩锟：《欧盟国家养老金改革评析及其启示》，《中国软科学》2004 年第 11 期。

108. 伊志宏：《养老金改革的制度模式选择的几个问题》，《经济理论与经济管理》2000 年第 3 期。

109. 于洪：《养老保险基金投资管理中的委托代理问题》，《财经研究》2002 年第 9 期。

110. 于景堃：《关于养老保险基金管理相关问题探讨》，《中国集体经济》2011 年第 3S 期。

111. 袁磊：《延迟退休能解决养老保险资金缺口问题吗？——72 种假设下三种延迟方案的模拟》，《人口与经济》2014 年第 4 期。

112. 袁志刚、葛劲峰：《由现收现付制向基金制转轨的经济学分析》，《复旦学报》（社会科学版）2003 年第 4 期。

113. 袁志刚、宋铮：《人口年龄结构、养老保险制度与最优储蓄率》，《经济研究》2000 年第 11 期。

114. 袁志刚：《中国养老保险体系选择的经济学分析》，《经济研究》2001 年第 5 期。

115. 张立光、邱长溶：《我国养老社会保险逃费行为的成因及对策研究》，《财贸经济》2003 年第 9 期。

116. 张宇燕、何帆：《国有企业的性质（上）》，《管理世界》1996 年第 5 期。

117. 张宇燕、何帆：《国有企业的性质（下）》，《管理世界》1996 年第 6 期。

118. 张运刚：《人口老龄化背景下的中国养老保险制度》，西南财经大学出版社，2005。

119. 章萍、严运楼：《政府在养老保险基金监管中的定位》，《财经科学》2008 年第 6 期。

120. 赵丽华：《完善我国社会保险基金监管体系的对策研究》，《上海金融》2008 年第 11 期。

121. 赵孟华、李连友：《社会保障基金风险准备金制度激励效应分析——基于社会保障基金投资管理人视角的研究》，《江西社会科学》2008 年第 10 期。

122. 赵宇：《中国养老保险隐性债务问题研究》，《山东经济》2003 年第 3 期。

123. 郑秉文、房连泉：《国内学术界对我国社保资金投资监管体制改革的观点综述》，《中国经贸导刊》2006 年第 24 期。

124. 郑秉文：《经济理论中的福利国家》，《中国社会科学》2003 年第 1 期。

125. 郑秉文：《欧盟国家社会养老的制度选择及其前景——兼论“名义账户”制对欧盟的适用性》，《欧洲研究》2003 年第 2 期。

126. 郑秉文：《欧亚六国社会保障“名义账户”制利弊分析及其对中国的启示》，《世界经济与政治》2003 年第 5 期。

127. 郑秉文：《养老保险名义账户制顶层设计系列研究》，《开发研究》2015 年第 3 期。

128. 郑功成：《养老金计发办法改革意味着什么》，《金融博览》2006 年第 2 期。

129. 郑功成：《智利模式——养老保险私有化改革述评》，《经济学动态》2001 年第 2 期。

130. 郑功成：《中国社会保障制度改革的新思考》，《山东社会科学》2007 年第 6 期。

131. 郑权：《政府债务政策与社会保障基金运作》，《金融研究》1999 年第 5 期。

132. 郑伟、孙祁祥：《中国养老保险制度变迁的经济效应》，《经济研究》2003 年第 10 期。

133. 郑伟、袁新钊：《名义账户制与中国养老保险改革：路径选择和挑战》，《经济社会体制比较》2010 年第 2 期。

134. 钟耀仁：《养老保险改革国际比较研究》，上海财经大学出版社，2004。

135. 周辉：《我国延迟退休年龄限制因素分析与建议》，《学术交流》2011年第2期。

136. 周渭兵：《社会养老保险精算理论、方法及其应用》，经济管理出版社，2004。

137. 周渭兵：《我国养老金记账利率制度的风险精算分析和再设计》，《数量经济技术经济研究》2007年第12期。

138. 周小川：《社会保障与企业盈利能力》，《经济社会体制比较》2000年第6期。

139. 雷辉、朱洪兴：《我国延迟退休的效应分析》，《枣庄学院学报》2012年第6期。

140. 朱君乐：《中国社会养老保险转制危机及解决方案选择》，《社会保障制度》（中国人民大学复印报刊资料）2004年第3期。

141. 朱青：《养老金制度的经济分析与运作分析》，中国人民大学出版社，2003。

142. 祝献忠：《社保基金进入资本市场的风险收益实证分析》，《中央财经大学学报》2008年第6期。

143. Aaron, H. J., "The Social Insurance Paradox," *Canadian Journal of Economics and Political Science*, Vol. 32, No. 3, 1966.

144. Altig, D., Gokhale, J., Social Security Privatization: One Proposal, http://www.cato.org/pubs/ssps/ssp9es.html, 1997.

145. Arrow, K., "The Economic Implications of Learning by Doing," *Review of Economic Studies*, 1962.

146. Arrow, K., "Existence of Equilibrium for a Competitive Equilibrium," "*Econometrica*, No. 22, 1954.

147. Auerbach, Alan J., Jagadeesh Gokhale and Laurence J. Kotlikoff, "Generational Accounts: A Meaningful Alternative to Deficit Accounting," in D. Bradford, ed., *Tax Policy and The Economy* (Cambridge: MIT Press, 1991).

148. Brunner, Johann K., "Transition from a Pay-As-You-Go to a Fully Funded

Pension System: The Case of Differing Individuals and Intragenerational Fairness," *Journal of Public Economics* No. 60, 1996.

149. Casamatta, Georges and Helmuth Cremerand et al., The Political Economy of Social Security, CREPP Working Paper, 1999.

150. Cass D., "Optimum Growth in an Aggregative Model of Capital Accumulation," *Review of Economic Studies*. NO. 32, 1965.

151. Catalan, M., Impavido G. and Musalem, A. R., Contractual Savings or Stock Markets Development: Which Leads? World Bank Policy Research Working Paper, No. 2421, 2000.

152. ChunLin Zhang, From Public Savings to Private Savings Understanding the Decline of State Ownership in the Chinese Corporate Sector, World Bank Working Paper, No. 9912, 1999.

153. Cohen, D., Hasset K. and Kennedy J., Are U. S. Investment and Capital Stocks at Optimal Levels, FEDS Working Paper, No. 9532, 1995.

154. Currie, E., Velandia, A., Risk Management of Contigent Liabilities within a Sovereign Asset-Liability Framework, http://www.worldbank.org/pdm/pdf/currie- velandia-cl. pdf, 2002.

155. David, H., Gregorio I., Governance of Public Pension Funds Lessons from Corporate Governance and International Evidence, Policy Research Working Paper, No. 3110, 2003.

156. Davis, E. P., *Pension Funds, Retirement-Income Security, and Capital Markets: An International Perspective* (Oxford: Clarendon Press, 1995).

157. Diamand, P., The Economics of Social Security Reform, NBER Working Paper, No. 6719, 1998.

158. Diamond, P., "National Debt in a Neoclassical Growth Model," *The American Economic Review*, No. 55, 1965.

159. Diamond, P., "National Debt in a Neoclassical Growth Model," *American Economic Review*, No. 55, 1965.

160. Dougherty, Sean and Herd R., Fast-Falling Barriers and Growing Concerning:

The Emergence of a Private Economy in China, OECD Economics Department Working Paper, No. 471, 2005.

161. Gruber, J., David W., "Social Security and Retirement: An International Comparision," *American Economic Review*, No. 78, 1998.

162. Gruber, J., OrszagP., Does the Social Security Earnings Test Affect Labor Supply and Benefits Receipt? NBER Working Paper, No. 7923, 2000.

163. Hubbard, R. G., Judd, K. L., "Social Security and Individual Welfare: Precautionary Saving, Borrowing Constraints and the Payroll Tax," *The American Economic Review*, 1987.

164. Kent, S., Controlling the Cost of Minimum Benefit Guarantees in Public Pension Conversions, NBER Working Paper, No. 8732, 2002.

165. Koopmans, T. C., *On the Concept of Optimal Economic Growth* in *the Econometric Approach to Development Planning* (Amsterdam: North-Holland, 1965).

166. Kotlikoff, L. J., "Privatizing Social Security: How It Works and Why It Matters?" *Tax Policy and the Economy*, No. 10, 1995.

167. Kotlikoff, L. J., Lawrence H. S., "The Role of Intergenerational Transfers in Aggregate Capital Accumulation," *Journal of Political Economy*, Vol. 89, No. 4, 1981.

168. Kotlikoff, L. J., "Social Security and Equilibrium Capital Intensity," *Quarterly Journal of Economics*, No. 93, 1979.

169. Lawrence, H. S., Observations on the Indexation of Old Age Pensions, NBER Working Paper, No. 1023, 1982.

170. Leimer, D. R., Lesnoy S. D., "Social Security and Private Saving: Theory and Historical Evidence," *Social Security Bulletin*, No. 48, 1985.

171. Martin, F., Social Security Wealth: The Impact of Alternative Inflation Adjustments, NBER Working Paper, No. 212, 1977.

172. Martin, F., Social Security Pension Reform in China, NBER Working Paper, No. 6794, 1998.

173. Martin, F. ,"Social Security, Induced Retirement and Aggregate Capital Formation," *Journal of Political Economic Perspectives*, No. 4, 1974.

174. Martin, F. ,"Does the United States Save Too Little," *American Economic Review*, No. 67, 1977.

175. Martin, F. , Pension Funding, Share Prices and National Saving, NBER Working Paper ,No. 5092, 1980.

176. Martin ,F. , Jeffrey, L. , The Distributional Effects of an Investment-Based Social Security System, NBER Working Paper, No. 7492, 2000.

177. Modigliani, F. , Ando, A. K. , "Tests of the Life Cycle Hypothesis of Savings: Comments and Suggestions," *Bulletin of the Oxford University Institute of Economics & Statistics* Vol. 19, No. 2, 1957.

178. Modigliani ,F. , Brumberg, R. , "Utility Analysis and the Consumption Function: An Interpretation of Cross-Section Data," in KK Kurihara, ed. , *Post-Keynesian Economics* (New Jersey: Rutgers University Press, 1954).

179. Munnell ,A. H. , "Private Pensions and Saving: New Evidence," *Journal of Political Economy*, No. 5, 1976.

180. Orszag, P. R. , Stiglitz, J. E. ,"Rethinking Pension Reform: Ten Myths about SocialSecurity Systems," New Ideas about Old Age Security, 1999.

181. Pablo ,L. M. , Alberto, R. M. , "Pension Funds and National Saving, " *The World Bank Working Publications* ,Vol. 34, No. 10, 2004.

182. Ramo, J. C. , The Beijing Consensus, Foreign Policy Centre, 2004.

183. Ramsey, F. P. , "A Mathematical Theory of Saving, " *Economic Journal*, Vol. 38, No. 152, 1928.

184. Rasmussen ,T. N. , Rutherford, Modeling Overlapping Generations in a Complementarity Format, Working Paper, University of Colorado at Boulder, 2001.

185. Richard, W. J. , The Distributional Implications of Reductions in Social Security COLSA, Urban Institute Brief Series ,No. 5, 1999.

186. Robert ,C. M. ,"An Analytic Derivation of the Cost of Deposit Insurance and

Loan Guarantees: An Application of Modern Option Pricing Theory," *Journal of Bankingand Finance*, No. 6, 1977.

187. Robert, J. B., "Government Spending in a Simple Model of Endogenous Growth," *The Journal of Political Economy* No. 98, 1995.

188. Samuelson, P. A., "An Exact Consumption-Loan Model of Interest with or without the Social Contrivance of Money," *Journal of Political Economy*, No. 66, 1958.

189. Seidman, L. S., "A Phase-Down of Social Security: The Transition in a Life-Cycle Growth Model," *National Tax Journal*, No. 39, 1986.

190. Solow, R., "A Contribution to the Theory of Economic Growth," *Quarterly Journal of Economics*, No. 70, 1956.

191. Stiglitz, J. E., "Principles of Financial Regulation: A Dynamic Portfolio Approach," *The World Bank Research Observer*, No. 1, 2001.

192. Theil, H., "Linear Aggregation of Economic Relations," *Revue Del Institute International De Statistique*, No. 52, 1955.

193. Vincenzo, G., Paola, P., "The Political Economy of Social Security: A Survey," *European Journal of Political Economy*, No. 18, 2002.

194. Walker, E., Lefort, F., Pension Reform and Capital Markets: Are There Any Links? World Bank Working Paper, No. 201, 2002.

后　记

养老保险是社会保障体系的核心内容，覆盖人群广泛，基金规模巨大，对微观经济和宏观经济都具有重要的影响作用。养老保险功能的发挥，主要依赖于养老保险基金的运行，充足的支付能力是养老保险制度稳定健康运行的关键。人口老龄化等问题对包括中国在内的全球许多国家的养老保险制度都提出了挑战，由于中国人口老龄化速度较快、社会养老保险制度尚不成熟，养老保险基金支出压力日益严峻，如何能够未雨绸缪地在对基金收支情况进行科学预测基础上制定有效措施应对人口老龄化高峰期养老金收支缺口问题，对中国社会养老保险的发展具有基础性意义。

从博士阶段开始，我有幸将养老保险作为自己的研究领域。尽管长期以来针对该领域进行过一些相关研究，但是，对于养老保险在较长一段时期中收支的系统研究，还是给自己带来较大的压力。近三年的研究，查阅的大量资料，对不同参数假设的不断调整，反复进行的烦琐测算，都将成为本人在今后科研工作中的宝贵财富与经验。尽管对于该项研究付出了艰辛的努力，但由于课题本身的复杂程度和自身能力所限，研究中尚有许多不尽完善之处，希望能有机会在后续研究中加以解决以弥补缺憾。

本人在研究过程中得到了所在单位辽宁大学的帮助，非常感谢学校提供的宽松的学术研究环境，辽宁大学副校长穆怀中教授、人口研究所书记秦岭教授和副所长柳清瑞教授对研究进行了多次指导、给予了大力支持；人口研究所边恕教授、王玥副研究员、陈曦博士，人力资源和社会保障部陶静处长等对研究中的一些问题与我进行了多次深入的交流；辽宁大学人口研究所宋丽敏副研究员在人口预测方面的指导与帮助使我受益匪浅，辽宁大学科研处的时云对研究多次提供帮助；本人指导的硕士研究生杨东升和李宁等也参与了数据搜集工作，在此对所有关心和帮助过本人的领导、同事和朋友一并表示感谢。特别感谢我的家人，你们的支持是对我最大的帮助。

图书在版编目(CIP)数据

企业职工养老保险基金收支平衡研究 / 金刚著. -- 北京 : 社会科学文献出版社, 2017.10
ISBN 978 - 7 - 5201 - 0235 - 3

Ⅰ. ①企… Ⅱ. ①金… Ⅲ. ①养老保险基金 - 收支平衡 - 研究 - 中国 Ⅳ. ①F812.44

中国版本图书馆 CIP 数据核字(2016)第 316933 号

企业职工养老保险基金收支平衡研究

著　　者 / 金　刚

出 版 人 / 谢寿光
项目统筹 / 高　雁
责任编辑 / 王楠楠　王春梅

出　　版 / 社会科学文献出版社 · 经济与管理分社 (010) 59367226
地址: 北京市北三环中路甲 29 号院华龙大厦　邮编: 100029
网址: www. ssap. com. cn
发　　行 / 市场营销中心 (010) 59367081　59367018
印　　装 / 三河市东方印刷有限公司

规　　格 / 开 本: 787mm × 1092mm　1/16
印 张: 19.5　字 数: 300 千字
版　　次 / 2017 年 10 月第 1 版　2017 年 10 月第 1 次印刷
书　　号 / ISBN 978 - 7 - 5201 - 0235 - 3
定　　价 / 89.00 元